류경(柳京) 8년

동전
오기영
전집

류경(柳京) 8년

―일제강점기 칼럼―

오기영 지음
전집 편찬위원회 엮음

모시는사람들

───

    전집 5권에 실린 동전의 일제강점기 취재 기사들은 주로 평양을 중심으로, 또 대공황 전야인 1928년에 시작해서 일제가 식민지 조선 사회를 전시동원체제로 개편해 나가는 1930년대 후반에 이르는 시기에 작성되었다. 6권에 실린 그의 칼럼들을 이해하기 위해서는 그의 글들이 집필되었던 그러한 시공간적 특성도 염두에 두어야겠지만 더 주목해야 할 것은 평양의 역사적 환경과 정치 · 사회적 분위기, 그곳에 살았던 인물들이다.

    평양은 서선 · 북선 지방의 중심지로 나름의 고유한 역사적 전통을 가졌고, 또 나름의 고유한 지방색을 가지고 있다. 또 조선의 다른 어느 지역보다 기독교의 영향이 강했고, 조선인 상공업이 발달하여 조선인 자본가들의 발언권이 강했던 곳이다. 그리고 그러한 인적 · 물적 조건을 배경으로 민족주의 계열의 민족운동, 특히 기독교 민족운동이 성했고, 그 명맥이 해방 후까지 이어졌다. 다른 한편으로 평양과 관서지방은 고무공장 노동자 파업 등 사회주의자들과 연결된 노동운동, 용천 불이농장 소작농들의 투쟁 등 농민운동, 수리조합 반대운동 등 다른 어느 지역보다 사회운동이 활발했던 지역이었고, 특히 그가 평양에 머물렀던 시기에 그 모든 사건들이 집중적으로 일어났다. 한마디로 이 모든 사건의 배경과 진상, 사건의 전면 또는 배후에서 활약한 모든 인물이 그의 취재 대상이었다. 그는 그 모든 사건과 인물을 취재하는 한편으로 그가 취재과정에서 품었던 소회와 관찰기, 인물평, 시평, 여행기, 현안에 대한 개선책 등을 칼럼 형태로 그때그때 집필하였다.

칼럼류 가운데 가장 많은 부분을 차지하는 것은 단연 그가 살던 평양의 시세(時勢)와 현안, 인물과 관련된 것들이다. '지방논단', '평양시화', '평양만담' 등의 제목으로 분류된 칼럼들은 그가 주재하던 평양과 신의주의 현안 문제나 해당 사회의 시평, 또는 그것에 대한 동전의 감상과 소회, 그리고 기자의 안목과 감각에 기초한 개선책의 제시로 이루어져 있다. 그리고 '사람'이라는 제목까지 포함하여 인물평이나 사회단체에 대한 비평도 있다. 이 칼럼들은 해당 시기 평양과 관서지방의 역사를 파악하는 데 긴요한 정보는 물론 해당 사안을 이해하는 데 도움이 되는 시각과 관점을 제시한다. 다른 한편으로 그의 교유 범위나 인적 연결망을 보여주기도 한다. 상번회와 상공협회, 고무직공 파업, 면옥쟁의, 근우회 등 평양의 사회단체와 그 활동 관련 기사와 칼럼에서 알 수 있듯이 그는 지역사회의 현안을 취재하는 데에 그치지 않고, 일종의 참여관찰자 입장에서 사안의 핵심과 문제점을 짚고 나름대로 개선책을 제안하는 일을 마다하지 않았다. 이러한 태도가 그를 단지 젊은 사회면 신문기자에 머물지 않고 나름의 공신력을 가지고 평양 사회의 지도자들과 교류할 수 있게 해주었을 것이다.

칼럼 가운데 「소회: 고별에 대하여」, 「국경 1년 수난기」, 「류경(柳京) 8년」은 그의 주재지였던 평양과 신의주에서 그의 생활에 대한 회고의 성격을 가지지만 동시에 평양에 대한 그의 각별한 애정을 드러내고, 또 그 개인의 궤적을 되짚어보는 데에 도움이 된다. 「신문소고」는 일본에서 간행된 신문학 개론서를 소개하는 형식을 취하지만 그가 사건기자로서 바쁜 취재의 나날에도 신문의 사회적 역할에 대해 고민했음을 보여준다. 「매음제도론」은 매음뿐만 아니라 사회문제 전반을 보는 그의 시각을 짐작케 한다. 그는 평양 지국 기자이자 사회면 기자였지만 식민지 조선의 운명이 국제관계의 변화와 무관할 수 없다는 점을 일찍부터 감지했다. 「국제외교 비화, 구주 대전 전야」, 「극동노령에 유태국 신건설」 등의 칼럼은 그의 관심사나 인식 범위가 식민지 조선 사회에 한정되지 않았음을 보여준다.

2019년 4월
편찬위원장 정용욱

차례

류경(柳京) 8년
—일제강점기 칼럼—

머리말 ——5

일러두기

- 이 책은 『동전 오기영 전집』 제6권으로 오기영이 생전 일제강점기에 작성했던 각종 신문과 잡지 기사를 발굴하여 엮은 것입니다.

- 식민지기 동아일보, 조선일보, 중외일보 등의 신문과 동광, 별건곤, 신동아, 철필 등 잡지 기사 중 '오기영, 동전, 동전생, 무호정인, 오생(吾生)' 등 오기영의 본명과 호, 또는 필명으로 작성된 기사는 모두 실었습니다. 오기영이 평양과 신의주에서 근무하던 기간 중에 '평양 일기자', '평양 특파원', '신의주 일기자' 명의의 송고나 전보, 전화 통화 기사 역시 모두 수록했습니다. 신의주는 모르겠으나 평양에는 오기영 외에 지국장과 기자 한 명이 더 근무했기 때문에 '평양 일기자' 명의의 기사 가운데에는 오기영이 작성하지 않은 기사도 포함되었을 가능성이 없지 않으나, 수록된 기사는 대부분의 경우 앞뒤에 작성된 다른 기사 또는 오기영이 잡지에 게재했던 글들을 통해서 필자가 오기영임을 고증할 수 있었습니다.

- 목차와 본문 내 제목은 '기사 제목, (필명으로 표기된 경우) 필명, 신문·잡지 명, 날짜' 순으로 표기하였고, 원고 게재 순서는 날짜순으로 하는 것을 원칙으로 했으나 동일 주제가 신문과 잡지에 반복될 때는 예외적으로 이어서 편집했습니다.
  - 본문에 나오는 일부 기사 내용 중 □□□□ 표시가 있는 경우 식민지 시기의 검열, 혹은 원문 훼손으로 원문 확인이 불가능한 사항이어서 그대로 나타냈습니다.

- 세로쓰기를 가로쓰기로 바꾸었고, 당대의 화법을 그대로 하면서 일부는 현대식 화법(주로 띄어쓰기 및 맞춤법)에 맞게 편집하였습니다.
  - 명백한 오자와 탈자, 문맥상의 오류는 부분적으로 손질하였습니다.
  - 한자로 표기되어 있는 단어는 전면적으로 한글로 바꾸되, 뜻이 전달되기 어려운 경우에는 괄호 속에 한자를 병기하였습니다.

- 당시에 쓰이던 지명, 나라 이름은 원문 그대로 살리면서 처음 등장 단어 한자식 표기 뒤의 ( ) 안에 현대 표기 나라이름이나 지명을 실었고, 인명과 외래어 일부는 현대 표기법으로 맞춤법을 변경했습니다.
  예시: 분란(芬蘭: 핀란드), 화성돈(華盛頓: 워싱턴), 뽀스똔 ⇒ 보스톤, 부르죠아 ⇒ 부르주아 등
- 중요한 사건과 인명 등에 간략한 주석을 달았습니다.
  - 주석의 출처는 한국민족문화대백과사전, 두산백과, 한국근현대사사전, 한국민속문학사전, 브리태니커 백과사전, 위키피디아, 종교학대사전, 한국향토문화전자대전 등입니다.

꽃 잃은 나비

—《동아일보》, 1923. 8. 19.

정처 없이 날아오는
꽃 잃은 나비야!
작은 꽃송이나마
너의 눈에 아니 보이더냐

가는 곳도 모르게
날아가는 나비야!
작은 꽃송이나마
너의 눈에 아니 보이더냐

악마 같은 비바람
네가 찾는 그 꽃에!
사정없이 침노해
너의 눈에 아니 보였다

새벽 날

—《조선일보》, 1925. 3. 2.

몇 개의 남은 별이 깜박이는 새벽의 날
하루 밤길을 다 걸은 달
서편 산 뒤로 숨으련다
오! 거룩한 새벽의 날이여!

그러나 – 그러나
얼마를 지나지 못하여
동편은 불그레 먼동 튼다
잠들었던 인생!
또다시 일어나
주림에 울고 거짓에 웃으며
해골의 난무와도 같이 어지러이
깨끗한 새벽의 날을 깨뜨리도다

애원(哀願)의 부름이니 인생들아!
오늘 밤에 잠들거든 영원히 잠들어라
거룩한 새벽의 날이

길이길이 이어가게 하려거든!

(1924년 10월 마지막 날에)

지방논단 : 부협의회(府協議會) 개막

― 평양 일기자,《동아일보》, 1928. 3. 25.

1.

평양부협의회[1] 본회의는 23일에 개회키로 결정되었다 한다. 동 회의는
예와 같이 자문회의에 불과한 것으로 결의권이 없다는 점으로 보아 중대
시할 것이 되지 못한다고도 할 수 있으며, 또는 협의회 그 자체가 부민의
진정한 여론을 대표하는 기관이라고 볼지도 의문시하는 것이나, 적어도
200만 원의 세입세출의 처리를 논의하는 회의인 이상 부민은 엄중한 감시
를 게을리하지 못할 것이다.

2.

더욱이나 금번 회의에는 전차 임금 문제, 연탄 부영(府營) 등 연래의 숙제
가 상정, 토의되리라 하므로 그 문제가 부민의 생활상 직접 관계가 되느니
만큼 그 토의의 결과를 충분한 주의로 감시하여야 할 것이다. 다시 전기 부
영(府營)이 작년 3월부터 실현된 이래로 1년간에 순이익이 8만여 원에 달하

---

1) 부협의회: 일제 식민지기 도부군면(道府郡面)에 설치된 지방의회 중 부(府)에 설치된 것이다. 처음에
    는 자문기관으로 임명제였으나 1920년부터 민선제로 전환되었는데, 선거권은 국세 5원 이상을 납
    부하는 자로 규정하여 지역의 유력자들에게 국한되었다.

였다 하는 바, 그 이익금을 어떻게 처분하는가 함도 토의 면에서 나타날 것이다.

3.

전차 임금 문제와 같은 것은 본보(本報)상에 누차 보도된 바와 같이 종래의 3구제(區制)는 전차의 수입으로 보든지 부민의 편익으로 보든지 부의 행정 방침상으로 보든지 실로 유해무익이라 함은 재론할 것도 없는 것으로, 현재의 3구(區) 15전을 전선(全線) 승차하는 승객은 희소하고 1구만 타는 승객이 대부분이니 그 때문에 하차 후에 수 정거장을 도보하는 불편이 있을 뿐 아니라, 특히 구시가 방면(즉 조선인 측)의 승객은 거의 전부가 역 왕래객인 바 2구의 임금을 지불케 되니 신시가 주민(즉 일본인 측)에 비하여 불리한 처지에 있는 것은 시인 못할 사실이다. 구제를 철폐함으로 승객이 격증할 것은 예측키 어려운 바 아니다. 설사 승객의 증가가 임금 균일의 손실을 보상키에 부족함이 있다 하더라도 부민의 편익을 위한다는 주지 하에서 이를 단행함이 가하고, 더구나 전기과의 순익 8만여 원이 있음에 불구하고 전차과에서 4, 5천 원의 손실에 구애함은 만부당하다 할 것이다. 이런 견지에서 협의회 조사위원회가 균일제 채용을 가결한 것은 우리의 뜻을 득하였다 하노니 본회의에서도 만장일치로 통과되기를 바라며, 따라서 부 당국자도 주저 없이 실행할 것을 믿는 바이다.

4.

연탄의 부영 문제에서는 부영의 결과가 적어도 매 톤 3원 이상의 이익이 부민에게 있을 것이 책임 있는 방면으로 조사, 판명되어 위원회에서 가결하여 본회의에 제의케 되었다 하는바, 부민의 이익을 목표로 하는 부정(府政)에 대해서는 협의원 일동이 개인의 이해관계를 초월하여 역시 만장일치로 가결할 것을 우리는 확신하는 바이고, 오는 본회의 석상에서 과연 어떠한 결과를 산출할지 우리는 흥미를 가지고 보고자 한다.

지방논단 : 북(北)금융조합 이사 인선 문제

— 평양 일기자, 《동아일보》, 1928. 4. 5.

1.

평양 북금융조합 역원 개선기(改選期)를 앞두고 이사의 인선에 대하여 종종의 토의가 있다 함은 지면에 이미 보도한 바와 같다. 우리는 그것이 가장 시의를 득한, 또한 평양부민의 생활상 긴절(緊切)한 관계를 가진 문제 중의 하나라고 함을 주저치 아니한다.

2.

전에 산업조합의 발기가 있을 때에도 이사의 인선에 대하여 논평을 가한 바 있어 그 후 우리의 주장과 대차가 없이 결말을 짓게 된 것은 우리의 쾌의(快意)라 하는 바이지만, 이제 북금융조합의 이사 인선에 대하여도 같은 의미 하에 동조의 주장을 하고자 하는 바이다.

평양의 남북 양 금융조합이 그 조직의 취의(趣意)로 보아서나 조합원의 인원으로 보아서나 자금의 운용으로 보아서나, 하나는 일본인 본위요 하나는 조선인 본위라 함은 노노(呶呶)를 불요(不要)할 명백한 사실이다. 그러한데도 불구하고 조선인 본위로써 운용되는 북금융조합이 창립 이래 9년간 조선인의 실정에 정통치 못하고 그 이해조차 동일치 못하다고 할 만한 인물을 이사로 연임시켜 왔다는 것은, 북금융조합 자체의 무능을 표명하는 것이며 해당 조합원 전체의 무관심 또는 무견식(無見識)을 폭로하는 것이니, 겨우 오늘날에 와서야 이에 대한 불만을 말하는 자가 있다 함은 실로 만시지탄을 금할 수 없는 것이 아닐까.

3.

혹은 말하기를 이는 조합원 전체의 의사가 아니요 오직 일부분의 조종에 의함이라 변해(辨解)할지도 모르나, 그러한 조종에 오늘날까지 유유(唯唯) 위임한 것은 누구의 죄라 할 것인가. 요컨대 일반 조합원 및 부민이 사소한 듯하고도 중요한 실제 이해관계에 대하여 너무도 등한시한 까닭이라고 아니할 수 없는 것이며, 따라서 상공업이 발달되었다고 자과(自誇)하는 평양으로서 요만한 금융기관 한 개의 운전을 탁(托)할 인물이 없다 함은 스스로 모욕함에 지나지 않는 것이다. 우리는 이번 문제를 발단으로 하여 더욱 일반 상민(商民)의 각성을 부르짖고 싶으며, 이번의 운동이 우리의 소기와 같은 성취를 고할 뿐 아니라 한걸음 나아가 조선인 자수(自手)로 조선인을 본위로 한 경제적 부흥운동이 일기를 바라는 것이다.

4.

현재 북 금조(金組) 간부 측의 입장으로 본다 하더라도 이번의 폭발을 적대시할 것이 아니라 평양 조선인의 진정한 이익을 위해서는 당연히 일어날 것인 것을 각오할 것이요, 따라서 공동 휴수(携手)하여 그 목적 도달에 노력할 것이라고 생각하는 바이다. 그것이 간부 측에 대하여 이익이요, 금조 전체 및 평양 상계(商界)를 위하여 이익인 것을 깨달을 것이라 한다.

5.

사소한 문제라 하여도 그 영향이 클 것을 생각하므로 감히 일언(一言)을 고했지만 이번의 운동은 실로 상민 도시로서의 평양의 실력을 보이는 시금석이라 하여 우리는 그 결과를 다대한 흥미로써 관망코자 한다.

지방논단 : 전조선축구대회를 보고

— 평양 일기자, 《동아일보》, 1928. 5. 26.

1.

축구의 도시로서의 평양은 금번 관서체육회[2] 주최의 제4회 전조선축구대회석상에서 충분히 그 실증을 보여주었다. 동 대회 제3일과 같은 것은 관람자가 1만을 넘어 공설운동장 개설 이래의 기록을 지었으며, 더욱이 그 중에는 부녀자가 반을 점하였음은 평양 인사의 축구열을 증명하는 것이었다. 이와 같이 성황리에 개최된 대회장 내에서 돌연 운동계의 불상사라고 할 만한 양대 분규가 일어난 것은 실로 이 계의 전도를 위하여 통탄할 만한 것으로 우리는 이에 대하여 일언을 가하지 아니치 못하겠다.

2.

양대 불상사라 함은 무엇을 가리킴인가. 첫째는 평양고보 대 숭실중학 전에 있어서 응원단이 선수와 합하여 격투를 연출하였다는 것이니, 평양의 경기계 아니 전 조선의 경기계에서 이러한 악풍은 일소된 것으로 생각

---

2) 관서체육회(關西體育會) : 1924년 평양에서 설립된 관서지방의 체육단체이다. 조만식을 회장으로 하고, 평양 동아일보사 지국 안에 본부를 두었다. 전조선빙상경기대회, 전조선축구대회 등 여러 연중행사를 진행했다. 서울의 조선체육회와 함께 조선에서 쌍벽을 이뤘다고 하는 체육 단체였다.

하였던 우리는 금회 돌발한 이 사건에 대하여 차라리 아연할 수밖에 없었다. 다행히 양쪽 학교 당국자 간에 충분한 양해가 성립되어 학교 간에는 무사 해결되었다 하니 금후 다시 이러한 불상사가 연출되지 않을 것을 우리는 믿고자 하는 바이다. 당시에 있어서 우리의 뜻을 강하게 한 것은 일반 관중이 냉정한 태도를 잃지 아니하고 또 쌍방 감독자, 선수 및 학생의 대부분이 냉정히 대처하여 일을 그 이상에 다다르지 않게 한 것이다. 운동도덕의 보편화는 선수로부터 학생 일반에게, 학생으로부터 일반 관중까지의 순서로 더욱 철저키를 축원하는 바다.

3.
제2의 불상사는 무오단(戊午團)[3]의 태도라 한다. 무오단이 평양의 대표됨으로 십년의 광휘 있는 역사를 가진 단체인 만큼 금번의 실태는 유감 중에도 큰 유감이라 한다. 용장(冗長)에 흐르는 감이 없지 않으므로 그 전말을 상세히 서술하지 아니하나, 요컨대 사건은 무오단이 심판에 불복을 외치고 대회 본부에 항의한 데 대하여 대회 본부의 회답과 처리가 자기네에게 불만족함으로 다른 경기의 진행을 방해코자 한 것이다. 제3일의 결승전 개막이 임박하였을 때에 기권의 선언을 받은 무오단 선수 일동이 운동장 중앙을 점령하여 다른 경기 개시를 방해하여 약 2시간의 시간을 공비(空費)하게 하여 따라서 당일 청년단 결승이 일몰로 인하여 연기되게 하였음은 이미 운동도덕상 용허할 수 없는 실태라고 할 것이어늘, 다시 연기된 당일

---

3) 무오단(戊午團) : 1918년(무오년) 평양에서 창립된 축구단이다. 전조선축구대회 청년부에서 여러 번 우승했다.

에 있어서 재차 운동장을 점거하고 경기 진행을 불능케 하는 동시에 '무오단의 관대한 양보로 대회는 진행'이란 문자를 관중에게 돌릴 것과 대회 참가비용(여비 합숙비 등)의 상환을 강요하였다 함은 무오단의 명예를 사지에 떨어지게 한 것이라 아니할 수 없다. 그러한 조건을 용납한 대회 주최 측에 대하여 당일의 고충을 양해한다 하더라도 운동계의 장래를 위하여 그 연약함을 규탄치 아니치 못할 것이다. 왜 그러하냐. 천백보를 양해하여 당시 심판 및 대회 본부의 처치에 불공평함이 설사 있었다 하더라도 경기자로서의 무오단이 타 경기의 진행을 방해하였다 함은 운동도덕상 도저히 용허치 못할 실태이었던 까닭이다. 우리로서 보면 주최자는 마땅히 대회의 진행이 불능케 될 것을 각오하고라도 위와 같은 부당한 요구는 단연 거절하고 경기 방해에 대하여는 단호한 처치를 함이 가하였다 생각한다. 운동계의 장래를 위한다 하면 경기자의 폭력적 항의는 원칙상 절대로 용허치 아니하여야 할 것이 아닌가.

4.

들은 바에 의하건대 주최 측의 책임자인 관서체육회 이사회는 금번의 분규에 책임을 지고 총사직을 하리라 한다. 우리는 그 인책은 가장 당연한 일이라 생각하며 관서체육회로서는 이사회의 책임을 묻고 한발 더 나아가 금번과 같은 운동도덕에 위배되는 사단을 방지하기 위하여 철저한 선후책을 강구할 의무가 있다 함을 지적하는 바다.

평양시화(平壤時話) : 잠견(蠶繭) 판매 문제

— 평양 일기자, 《동아일보》, 1928. 7. 1.

평안남도에서는 해마다 잠업 문제에 대하
여 도 당국 대 잠견(蠶繭) 상인 간에 문제가
매우 말썽스러웠다. 그리하여 지난 봄 도 평
의원회의 석상에서도 잠견 문제로 한참 떠
들다가 결국 잠견 특매제를 철폐하자는 결
의까지 하였고, 한편으로는 잠견 상민들이
평양상업회의소를 통하여 특매제 철폐의 진
정을 수차례 하였으므로 도 당국으로서도
상당히 고려한다고 답하여 오던 바, 지난 13
일에 결국 1개산(個山) 10조(組) 영리회사에
특매를 허하였다 한다. 그러므로 행여나 금

년에는 자유판매제가 나올까 고대하고 있던 상민회원들은 대경실색하면
서도 너무도 도 당국의 편파한 행정을 비난한다는 것보다 원차(怨嗟)하기
를 마지않는다 한다.

이제 도 당국의 말을 들으면 특매제를 쓰는 것은 1개산 10조 영리회사를
옹호하는 것이 아니라 대다수의 양잠가의 사익을 보장키 위함이라 한다.
만일에 양잠가의 이익을 위함이라면 자유판매제를 취하여 한 물건을 가지고도 원매자가 많게 하여서 경쟁 매매를 하게 되어야 팔기도 쉽고 가격도 상당히 평가가 될 바이지만, 반대로 특매제를 취함에야 물건 가진 사람이 판매의 길이 오직 한 곳이므로 자유로이 팔 수가 없고 따라서 가격도 제한된 가격에 초월할 수가 없다. 그런즉 사는 사람은 자유요 파는 사람은 부자유일 것이다. 그리하여 자유롭게 사는 편에는 이익이 될 것이요 부자유롭게 파는 편에는 손해를 살 것은 명약관화한 일이다. 그러함에도 불구하고 양잠가의 이익 운운은 그 진의가 어디에 있는지 추측키 어려운 바이다.

우리가 이제 평남도 당국자의 그런 행정에 대하여 누누이 말한 바 있지만 도 평의원회의를 비롯하여 상업회의소 또는 상민들의 그와 같이 특매제의 철폐를 부르짖음에도 불구하고 용감하게 그와 같이 단행하는 것은, 너무도 도민의 여론을 무시하고 편파하게 1개산 10조를 옹호하여 이권을 부여함은 도 당국자로서 취할 바의 길이 아니라 하고 따라서 변명이 너무도 모호하다고 보지 않을 수 없다. 그리하여 지금이라도 반려하여 부민의 원성이 없도록 다시 처리하기를 바라는 바이다.

교육대회 관(觀)

— 평양 일기자,《동아일보》, 1928. 7. 10.

전조선교육총회는 지난 5일부터 평양 공회당(公會堂)에서 개최되었다. 이름이 전조선총회인 만큼 위신이 대단히 있어 보이고 또는 참석한 사람들로 보면 학무국장을 비롯하여 복사(福土) 학무과장과 고교(高橋) 시학관(視學官) 그 외 5, 6인이 임석(臨席)하였고, 회원들은 각 도 학무과장과 각 공립학교 대표자 등 350여 인이 출석하여 외양으로 보아서나 실질로 보아서나 지중지대한 회합이라 할 수 있었다.

그런데 그 회의석상에서 논의되는 바는 우리 조선교육에 지대심절(至大深切)한 관계를 가진 것이니만큼 세인의 주목처가 된 것이 사실이었다. 그러나 우리는 그리 신기한 점을 발견하지 못하였다는 것보다 기대하였던 바에 만의 하나도 부합되는 것을 보지 못한 것이 큰 유감이라 하겠다.

그 회의석상에 참여한 이들은 교육 전문가들이라 금일의 조선교육계가 혼란한 상태에 있느니만큼 의제는 반드시 현 교육에 치중하여야 할 것이지만, 첫째 이렇다는 제목이 없었고 우연히 전라남도 대표 한 사람이 사상문제를 잠깐 꺼내자 총독부로서 출석하였던 번외 어떤 분은 "그 문제는 지극히 중차대한 것이다, 차제에 논의할 바가 아닌즉 아직 보류함이 좋다." 하였다. 평양교육자대회에서는 중차대하지 않은 문제만 토의하려 한 것인지는 모르겠으나 하여간 그 후에는 그림자도 볼 수 없이 쑥 들어가고 만 것이 사실이다. 다시 말할 것도 없이 교육자로서는 사상의 추세를 잘 탐사하여 선불선(善不善)을 교육함이 있어야 참다운 교육인 것은 망각하고, 사상 문제라면 위험시만 하는 것은 너무 완강타 하지 않을 수 없다. 그래서야 교육상 토의에 어떤 것을 취하려 함인가? 단지 교육자의 가봉(加俸) 또는 대우 등 문제가 그리 교육상 토의에 중요한 것일까 함을 의아하는 바이다.

그리고 군등(君等)으로는 가장 두통거리요 연구할 만한 문제, 즉 각지에서 빈발하는 동맹휴학에 관하여 상당한 고려와 토의가 있을 만한데 각 도 대표 중 한 사람도 그 문제를 가지고 말하는 사람이 없으니, 과연 그와 같이 금일 교육 문제에 대하여 평온무사하였으면 다행천만이지만 때때로 불상사가 있음에 어찌하여 그 원인 강구와 대책 연구가 없을 바이리오.

평양시화 : 공설시장 문제 외

— 평양 일기자, 《동아일보》, 1928. 8. 29.

공설시장 문제

평양부협의회에서는 지난 23일부터 25일까지에 회의를 거듭하여 어대전(御大典)[4] 기념사업으로 약 50만 원의 예산으로 남문 외 삼각지와 역전에 소공원 설치의 건, 수정(壽町) 공설시장 확장의 건, 부청(府廳) 개축 등의 건으로 회의를 하는 중에, 일본인 의원 몇 사람은 수정 공설시장 확장의 폐지론을 강경히 주장하였다는데, 이제 그 주장하는 요령으로 말하면 본시 수정 공설시장을 설치할 적으로 말하면 구주전란(歐洲戰亂) 당시에 물가가 폭등에 폭등을 더하고 또는 상계(商界)가 호경기이므로 물가를 조절키 위하여 설치하였는데, 지금에 이르러서는 물가가 인하에 인하를 가하고 따라서 상계가 불경기이고 또는 신시가 대화정(大和町) 일각에 '마켓'이 개설되었는즉 공설시장의 존치가 불필요하다는 등의 이유로 그와 같이 폐지론을 주장하였다 한즉, 이는 소위 아전인수로 '마켓'이라는 몇몇 개인의 이익만 취하게 하자는 것이요, 또는 수정 공설시장으로 말하면 신구 시가 경계에

---

4) 어대전(御大典) : 일본 천황의 즉위식. 즉 1926년 쇼와 천황 히로히토의 즉위를 가리킨다.

있어서 조선인과 일본인의 영업자가 상반되는 것인즉 폐지하고 '마켓'만 존치케 하면 영업자는 전부 일본인이 될 터라는 견지에서 나온 야릇한 심리의 발로라 보지 않을 수 없다. 그네들의 심사를 이제야 아는 바는 아니지만 이는 소위 부정(府政)을 논하여 부민의 이해 휴척(休戚)을 논한다는 부 대의원의 자격으로서 그와 같이 편협하고도 몰이해한 생각을 한다는 것은 부민 일반으로서는 질시하지 않을 수 없다. 그러나 타 의원들의 반대로 기론(其論)이 서지 못하고 결국은 존치 확장으로 가결되었다는 것은 다행이다.

대동강 선유(船遊) 문제

금년은 임우기(霖雨期)가 없이 한천(旱天)이 계속되므로 대동강 선유 놀이가 전에 없이 도수(度數)와 인수(人數)가 많아졌다. 물론 대동강 같이 청아한 강을 가진 평양이요, 또는 금년같이 염열(炎熱)이 심한 날에 강상만유(江上漫遊)가 가히 없을 수 없고 만일에 없다 하면 너무도 몰취미한 일이라, 그럼으로써 어느 정도까지는 정신 위안상으로나 위생상으로 보아서나 장려할 필요가 있을지 모르나, 그러나 그것을 일을 삼는다든지 분외에 넘치도록 한다면 저지할 필요도 있고 각자가 스스로 성찰할 필요도 있다. 올해에 이르러서는 무슨 회(會)니 무슨 조(組)니 하여가지고 남녀가 한 무리가 되어서 음주방탕하고 방가고무(放歌鼓舞) 등으로 대동강을 한번 뒤집어 놓을 듯이 떠드는 것은 풍기상으로 보아서나 노는 그네들의 신분상으로 보아서 가장 자미(滋味)롭지 못할 뿐 아니라, 사회 공안(公眼)으로 보아서 용인치 못할 일이다. 노는 데도 각기 분수에 따라 놀지 않으면 남의 비난을 사는 것을 깊이 생각하지 않으면 안 될 것인즉 자중자계(自重自戒)함이 있기를 권고하는 바이다.

지방논단 : 부민에 고함

— 평양 일기자, 《동아일보》, 1928. 10. 3.

우리가 매일 신문지상을 통해서나 기타 여러 가지의 길로 관북 수해의 참상을 역력히 아는 바이니까 다시 더 누누이 말할 필요가 없지마는, 듣고 측은한 마음을 가지고 묵인하는 것보다 그 구제의 대책에 있어서 깊은 동정심과 적성(赤誠)을 다하여야 하겠다. 그리하여 일전에 해당 지역에서도 사회 각 단체와 개인 유지들이 회합하여 관북수해구제회를 조직하고 당국의 인가를 얻으려 하였으나, 당국의 불허가로 목적을 달성하지 못하고 이제는 부민 제위의 자진 동정을 구할 수밖에 없이 되었다.

부민 제군은 이때는 비상한 시기요 또는 모집하는 돈이 비상한 돈인즉, 이때에 임하여 비상히 발동하는 심리로써 신속히 해야 할 일이다. 보통 다른 때에는 혹은 학교를 위해서나 기타 공익사업에 의하여 기부나 동정금을 구하러 가면, 걸핏하면 주인이 없다고 하던가 부득이 마주치게 되면 얻으러 간 사람이 말도 하기 전에 외국 유학 간 자녀, 형제, 조카 등의 학비 조달이 곤란하거나 또는 작년 추수가 잘못 되었느니 여러 가지의 변명 비슷하게 않는 소리로 찾아간 손님으로 하여금 찾아간 사명을 말도 못 하게 하는 일이 근년 돈 가진 사람들의 행셋거리였지만, 이런 돈에 대하여는 기부를 청하는 사람들이 오기를 고대하였다가 기쁜 마음으로 낭탁(囊橐)을 기울여 적성을 다할 때인즉, 부민 제군이여, 크게 각오함이 있기를 단단히 부탁하여 둔다.

그리고 우리가 56년 전 평양 대홍수를 생각하면 현재 관북 수해가 우리의 눈에 훤해진다. 가을바람은 점점 냉랭해지고 찬 서리가 내리는 이때에 그 재해지의 형편이야 어떻다고 다 말하지 못할 바인데, 우리는 어찌 편히 자고 무관심한 마음으로 있으리오. 만일에 그런 사정에도 관계없다 하면, 금수에 가깝다기보다 차라리 인류사회에 적을 두지 못할 물건이다. 사람이라는 것은 측은지심과 자비심을 가진 동물인즉, 세계에 어떤 민족을 막론하고 그런 참상에 처한 민족이 있으면 구조할 마음이 나고 동정할 측은지심이 발하거늘, 하물며 우리의 동포인즉 더욱 간절할 것은 다시 더 말할 바 없지 않은가? 그뿐만 아니라 우리의 환경과 처지가 특별한 터라 우리 스스로서의 상부상조가 없으면 도저히 지지할 수가 없는 우리이다. 그러므로 재삼 부탁하노니 시일을 지연치 말고 재해를 당한 동포를 위하여 각각 낭탁을 기울이라.

평양시화 : 부(府) 당국에 부탁 외

— 평양 일기자, 《동아일보》, 1928. 10. 28.

부(府) 당국에 부탁

평양부에서는 잘하노라고 청결 운반통을 개량하느니 또는 청결물 저장소를 신설하느니 여러 가지로 많이 노력하는 중이나, 설계가 좀 부도(不到)하였는지 혹은 청결물 청부업자의 편의를 보아서 그리하였는지 청결물 저장소를 신양리 인가 집단 되는 근처에다가 설치하였으므로 그 부근 인민들은 도리어 개량하기 전보다 불편이 많다고 물정이 소연(騷然)하다고 한다. 기왕 돈을 들여 가면서 개량한다는 것이 어찌하여 민원을 사게 하는가? 신양리도 역시 부역(府域)이 아니며 그 주민들도 역시 위생상 주의할 바가 아닌가? 구태여 하나하나 부 주민들의 원망과 불편을 살 필요가 없지 아니한가. 부정(府政) 당국자로서는 속히 개선할 필요가 있다. 부민을 위하여 그런 시설을 한다 하면 원격한 지점에다 그와 같이 불결물(不潔物) 저장소를 설치하는 것이 득책(得策)이 아닐까 깊이 고려하여 이전함이 있기를 원하는 바이다.

경찰 당국에 일언

근일에 평양경찰서에서는 부내 각 음식점과 유곽 등지에서 30여 명의 불량자를 검거하였다 한다. 그것은 치안상 매우 유리한 효과를 주(奏)할 것으로 안다. 그러나 몇 해를 가다가 한 번씩 그와 같이 검거하는 것만으로써는 도저히 그와 같이 불량배를 근절시킬 수는 없을 것이다. 적더라도 1개월에 2, 3차씩 그와 같이 소탕함이 있어야 할 터인즉 금후로는 그 점에 치중함이 있기를 이미 부탁하는 바이다.

지방논단 : 기림리 토지 매매 문제

— 평양 일기자, 《동아일보》, 1928. 11. 19.

1.

근일 평양 부외 기림리 부근에는 토지 매매가 성행되어서, 종래의 1평에 1원 내지 1원 50전 하던 것이 일약하여 3원 내지 4원의 고가로 매매가 됨으로써 발이 빠른 자가 먼저 얻는 식으로 벌써 4~5만원의 폭리를 본 사람이 많다 하며, 지금 와서는 살 땅이 없어서 살래야 살 수가 없게 되었다 한다. 그런 중에도 평양부청에서 10만여 평이라는 대지단(地段)을 매입하는 바람에, 일반 인민들은 그 내용과 진의의 여하는 알지도 못하고 경쟁적 매매로 큰일이나 있는 듯이 덤벙대는 바람에, 여간 소유가 있는 이는 이해관계를 알지도 못하고 자꾸 팔기로만 노력한다. 설혹 그 지대의 땅이 금후 장래에 유용할 줄을 알고 매매하는 사람이 얼마나 되는가? 또는 유용하게 되면 어느 정도까지 되며, 된다 하면 우리가 어떻게 긴착(緊着)한 주의와 면밀한 설계를 가지고 순응하여야 할까가 염려이다.

2.

만일에 확실히 유망한 그 무엇을 안다 하면, 할 수 있는 대로 타인의 손에 가지 않도록 긴집불발(緊執不拔)한 마음으로 굳게 가지고 있을 필요가 있지 아니한가? 공연히 떠도는 객기만 믿지 말고 깊이 배량(配量)함이 있기를 말하여 둔다. 그런데 평양부청에서 그와 같이 큰 면적의 토지를 매수하는 이유는 무엇인가? 한번 고찰해 볼 필요가 있다. 현재 부구역 확장 문제로 총독부에 인가를 신청 중인데, 그와 같이 토지를 매수하는 것을 보면 물론 그 지대도 평양부에 편입되어 장래 큰 시가지가 형성되지 않을까? 또는 평양역을 내년도에 수백만 원의 예산으로 개축케 되는데, 현재 평양역 위치에다가 그와 같이 대시설을 하는 것보다 멀지 않은 장래에 평원선이 개통되면 기림리 부근에 정거장을 설치할 계획은 벌써부터 내계(內計)가 있어 왔기 때문에, 기왕이면 평양역 개축에 전력하는 것보다 기림역에 주력하는 것이 평양부 발전에 득책(得策)이 아닌가 하여 그곳에다가 정거장 설치를 하려는 것이 아닌가?

3.

아직 발표되지 않았기에 무엇이라고 단정키는 어려우나, 좌우간 예측하는 바에 큰 차이는 없을 듯하다. 그럼으로써 평양부에서 부 재원(財源) 성립상 하나의 정책으로 그와 같이 암암리에 대면적의 토지를 매입하고, 지난 15일 오전 중에는 긴급 부협의원 회의를 열고 토지매입 예산을 15만 5천원이나 세웠다 하니, 그것만 보아서도 평양부 발전에 그 땅이 유용케 되는 것이 확실히 의심할 바 없는 일이다. 그런데 우리가 흔히 말하기를 금후 조선인의 발전 지역은 부외 선교리보다 부외 기림리라 하였는데, 이유로 말하면 선교리 방면은 우리 조선 사람이 발붙일 땅을 가지지 못한 관계요, 기림리 방면은 아직까지는 조선 사람들이 가지고 있는 땅이므로 갈 곳이 있다고 자인하고 있던 터이다.

4.

그러나 이번만 하여도 1원짜리가 3, 4원 된다는 바람에 여간 소유가 있던 사람들은 다 팔아 버리고 중간 상인들은 일시의 작은 이익을 탐하여 간교히 사다가 대자본주인 다른 사람의 손에 넣어 버리니, 항상 말하던 바인 우리가 뻗어 나아갈 땅이라는 것도 잃어버린 셈이다. 깊이 원념(遠念)함이 없었던 것이 유감천만이다. 그러나 아직도 여유가 있다. 끽긴(喫緊)할 바가 있고 견인(堅忍)할 길이 있다. 무슨 일이든지 겉으로만 알려고 하지 말고, 그 일의 이면과 우리의 경우와의 관계 여하를 깊이 고찰함이 있어야 되는 것을 망각치 말기를 말하여 둔다.

평양시화 : 강연회를 보고

— 평양 일기자, 《동아일보》, 1928. 12. 2.

지난 29일 오후 7시에는 부내 금천대좌(金千代座)에서 평양 신시가 사람들의 대강연회가 개최되었는데, 커다랗게 걸린 문제가 부민 생활문제 강연회라 하니만큼 청강자가 무려 천여 명에 달하여 대만원을 이루었다. 그런데 각 연사가 차례로 등단하여 뽐내는 말을 들으면 부민이라 하는 것을 12만의 부민 전체를 말함이 아니요, 오직 평양에 사는 일본인만을 운위(云謂)함이다. 그리하여 생활문제라는 것보다 조선인 대 일본인의 최근 발전 여하의 우열과 금후 장래의 진전 여부를 비교하는 강연이라고 보지 않을 수 없다. 연사마다 하는 말이 조선인 시가에서는 양말업이 성은(盛殷)하여 연 200만 원의 생산고를 내고 또는 고무공업도 역시 연 200여만 원의 생산고를 내는 것도 역시 조선 사람의 손으로 되는 것이 아닌가?

그러나 일본인 측에서는 연래에 와서는 하등의 생산 기관 하나가 생기지 않으니 이것만 보아서도 확실히 조선인에게 열패된 것이라고 통론을 하면서 이와 같은 말까지 한다. 근년에 와서는 조선 사람이 모든 기술 방면에까지 착안하여 심지어 사진술까지 배워 사진관을 경영하는 사람이 많으므로 그것까지 못해먹겠다고 하며, 또는 일본인은 적더라도 1년 한 차례씩 각자 고향에 다녀오노라고 수백 원의 경비를 들이고 따라서 많은 시일을 허비하나 조선인들은 토착하여 있는 관계로 불식불휴(不息不休)로 자자면

면(孜孜勉勉)하여 발전을 더하는데 도저히 근면하는 점으로서는 비견할 바가 못 되고 오직 힘입을 것은 행정당국인데, 금번 기림리역 설치라든가 시가지 확장 문제 같은 것도 송정(松井)⁵ 부윤이 독자 전단(專斷)하여 조선인의 시가 접근지대에 시설을 하면서도 하등 내의(內意)가 없이 하였으니, 특히 일본인의 편의를 도모함이 있었다고 할 수 없다 하며, 일종의 애원성(哀願聲) 비슷하고 질투심 비슷도 하며 또는 조선인 일본인의 관계를 노골적으로 토로하였다 한다.

물론 자기 단점을 말하려면 타인의 장점을 들어서 귀감을 삼고 또는 모방을 하려고 참고하는 것은 좋은 일이다. 그리고 일종의 시기심으로써 타인의 발전을 증오하는 것은 너무도 양심에 거리낀다. 무엇무엇까지 배워 가지고 하기 때문에 아무것도 못해 먹겠다고 하는 것은 자기네는 일종의 우월감을 가지고 남을 멸시하였던 말이다. 군 등은 이제야 새삼스러이 각오하였는가? 근면이 부족하면 그만한 악결과가 생기고 근면이 풍부하면 그만한 호결과를 양출(釀出)하는 법이다. 수원숙우(誰怨孰尤)할 바가 아닐진저.

그리고 아직 실시도 되지 않은 오늘에 있어서 기림리 발전이 전부 조선인에게만 유리하다고 말할 수 없다. 단지 조선인의 시가지 연장이라고 하는 것은 거리상으로 근접하다 하는 말이다. 어찌 그와 같이 천착(穿鑿)한 말을 할 수 있으리오. 평양역을 두고 보지 아니하는가? 신시가와 구시가와

---

5) 마쓰이 신스케(松井信助, 1875-?) : 일본 야마구치(山口) 현 출신으로, 1906년 부산이사청 경부(警部)로 조선에 건너왔다. 경시(警視)로 승진, 1910년대 경성 종로경찰서장과 경관연습소 소장을 거쳐 1920년 대구부윤, 1925년 평양부윤이 되었다.

거리상 차이라든지 당국의 시설이 어떠하였던가를 참고하여 볼 것이다.

그러나 이제 말하려고 하는 것은 결코 그네의 강연 내용이 어떠하든지 그것을 비판하려는 것은 아니다. 어떤 책임적 지위에 있는 사람도 아니요, 다만 그네의 심리적 경향을 표시한 데 불과하므로, 우리는 그네의 생각하고 있는바, 그네의 향하려고 하는 바를 고찰하여 더욱 각성하는 바 있어야 할 것이다. 우리의 빈약한 양말공장, 빈약한 고무공장, 사진업 같은 것도 벌써 그네는 경쟁적 심리를 가지고 보는 것을 우리는 알아야 할 것이다. 우리는 토착인이다. 토착한 사람이니만치 외래의 어떤 사람이든지 침입하지 못할 만한 견고한 실력을 양성하여야 하겠다는 것을 말하여 둘 뿐이다.

지방논단 : 상공협회의 출현을 보고

— 평양 일기자, 《동아일보》, 1928. 12. 13.

1.

집단의 의의를 깨닫고 집단력의 위대성을 발견한 현대인은 단결을 위하여 질주한다. 금일에 있어서 단결이 없는 사회를 누가 인간사회라 칭하며 완전한 사회라 하겠는가. 단결을 결한 사회를 우리로서는 그 존재부터도 의심하는 바이며, 만일에 그 존재가 있다고 가정하고 그 사회를 해부하여 본다 하면 우리는 그 사회의 결함과 불구를 얼마든지 탐색할 수 있을 것을 믿는다. 이같이 완전한 사회를 보기를 원할진대 먼저 분산에서 규합으로 단결로 나가지 않으면 안 될 것은 이제 다시 췌언(贅言)을 불요하는 바다.

2.

평양은 상공도시로서 자타가 인정한다. 고무, 양말, 정미(精米)가 오로지 평양 조선인의 산출하는 바라고 함은 벌써 진부한 소식이며, 새로운 건설에 질주하는 대평양은 활약하는 우리의 경제계만이 굳은 신념을 준다고 할 것이다. 그러나 우리는 다시금 반성하지 않으면 안 된다. 우리의 과거에 단결을 결하였음을 돌아보지 않으면 안 된다. 요컨대 우리의 경제계는 아직 불구자였고, 다른 방면보다도 경제계를 중심 삼아 약동하는 평양 사회는 이 불구의 경제계와 함께 불구의 사회가 아니었던가? 단결을 결한 사회, 즉 완전을 결한 사회라고 볼진대 불구의 평양이 아니라는 것을 무엇으로써 변명할까?

3.

평양의 경제계는 나날이 발전에 발전을 가하고 있다. 그러나 우리는 아직 이 경제계를 망라한 단결체가 없음을 안다. 이것이 좀 더 발전할 평양으로 하여금 금일에 머물게 하였다고 할 것이 아닐까? 개인의 입장에서는 그다지 두드러진 결손을 불감할 것이다. 그러나 해마다 속출하는 허위의 파산자는 우리의 신용을 파괴하는 자이며 근본적으로 상업 도덕을 교란시키는 자임을 인지하면서도 이것을 방어할 하등의 대책이 없었음은 그 원인이 어디에 있으며, 비근하게는 조선인, 일본인의 구별 없이 공연한 지도기관에 앉아 있다는 상업회의소 회장 송정(松井) 군의 근일의 암중 활약한 사례를 들었던 일전의 "부민 생활 문제"란 강연을 들어 보아도 그네들의 딴 단결을 꾀하는 것을 알 바이거든, 어찌 우리로서의 상공계 단결을 주장할 바가 아니겠는가. 한걸음 나아가 내일의 평양 경제계를 위하여 노력할 일꾼을 함양할 능력이 없음은 어찌 장래 요원한 평양을 위하여 유감스럽게 생각하지 않을 것인가.

4.

듣건대 지난 11일에 평양 상공계를 망라하여 조직될 상공협회의 발기회가 탄생하여 오는 18일에 창립을 보게 되리라고 한다. 우리는 이 기관이 내일의 평양을 위하여 얼마나 유위(有爲)하며 우리 집단의 얼마나 의의 깊은 기관이라는 것을 믿는다. 아울러 이 상공협회가 금일 평양 경제계에 가장 권위 있는 지도기관이 되는 동시에 과거의 결함을 넉넉히 보충하고 여지가 있을 것을 믿고자 하여, 이 기관의 산파의 책임에 당하는 유지(有志) 제군이 최후까지 최선의 노력을 다하기를 부언하고자 하는 바이다.

평양시화 : 물산장려와 오인(吾人) 외

— 평양 일기자,《동아일보》, 1929. 2. 15.

물산장려와 오인(吾人)

평양에 있는 조선물산장려회는 과거 9년 전에 창립된 이래 근 10년간이나 긴 세월을 두고 한날같이 선전기(宣傳期)만 있으면 변함없이 꾸준히 선전해 온 것만 하여도 동 회 간부 제씨의 철저한 주의(主義)와 부단의 노력이라고 치하하지 않을 수 없다. 그러면 그와 같이 노력하는 이가 있느니만치 이 평양에서 조선 물산을 애용하는 사람이 얼마나 많은가를 한번 고찰할 필요가 없지 않다. 과거 20년 전 평양의 대성학교[6]가 있을 때에는 그 학교에서 학생의 교복 또는 통상복을 조선산인 평양 수목(水木)으로 착복케 하였다. 물론 그때의 그 학교로 말하면 우리 조선서 우수한 학교요 또는 지도하는 그 사람이 남달리 하였으므로, 그 학교에서 하는 것은 일반이 모두 규범을 삼았고 할 수만 있으면 일동일정을 같이 해 오려고 애를 써 왔던 것이다. 이제 장황하게 다른 말은 할 필요가 없으므로 유안(留案)해 두고 오직

---

6) 대성학교(大成學校) : 1908년 안창호(安昌浩)가 평양에 설립한 중등 교육기관. 안창호는 일제 침략에 맞서 인재를 양성하고 민족 교육을 실시하기 위하여 대성학교를 설립했다. 평양 유지 김진후의 재정 뒷받침을 바탕으로 윤치호가 교장을 맡아 운영했다. 일제 탄압에 의해 1912년 폐교되었다.

옷 입는 일체만을 말할 것 같으면 그때 그 학교의 5, 6백 명의 학생이 사계절을 통하여 흑수목의(黑水木衣)를 착복하고 다니는 기풍이 어찌 늠름하고 아름다웠는지, 사람마다 나도 나도 하고 주의(周衣)면 기필코 흑수목을 입어야 행세하는 줄로 알아서, 마침내 신사 계급 사람들이 수목의를 입게 되어 학생계, 부인계, 상공계, 심지어 화류계까지도 수목의를 입게 되었고 그 풍(風)이 사방에 전해져 경성 기타 지방에까지 만연되었던 것은 무시 못 할 사실이었다.

그런데 시대가 변하고 물정이 바뀌는 바람에 그 풍은 다 어디로 가고 말았는지 수목의는 그만 그림자도 볼 수 없게 되었다. 그러고 얼마 동안은 선전하는 사람도 없고 주장하는 사람도 없어서 소위 무의식적으로 지내오다가 기미운동이 생긴 이후로 우리가 모든 방면에 해방을 부르짖게 될 때에, 경제운동의 첫걸음으로 "조선 사람은 조선 것으로"의 표어를 가지고 나서게 된 조선물산장려회가 각지에서 조직되어 불모이동(不謀而同)으로 크게 외쳤던 것이다. 그때는 각자가 다소의 의식을 가지고 실행도 하였던 것이다. 그러나 영속성을 가지지 못한 것만이 오늘날에 와서 큰 유감이라 운위치 않을 수 없다. 그러면 그렇다고 방임할 문제는 아니요, 오직 우리가 실행할 수 있는 한도에서는 실행하여야 하겠다. 당장 조선물산장려회에서 3만여 매나 살포한 선전문 중에 특히 각 계급을 통하여 지도자 지위에 있는 사람들에게 고한다는 한 절을 보면 크게 의의 있는 말이다. 실행에는 말보다 선전보다 이론 그 무엇보다 나의 실행함으로써 남에게 보이는 것이 큰 힘이 된다는 것을 힘있게 말함이니, 우리는 그와 같이 큰 훈계를 받고 반구저기(反求諸己)하여 실행에 노력할 바가 있어야 하겠고, 또는 조선물산애용동맹 같은 것도 조직함이 있기를 미리 부탁하여 둔다.

기념관의 개관

　평양에 일반 집회소가 없어서 사회적으로 크게 고민하여 온 것은 이제 와서 다시 말하지 않아도 우리 일반이 다 절실히 느끼던 바이다. 그런데 백선행[7] 여사가 거재(巨財)를 던져 큰 집회소를 창설하는 일에 대해서는 전 평양으로서의 광영이요, 사회 발전의 대 복음이라 하지 않을 수 없다. 그리하여 그 집이 어서어서 속히 준공되기를 갈망하던 그 집은 작년 9월 중에 준공되어 동년 10월 말일에는 개관식을 거행하려고 만반 준비를 다 하여 놓고 그날을 고대하던 바, 그때를 당하여는 일반 집회가 불리의 시운을 만나 부득이 개관식을 중지한 후로는 엄동설한을 당하게 되어서, 보온의 설비가 없는 그 집으로서는 겨울 중에는 사용치 못하게 되어서 그만 폐관을 하고(그만큼 거재를 던져야 하는 사업에 보온의 비품을 미리 예비 못하였다는 것은 큰 유감) 삼동(三冬)을 무의미하게 지내온 것은 다시 말할 수 없는 유감이다. 그러나 기왕이라 다시 추구할 바는 아니다. 금후 장래가 장원(長遠)하니까! 그러나 지금으로부터 한 20일 후면 각 남녀학교가 졸업기인 만큼 일반 졸업 청년의 집회도 많을 터요, 또는 오랫동안 칩복(蟄伏)하였던 평양 사회도 약동할 일이 많을 터이니, 그때야 바야흐로 대집회 장소의 가치를 발휘할 시기인즉 그때에는 무위(無違)히 그것을 사용함이 있기로 일반이 고대할 터이다. 그러면 개관식은 그 전으로 하지 않으면 일반 사용이 때에 미

---

7)　백선행(白善行 : 1848~1933) : 평양의 사회사업가. 자수성가하여 각종 사회사업과 교육사업에 앞장 섰다. 조만식, 오윤선 등과 교류하며, 평양의 민간 공회당인 백선행기념관을 짓는 데 자산을 기부하 였다. 86세로 사망하였을 때 여성 최초로 사회장이 엄수되었다.

치지 못할 우려가 없지 않으니, 관주(館主) 자신으로서도 상당한 아량이 있을 줄 알지만 속히 개관식이 있기를 한 번 더 희망하는 바이다.

지방논단 : 근우평양지회(槿友平壤支會)의 활동

— 평양 일기자,《동아일보》, 1929. 2. 19.

1.

우리 조선 사람은 남이 일찍이 당하여 보지 못한 처지와 경우에 있느니만큼 어떤 일을 영위함에든지 많은 난관을 당하게 된다. 그리하여 어떤 단체 어떤 개인을 물론하고 걸핏하면 주위 환경이 어떠하느니 시기가 불리하느니 하고, 제아무리 좋은 목적과 좋은 강령을 가진 단체나 제아무리 좋은 이상과 바른 논법을 가진 사람이라도 옴짝달싹을 못하고 모두가 수면 상태에 있은 지가 벌써 오래였다. 그것도 무리함도 아니요 비우연(非偶然)함도 아니다. 그러나 우리가 역경에 처한 것은 다시 말도 할 바가 아니다. 기왕 그와 같이 아는 역경에서 무엇이 난관이니 무엇이 불리니 규호(叫呼)만 할 필요가 있는가? 마치 알고 떠난 길에 침침첩야(駸駸添夜)에 등이 없느니 길이 험하니 산이 높으니 물이 많으니 할 필요가 무슨 소용이 있는가? 부득이 가야만 할 것이면 등화가 없으면 반딧불을 잡아서라도 밝혀야 하고 고산험수(高山險水)라도 넘고 건너야 한다. 앉아서 죽음을 기다리지 않을 바에는 이리로도 움직여 보고 저리로도 행하여서 나아가야 한다.

2.

난관 불리 운운은 약자의 태도요, 무능한 자의 자기(自棄)에 불과하다.

우리 처지에 있어서는 이것저것 할 것이 너무도 많고 시종본말을 차릴 수가 없는 것이므로, 어느 것은 큰일이니 하여야 되고 어느 것은 작으니 할 필요가 없다 하며, 어느 것은 지완(遲緩)하니 버리고 어느 것이 급하니 취하여야 되겠다고 취사선택을 할 여유가 있는가? 어떤 것이든지 우리 조선 사람의 삶을 추구함에 필요만 하다면 대소선후를 가릴 때가 아니다. 변론이나 평론을 할 때에는 사람마다 크고 빠른 것을 흔히 말하지만, 실행함에는 작다고 뜨다고 하던 것도 역시 크다고 생각해지고, 뿐만 아니라 사실상 크지 않음이 아니다. 그리하여 우리는 애원성(哀怨聲)이나 발하고 주저할 때가 아니다. 힘이 미치는 데까지 우리의 처지에서 해야만 될 일이라면 비(非)정치운동이니 비사회니 하여 피안화시(彼岸火視)의 태도를 가지지 말고, 한 마을의 계발한 개소의 발전에 유조(有助)만 된다는 일에는 실제로 착수하는 일꾼이 되기를 각자가 주의를 하여야 되겠다.

3.

그런데 이제 근우회[8] 평양지회에 대하여 특별히 경의를 표하고 찬미를 드리는 것은, 동 회로서는 벌써 일의 대소나 선후를 가리지 않고 우리 조선 사람으로서는 일만 하면 모두가 다 유익한 운동이 된다 하여, 주위의 환경이나 시세의 불리를 운운치 않고 실행할 수 있는 범위와 한도 안에서 이리 뚫고 저리 뚫어 가면서 부단한 노력을 하고 있으니 이야말로 유지자사경성(有志者事竟成)이라는 것보다 실행자사필성(實行者事必成)이리라고 보

---

8) 근우회(勤友會) : 1927년 5월 조직된 여성단체로, 민족주의적 방향과 사회주의적 방향을 통합하여 조직되었다. 서울에 본부를 두고 전국 각지 및 국내외에 지부를 두었다.

지 않을 수 없다. 이제 다시 그 회에서 활동하는 것을 소개할 것 같으면 첫째는 상무 간사가 있어서 매일 회우(會友) 방문과 회비 수납을 창립 이래에 하루같이 부지런히 하여 회 자체의 단결 공고와 내용 충실에 힘쓰는 것이 보통 다른 단체보다 우수한 점이요, 둘째로는 조선 사람의 해야만 되겠다는 일에는 그리 큰소리를 내지 않고도 부지런히 계속하여 나간다.

4.

그리고 수개월 전에는 평양서 오직 조선 사람의 돈으로 손으로 경영하여가는 숭현여학교의 경비 곤란함을 알고, 누구의 부탁도 아니요 꼭 동 회의 책임만도 아니지만 동 회로서는 솔선하여 회원 일동이 총출동하다시피 전력을 다하여 동정(同情)음악회를 개최하며, 동 수입으로서 숭현여학교의 경비 부채 1천여 원을 상보(償報)케 하였으니, 이 얼마나 장쾌한 일이며 유산가들의 경성(警醒)과 부끄러움을 주었는지 알 수 없다. 그리고 근일에는 무산자의 자녀 교육기관이 아직까지 평양에 없는 것을 통절히 느껴, 동 회에서는 크게 분기하여 강습소제로라도 무산아동의 교육기관을 설치하려고, 마침은 동 경비의 판출(辦出) 방법으로 상무 간사 두 사람으로 하여금 각지를 방문하여 명함인제(名銜印制)의 주문을 청하는 중, 일전 진남포에 가서는 일반 사회의 후원 하에 다대한 성적을 거두었다 하며 계속하여 전 조선 각지에 순회 활동할 터라 하니, 이와 같이 성심성의로 진출하는 사업은 마침내 성공하는 법인즉 머지않은 장래에 평양 한편에 무산아동 교육기관이 외연(巍然)히 출현될 것은 미리부터 점치는 바이다. 어찌 쌍수를 들어 하례(賀禮)치 아니하며 힘 있는 데까지 원조치 아니할 바이랴.

평양시화 : 비밀회(秘密會)의 유행 외

— 평양 일기자,《동아일보》, 1929. 4. 2.

비밀회의 유행

이즈음에 와서 소위 '비밀'의 관사를 붙이게 되는 회합 혹은 결사 내지 운동 등등 이것도 일종의 시대적 산물인지 모르겠다. 경찰의 눈은 이것을 찾기에 분주하고, 일반의 흥미가 또한 이러한 종류의 폭로가 있으면 있을 때마다 집중된다. 그러면 부민과 가장 밀접한 관계를 맺고 있고 평양부의 휴척(休戚)을 스스로 걸머졌다고 자인하는 부의원 제군, 군들도 일반의 흥미와 주시를 좀 더 집중하기 위한 일종의 수단적 행동일지는 모르되, 걸핏하면 비밀회라 하여 문을 닫고 방청을 불허하니 그 이유는 어디에 있느냐? 더구나 연래로 그 예가 없어 온 예산안 심의까지도 비밀리에 시종일관하니 비밀리 개회 중에 어떠한 무엇이 있었는지는 우리가 알 바 아니지만, 방청객까지 앉혀 놓고 유구무언 내지 오수(午睡)가 좀 창피하였던 까닭인지, 그렇지 않으면 그야말로 비밀이 유행하는 오늘날임을 간파한 명민한 두뇌로써 군 등도 이를 시험하여 보는 것이냐?

우리는 그 진의를 알기 어려워 의원 제군에게 일문(一問)을 보이는 바이다.

격리 병사(病舍) 문제

부영(府營) 격리 병사 문제는 부의(府議) 최종일에도 조선인 의원 간에 논란이 많은 줄 아는데, 부영으로써 격리 병사의 시설을 보게 된 지 수년래로 조선인은 과연 얼마나 그 은택을 입었는가 돌아보자. 과중한 입원료는 부영으로서의 격리 병사가 시설된 그 진의도 해득(解得)키 어렵고, 세궁민(細窮民)으로서는 쳐다도 못 볼 만큼 되었으니, 그래도 부 당국자는 그 소기(所期)한 바 목적을 달성한다고 자족할 것인가. 하물며 그 시설의 완비 여하를 막론하고 거대한 비용을 들인 이상 자혜의원[9]에 위탁하여 경영하는 중에 야간에는 의사를 만나볼 수도 없고, 의회 석상에서 오숭은[10] 군의 통격(痛擊)하는 바를 들으면 조선인 환자를 무시함이 지대하였다 하며 이에 대하여 부 당국자는 한 마디의 답변이 궁하였으니, 그들의 양심은 어느 정도까지 인정할 수 있으나 아직까지 조선인 환자에게 무성의하였음은 그 책임을 누가 질 것이냐? 더구나 통계상에 나타나는 숫자가 지시하는 바에 의하면 환자 중 50퍼센트가 사망하였다 하니, 즉 2인의 입원자 중 1인은 사망하는 것이다.

이에 우리는 의원 간에 격리 병사의 직영론과 시설 완비, 전문의사 증치

---

9)　자혜의원(慈惠醫院) : 일제시기 관립 병원이다. 1909년 처음 생겼으며 1910년부터 조선총독부에서 운영, 3·1운동 이후에는 각 도의 자혜의원이 되었다. 전국 40여 곳에 설치되었으며, 환자들을 치료하고 약을 처방했다.

10)　오숭은(吳崇殷, 1888~?) : 법조인, 교수. 배재학당과 메이지대학을 거쳐 1916년 법조인이 되었다. 황해지방법원과 평양지방법원 등에서 근무하고, 변호사 일을 하면서 평양부회 의원, 평남도회 민선 의원 등을 지냈다. 해방 후에 월남하였으며, 반민특위에서 조사를 받았으며 단국대학교 교수를 지냈다.

(增置) 등의 절실한 주장과 그 결과로 명년(明年) 실시를 기하고 위원의 선거를 보게 되었음은 가장 당연한 일이라고 생각한다. 오직 금후로 우리가 주목하려는 바는 부 당국은 이 문제에 어느 정도의 성의를 나타낼 것이며, 명년에 직영 실현을 본다 하면 그 결과로 세궁민에게 어느 정도까지는 그 은택이 미칠 것인가. 선임되는 위원 제군은 초지관철(初志貫徹)에 철두철미하기를 한 번 더 기대하는 바이다.

평양시화 : 전기 부영(府營)과 부민(府民) 외

— 평양 일기자, 《동아일보》, 1929. 4. 3.

전기 부영과 부민

전기 사업이 부영으로 실시된 이래 실로 해마다 상상 이상의 수익을 봄은 통계상에 나타나는 사실이다. 부영 초에 36만여 원 수입예산이던 것이 42만여 원에 달하여 5만여 원의 증익(增益)을 보았고, 금년도 예산에 또다시 9만여 원의 증수(增收)를 보게 된 것은 이미 보도한 바도 있지만, 이러한 호성적을 정(呈)하여 해마다 증익을 보게 된다면, 부민으로 오직 기대할 바는 요금을 저하하여 세궁민(細窮民)까지도 이용할 수 있게 하는 것이다. 당초 일반 부민이 소등(消燈) 동맹을 단행하고 그 모든 난관을 넘으며 부영의 실현을 보게 되고, 다행히 이 사업이 또한 해마다 수익의 증가를 본다면 요금 저하가 가장 당연한 바가 되니, 이 점에 있어서 우리는 부 당국의 신중한 고려를 촉구하여 부민의 기대에 벗어나지 않기를 바라지 않을 수 없다.

양 조합의 분규(紛糾)

조선인 주단(綢緞)포목상조합 대 중신(仲信)조합 간의 오래전부터 끌어오던 중개료 개정 문제는 최근에 와서 마침내 양편의 감정이 첨예화하여 통상 거절이니 연합계약 해제를 선언하느니 자못 분규는 분규를 낳고 있으니, 평양은 상공도시인 만큼 그중에도 주단포목상조합과 이를 상대하는 중개인으로써 조직된 중신조합은 특히 오랜 역사와 상호부조의 정신을 발휘하려는 점에 있어서 양 조합의 분규는 평양 상공계의 중대한 문제에 하나라 아니할 수 없다.

무릇 싸움이란 절대가 아니요 상대인 점으로 보아, 한편이 도전을 개시함에도 불구하고 한편이 무저항의 태도를 갖는다면 별문제이겠지만, 쌍방이 주장하는 바가 있고 그 조건이 있는 이상 그 시비가 양측에 다 있다 하여도 오견(誤見)은 아닐 줄 안다.

예컨대 분규의 도화선이 되어 있는 중개료 개정 중에 '목(木) 세루' 1상자의 중개료가 4원 50전으로 경성 75전에 비하여 그 6배에 해당하므로, 상인 자체가 받는 손해도 손해이지만 지방 발전상 지대한 영향이 있다 하여 그 인하를 포목상 측에서 요구하는 것도 당연하겠지만, 수개월을 두고 성의 있는 태도로 타협에 노력하던 포목상조합 측에서 중신조합의 무신(無信)을 통격(痛擊)하여 연맹계약 해제 통고로부터 지정 중개인 모집에까지 착수하였으므로, 중신조합 측에서 자기네 단체를 무시하는 점에 있어서 분개하는 것도 일리가 없지 아니한 것이다.

들으매 상공협회로서 그 중재에 출마하여 교섭위원 4명을 선거해서 쌍방에 그 조정의 임무를 맡기기를 교섭 중이라 하니 듣기에 반가운 말이다.

대저 싸움은 원만한 타협점을 발견하기까지는 어느 때까지나 오해와 알력을 낳는 것이니, 양 조합은 상공협회의 권위를 보아서라도 조정을 일임하고 상호 해결에 노력함이 당연할 것이며, 상공협회로서는 끝까지 냉정한 입장에서 원만한 해결을 얻도록 노력하기를 바라는 바이다.

소회 : 고별에 대하여(상~하)

—《동아일보》, 1929. 4. 7.~ 4. 9.

〈상〉 1929. 4. 7.

회고하면 평양에 몸을 붙인 지도 1년이 란 세월이 흘렀다.

원래가 배움이 없고 재주가 없는 몸으로 감히 평양 사회의 여론을 만천하의 독자 앞에 보도할 막중한 임무를 맡고 그날그날 의심하고 두려워하는 생활을 해 올 때, 어 찌 생각하면 1년이란 그것이 긴 듯도 하였 으나, 이제 평양을 떠나고자 초라한 행구 (行具)를 수습하면서 그동안의 걸어온 행로 를 돌아보며 남아있는 기억을 뒤적거릴 때는 너무나 짧은 듯하면서도 억 제하지 못할 감개가 무량하다.

다행히 사회의 과분한 총애와 적극적 지지로 과대한 실책이 없었음은 실로 이 사회 지도층의 가림 없는 편달과 지도를 받을 수 있었던 까닭이거 니와, 반성하면 나는 과거 1년 동안 평양 사회의 요구를 응하지 못한 바가 많았고 기대에 어그러진 바도 많았다. 이 점에 있어서 후임 임병철 군을 맞게 되는 평양을 위하여 나는 충심으로 기뻐하는 바이며, 군의 명민한 관찰과 냉정한 비판은 좀 더 평양을 조선인에게 알려 내가 있는 동안 평양 사회로서 품어진 바 불만은 넉넉히 씻고도 남음이 있을 것을 믿는다.

이제 나는 내 일생을 통하여 잊지 못할 인상을 가지고 또 크나큰 미련을 품은 채 떠나는 이 평양을 한 번 더 돌아보고자 한다. 그리하여 들었던 대로 보았던 대로 또 생각하였던 대로 솔직하게 내가 본 평양에 감히 촉망과 기대를 드리려는 뜻에서 작별인사를 대신하여 붓을 드는 것이다.

나는 신문기자로서 비록 1년 동안이나마 평양에 있게 되었던 것을 기뻐하는 바이다. 누구나 통탄하는 바거니와 오늘의 조선 도회(都會)란 그 주인이 이미 바뀌어 버린 이 판국에, 평양만은 그래도 조선적인 그 무엇을 발견할 수 있다. 이곳이야말로 조선인의 여론 보도의 책임을 진 자로서 제 집에 있는 듯한 느낌을 가질 수 있고, 언제나 우리의 쇠퇴하는 탄식보다는 살아나려는, 좀 더 커지려는 기운찬 부르짖음을 항상 들을 수 있기 때문이다.

무엇보다도 경제적으로 보아서 자타가 인정하는 평양이거니와, 상민의 각성과 그 경제적 투쟁은 어느 도시보다 장족의 진보를 가지고 있음에 나는 기뻐하지 않을 수 없는 바였다. 오직 유감이 있다면 저마다 분산되어 작은 이익을 탐하고 어떤 건전한 경제적 단결을 볼 수 없었다가, 작년 말 상공협회의 조직을 보게 된 것은 내가 평양에 있는 동안 가장 큰 일이라 아니할 수 없다.

나는 동 회의 조직 당시 충심으로써 협회의 탄생을 기뻐하고 그 장래를 축하하여 얕은 견문을 적은 바 있었으니, 이제 다시 번거로운 말을 피하고 앞으로 미지수의 고난과 역경, 파란이 있을 것도 미리 각오하여야 할 것이라면, 나는 앞으로 동 회의 미지수의 성과 그것을 빌고자 하는 바이며, 협회의 앞길이 순탄하기를 바라는 동시에 아울러 협회 간부 모두의 꾸준한 건투가 명일 평양 발전의 우이(牛耳)를 잡고 있음을 한 번 더 말하고자 한다.

〈중〉 1929. 4. 8.

내가 올 때부터 가는 오늘까지 적이 섭섭한 생각을 금할 수 없는 것은, 사회적으로 너무나 이렇다 할 무엇이 없었던 것이다. 일꾼이 없는 것도 아니고, 일할 것이 없는 것도 아니건만 어찌 그리 조용하였는지 모른다.

지난 봄 관서체육회 주최의 전조선축구대회 당시 모 운동단의 발호도 가증스럽다고 할 것이나, 이런 일이 있었을수록 좀 더 진용을 새롭게 해야 할 것이거늘, 지난 번 빙상경기 같은 것은 관서체육회의 간판이 아직도 걸려 있음에도 불구하고 평양 사회의 기대에 어그러진 바 많았음을 생각할지라도 관서체육회는 대체 무슨 꿈을 꾸고 있는가가 그때 평양 사회의 여론이었거니와, 일 년 동안 신간회[11] 지회 간판이 두 번이나 장소를 옮기었음에 비하여 신간회로서의 활동도 별로 이렇다 할 무엇이 없었는가 한다.

나의 기억을 뒤져 보면 그동안 가결의로 의사를 진행한 한 차례의 정기

---

11) 신간회(新幹會) : 1927년 2월 '민족 유일당 민족협동전선'이라는 표어 아래 민족주의를 표방하고 민족주의 진영과 사회주의 진영이 제휴하여 창립한 민족운동단체이다. 신간회의 기본 강령은 민족의 단결과 정치적, 경제적 각성을 촉구하고 기회주의자를 배격하는 것 등이다. 내부적으로 좌우익의 갈등은 있었지만, 신간회는 민족적 · 정치적 · 경제적 예속의 탈피, 언론 · 집회 · 결사 · 출판의 자유의 쟁취, 청소년 · 여성의 형평운동 지원, 파벌주의 · 족보주의의 배격, 동양척식회사 반대, 근검절약운동 전개 등을 활동목표로 삼아 전국에 지회(支會)와 분회를 조직하며 세력을 확장해 나갔다. 일제강점기의 가장 큰 합법적인 결사로서 전국에 지회가 200개, 회원이 3만 9,000명이 되었다. 1929년 광주학생운동 진상조사와 탄압 규탄 등 여러 활동을 하였으며, 1931년 해소되었다.

대회와 간친회(懇親會) 1회, 그리고 수차례의 간사회 소집에서 더 무엇이 없는 듯하다. 물론 오늘날 우리의 현실이 소기의 활동을 용납하지 못하는 줄도 모르는 바 아니나, 비록 소극적으로라도 할 수 있는 범위에서 할 일도 적지 않은 줄 안다. 평양청년회가 있다는 말은 들었어도 한 번도 그 활동하는 바를 듣지 못한 것이라던가, 일찍이 분열되어 있던 양 노동연맹이 원만하게 합동을 한 뒤로 어떤 사건의 발각으로 간부 중 서울계 인물 십여 명이 검거당한 것[12]도 한 원인이라 하지 않을 수 없다. 적어도 4천여 명의 노동자를 포용하고 그 교양과 훈련 및 노동자의 계급의식 환기, 지위 향상을 위하여 분주하여야 할 연맹회관은 형사의 낮잠 자는 곳이 되어 버린 것도 내가 본 평양 노동운동의 근황이다.

이렇다 저렇다 하면서도 꾸준히 움직이는 것은 근우회 평양지회의 활동이었다. 물론 운동의 방향이 다를 것이니 이를 비준할 것이 아니라고도 하겠지마는 사회에 공헌하려는 귀일점은 마찬가지라 할 것이 아니겠는가?

봄은 왔다. 대동강에도 봄 물결이 흔들리고 골짜기마다 봄빛이 무르익는다. 내가 평양을 떠나는 길에 외람되게 한마디 하고 싶은 말이 있다면 이 봄빛은 각 단체의 책상머리에도, 일꾼의 가슴에도 봄이 오기를 바란다. 그리하여 새 생명이 약동하는 이 봄을 맞으면서 간판마다 묵은 먼지를 털어

---

12) 조선공산당 평양지부 사건 : 춘경원공산당사건 또는 신공산당사건이라고도 한다. 제3차 조선공산당 검거 사건으로 ML파 공산주의자들이 다수 검거된 후, 서울파 공산주의자들은 당회의를 소집하여 새로운 조선공산당을 만들고 평양에 지부를 설치하려 하였다. 한편 평양의 노동단체로는 이문리(里門里)와 육로리(陸路里)에 두 노동연맹이 갈라져 있다가 1928년 봄 합동에 이르렀다. 이에 평양의 사회운동계를 주시하던 일제 경찰에 의해 1928년 6월 17일 이영(李英)을 비롯한 서울파 공산주의자 십수명이 검거되었다.

서 소기의 운동에 매진하기를 바라는 바이다.

이는 혹시 내 자신이 보도의 임무에 당하였기 때문에 이러한 생각을 갖게 되었는지는 몰라도, 나로서는 무엇보다도 평양에 있어서 충실한 보도기관의 존재를 볼 수 없음이 가장 큰 유감이라 하지 않을 수 없다. 위에서도 말하였거니와 조선에 있어서 어느 도시보다도 조선인이 살아 있는 듯하고 조선 사람의 도시인 듯한 평양에 있어서, 일찍이 관서의 웅대한 도시라고 하고 조선의 제2대 도시라 자칭하는 평양에 있어서 조선인이 여론을 환기하고 보도할 기관이 없다는 것이 적어도 평양 사회의 최대 결함이라 하지 않을 수 없다.

〈하〉 1929. 4. 9.

하물며 일본어 신문은 두 곳씩이나 있음에도 불구하고 조선인의 여론이 확립되고 조선인의 손으로 건설의 길에 입각한 대 평양에서 조선인의 여론을 보도할 언론 기관 하나를 지지할 만한 기력이 없다는 것은 나로서는 이해할 수 없는 의문이다. 듣자하니 두어 종의 잡지도 발간 준비 중이고, 상공협회로서 상공보(商工報)의 간행도 계획 중이라고 하니 듣기에 기쁜 일이다. 몇 개의 신문 지국에 여론을 맡기는 것보다도 평양은 평양을 위하여 충실한 보도 기관의 출현과 그 지지에 적극적 노력이 있기를 바라는 바이다.

하필 평양뿐이랴. 오늘의 교육자 그 자체가 너무나 직업화하는 점에서 나는 통탄을 마지않는다. 한 사람 개성을 훈육하는 교육자로서는 너무나 영악하게도 직업화하는 것을 반가워하지 못할 것이다. 아울러 되도 않는 간판주의도 좀 집어치웠으면 좋겠다. 모 학교는 소위 '지정' 학교가 되었다고 신문에 학생 모집 광고를 발표하고 "조선총독의 지정은 문부대신의 지정과 동일 효력을 가진다."는 간판을 내걸면서 그 실제 내용에서 XX교원이 늘어나고 조회 설교의 임무를 맡을 선생도 소위 '온건분자'를 물색하게 되었다니 생각을 재촉하지 않을 수 없는 바이다.

오늘날의 조선 교육제도 밑에서 신음하는 학교 경영자 내지 교육자 자체의 입장과 그 고통을 전혀 모르는 것이 아니겠지만 그래도 그 근본 목적을 너무나 몰각함에 가까워지는 현상에는 한번 더 불쾌한 감정을 금할 길이 없다.

요즘 모 교파가 경영하는 소학교 교원 1명의 면직이 도화선이 되어 별별 추문이 다 들리는 모양이다. 소위 교장 불신임안이라 하여 제출된 조건 중 '목사 자제에게 월사금을 징수'한다는 것도 꼬집어내는 모양인데, 목사 자제에게 월사금을 징수함을 목사에 대한 모욕이나 당한 듯이 분연히 궐기하여 불신임안을 내서 싸우는 모양이니, 대체 목사 자제는 어찌 그리 '공(空)글'만 배우겠다는 것인지 그 뜻을 알 길이 없다. 종교의 신성? 무엇이 신성이냐? 그 되도 않는 파벌을 먼저 청산할 필요가 있을 줄 안다. 이러다가는 예수도 철저히 '상품화'하리라는 기우도 없지 않다. 일요일이면 교회당 종소리가 천지를 뒤집을 정도가 된 평양, 어디보다도 종교 도시라는 관사를 붙일 만한 평양에서 이것도 웃음거리에만 붙일 문제는 아닌 줄 안다.

1년 동안 보고 듣고 생각하는 바가 어찌 이뿐이겠는가. 오직 평양은 평양 사람의 손에서 새로운 도정에 진출할 것을 믿을 뿐으로 이만 줄인다. 망령된 말이 많아 사과드린다.

출발에 즈음하여 사회 유지 여러분과 벗들의 간곡하신 전별(餞別)의 뜻을 주셨음을 삼가 지면으로 감사하나이다.[완(完)]

지방논단 : 학생의 취체(取締)

— 신의주 일기자,《동아일보》, 1929. 6. 16.

당국의 반성을 촉(促)함

1.

신의주고등보통학교 생도의 검거 선풍[13]이 한번 일자 사건은 날마다 확대되어 평북 각지에서부터 경성, 이어서는 동경에서까지 동교의 졸업생으로 이미 상급교에 적을 둔 자, 또는 이미 길을 달리하여 업(業)을 구하여 있는 자와 아직까지 사회와 간섭이 없이 학창(學窓)에서 수학하는 자, 거의 50여 명을 검거하였다가 겨우 4명의 석방자가 있었을 뿐이요, 35명은 이미 검사국에 송치되고 그 나머지는 아직도 취조 중으로, 십중팔구가 역시 송국(送局)되리라 한다. 이는 이미 사건의 발생 당초로부터 금일에 이르기까지 과연 그 내용이 어떠한가는 종종 보도된 바가 있는데, 조선에 있어서 아직까지 이와 같은 다수의 중등학생을 검거 송국한 것은 그 예가 없는 만큼

---

13) 신의주고보 학생 비밀결사 사건 : 1929년 5월과 6월에 걸쳐 신의주고등보통학교 학생 80여 명을 검거 취조하고, 비밀결사 사건으로 김응방, 장익민 등 9명을 치안유지법 위반과 불경죄로 공판에 회부한 사건이다. 학생들이 검거된 이유는 교내 서클에서 사회주의 사상을 연구하고 학생대회를 열어 연설하고 동맹휴학을 계획한 것 등이었다. 『동아일보』는 1929년 5월 말부터 7월 말까지 십여 개의 기사로 이 사건을 다루었는데, 그중 오기영이 쓴 것이 확실한 기사는 본 전집 5권에 실려 있다.

우리의 이목을 끄는 바가 많다.

2.

그러나 우리는 이제 이러한 사실을 초유의 사건이라 하여 일종의 흥미를 가질 바는 아니다. 이른바 피의자인 이들이 아직까지 단순한 두뇌의 소유자로서 어디까지나 현실의 직관과 사회의 비판이 정견을 얻은 바라고 보기 어려운 바가 많기 때문에, 경찰의 공명심에 비례 병진(並進)하는 이 사건은 과연 어느 정도의 범죄가 구성될 수 있을까에 주목하려는 바이다. 적화를 방지하려는 경찰당국으로서 적색분자를 발견한다 하면 그를 게을리 하지 않음은 당연 이상의 당연이라 할 것이나, 이제 검거 송국된 피의자들이 신분이 어떠하다는 것을 거듭 알아둘 필요가 있음은, 이들은 지식으로는 아직 중등 정도의 수평선에 있는 자이요, 연령으로는 18세로부터 최고 22세의 소위 소년이라 하는 것이다. 이들에게 어떠한 험악한 사상과 불온한 색채가 있음으로써 이를 엄히 징책(懲責)할 필요부터가 있을는지 우리는 의문을 갖게 되는 바이니, 이들은 현 제도의 교육을 펼치는 공립고등보통학교의 생도임을 거듭 말한다.

3.

교육의 의의는 어디에 있느냐? 근본으로 이들을 어찌하여 이러한 '악(惡)사상'에 감염시켰느냐? 우리는 학생들을 책하기보다도 먼저 그들에게 훈육의 책임을 지고 있는 학교 당국자의 책임을 묻고 싶다. 이들이 교육도 일종의 직업적 견지에서 기계적으로 흑판 밑에서 몇 해든지 똑같은 말을 되풀이한다면 모르겠으나, 설혹 그렇다 한들 묻건대 직업적 양심이라도 있을 것이 아닌가. 사건이 경찰의 취체(取締)에 그치고 만다 하여도 학교 당국의 책임이 없지 않은데, 하물며 사건은 사법에 회부되어 이제 이들이 법정에 서게 될지도 모르게 된 지금에 있어서, 우리는 한 번 더 학교 당국자의 반성을 촉구하고 싶다.

4.

다시 우리는 학부형 제씨에게 일언을 하고자 한다. 골육지정으로써 우리 자녀가 옥중에 신음하게 될 때 어찌 편안히 누워 잠을 자겠냐마는, 자중할 필요가 있다고 생각한다. 사건 발생 당시로부터 본능적으로 초조하는 제씨는 혹은 경찰당국의 관용을, 학교 당국의 석방운동을 간원(懇願)하여 왔다. 이리하다가 하루 아침에 검사국에 송치됨에, 서명 날인한 탄원서로써 금후의 사상을 바로잡고 어디까지나 충량한 신민을 만들겠다 담보하여 석방을 애원하였으나, 탄원서조차 일축으로 각하되었다. 우리는 제군의 심정을 모름지기 이해하고도 여지가 있다. 그러나 자중하라! 이 또한 우리의 현실임을 알 뿐으로써 구구한 행사에 나아가지 말라! 그것이 추호의 효과를 얻지 못할 때 제군의 실망은 더욱 클 것이니, 차라리 자중키를 촉구하는 바다.

눈 소식은 벌써부터 국경의 겨울 준비

— 신의주 오생,《동아일보》, 1929. 11. 12.

흰 옷 푸른 옷이 뒤섞인 행진곡

압록강 철교 위의 잡관(雜觀)

　대지의 운행을 막을 자가 누구랴. 싫건 좋건 겨울은 또다시 닥쳐오나니, 가난한 백성의 수난기는 또 시작되는 것이다. 평북에도 신의주라면 누구나 추운 곳으로 알아준다마는 당해 보지 않은 사람이야 어떻게 뼈에 찔리는 추위를 상상인들 할 것이냐. 압록강과 또 철교가 있고 국경이라서 아는 사람 많은 신의주는 그 자체가 아직 길지 못한 나이의 신흥도시로, 그렇게 알뜰살뜰히 살 재미 붙기 어려운 이곳은 쓸쓸하기도 그지없는 곳이다. 길거리에 늘어선 가로수조차 거친 추동(秋冬)에 잎을 잃고 앙상한 뼈만 드러내니, 낙조를 등에 지고 나뭇잎을 긁어모아 걸머지고 가는 중국인 아낙네와 가난한 조선 백성의 불쌍한 어린이들만으로도 머지않아 끔찍한 혹한이 있을 것을 상상케 한다. 이달 초하룻날부터 눈이 내리기 시작하는 이곳은 이미 완전한 겨울 경역(境域)에 들어섰다.

　동양적 압록강 물은 벌써 유빙이 흐르기 시작하고 상류에는 이미 선박의 불통을 전하니, 하루에 네 번씩 열고 닫혀 하고많은 범선들이 드나든 압록강 국제 철교의 무거운 침묵 속에 명춘(明春)을 기약하여 개폐를 그칠 날이 머지않았다. 흐리기로 유명한 이 강물도 늦은 가을부터 맑은 빛을 띠기 시작하여, 이제는 청천수(淸川水)는 나보다 잘났느냐는 듯 푸르고 맑은 물은 얼기 전에 한껏 움직이려고, 바야흐로 일기 시작하는 첫 겨울바람이 부는 대로 용솟음친다. 이제부터 한 달이 급하다고 이 강은 얼어 저 땅(중국)과 이 땅을 비끄러매고 지금의 강물 위로 수백 수천의 '썰매'가 줄달음칠 것이다. 얼음판은 어떻게 넓고 좋으며 빙상경기는 얼마나 통쾌할 것인가.

그러나 겨울은 가난한 사람을 위협한다. 영하 20도를 곧잘 내려가는 신의주의 겨울 동남일대의 움막살이 속에는 어떻게 겨울 준비가 되었을까?

붉은 담을 한 겹하여 세상을 등지고 옥창(獄窓)에 부는 바람을 원망하는 이들은 얼마나 많은가. 우리가 알기에 특히 정치범으로 독방에 있는 이들, 겨울마다 가장 견디기 어려운 신의주 감옥의 독방생활, 이번 신의주고보 사건으로 인하여 수감된 40명 학생 중에는 16세의 소년조차 있고 보니 다시금 이때에 그들의 소식이 아깝다.

겨울 국경의 겨울, 눈 내려 압록강을 덮을 날이 머지않았거니 아편 많은 중국을 강 하나 둔 여기라 아편쟁이의 겨울살이도 측은하지만, 여기도 도회라고 지게지고 길거리에 헤매는 실업군의 겨울도 딱하기 그지없다. 찬바람이 불 때마다 철교는 울고 눈보라치는 속으로 뛰어야 되는 신의주 다산(多産)의 인력거부의 생활은 어떤고? 나는 지금 철교 위에 서서 가고 오는 삿대 묻은 백의군(白衣群)과 청의군(靑衣群)을 본다. 다리 문이 닫혔다 열리니 웅기웅기 기력 없는 다리로 영양불량을 말하는 누런 얼굴의 소유자들, 안동현은 사탕값이 싸다고 봉지봉지 들고오는 늙은 아낙네들. 맹풍(猛風)이 불 때 저들은 무엇으로 겨울바람을 막아보노?

눈 쌓인 국경에서 시인이라면 "오오 호장(豪壯)한 국경의 겨울이여!"를 읊으리라마는 내 일찍 시인이 못 되고 가슴에 불은 있거니 가난한 무리를 위협하는 신의주의 겨울, 천백년 이 겨울을 경험한 압록강의 암시를 어떻게 받을까.

지방논단 : 국경 여객 취체(取締)에 대하여

— 신의주 일기자, 《동아일보》, 1929. 12. 27.

당국의 맹성(猛省)을 촉(促)함

1.

현대 국가 제도가 지속되는 한 어느 나라를 물론하고 정해진 자국의 국경을 중심하여 유감 없는 경계로써 국방에 유의함은 필연적 사실로서, 지구 전면을 그대로 세계인의 소유로 삼고 국제 문제를 초탈하는 때가 있지 아니하면 또한 국경 경비의 가급적 엄중과 가급적 치밀함을 불가피 또한 당연한 일이라 할 것이고, 또 그 국민은 자국의 국방을 튼튼히 하는 데서만 자국민의 생명 재산을 보장하리라는 침략과 대외의 폭력을 기피하는 이유로써, 그 국민의 생명 재산을 맡은 위정자에게 국방을 의뢰하는 것도 지당할 일이다. 그러나 조선과 같이 특수한 사정에 신음하는 민족으로 금일 조선의 국경 경비는 실로 위정자, 그를 위한 국방인지, 민중을 위한 국방인지를 의심할 정도에 이른 것은 우리가 호소하지 않을 수 없는 여러 가지 중의 하나가 아니 될 수 없다.

2.

신의주는 조선으로서는 가장 중요한 국경 관문으로, 압록강의 철교를 국제적 철교로 하여 대(對) 중국과 연접(連接)한 곳으로, 압록강을 중심한 전체의 국경경비보다도 특히 철도가 개통한 신의주의 국경 경비는 그것이 민중의 생명 재산을 보장하는즉 '민중을 위한 신성하고도 엄중한 국경 경계'이어야 할 것이, 의미를 달리하여 '위정자를 위한 국경의 엄중에도 극한 경비'로 인하여 도리어 때로는 민중의 원망이 되고 국경 경비의 소득보다도 민중을 괴롭게 하는 작용이 크게 될 때, 만일 현명한 위정자라면 이에 깊이 반성하여 볼 여지가 충분할까 한다.

3.

이제 여러 가지의 현저한 예를 들어, 국경을 통과하는 열차에는 이동경찰반, 세관리(稅官吏), 헌병, 전매국원(專賣局員) 등이 차내에 들어와 차내는 완전히 자기의 무제한의 권리를 행사할 수 있는 왕국으로 아는 군림적 태도로써 승객 전부를 악인시하고, 일일이 하는 차표 검열은 차장보다도 심하며 걸핏하면 행구(行具)로부터 그 몸을 수색하고, 심한 자에 이르러는 부녀자의 의복을 벗기는 등 그 취체 수단이 신중치 못한 점과 남발하는 폭언은, 일단 국경 통과의 기차를 탑승한 자는 전연 그 인권을 포기치 않고는 도저히 취체 경관리의 행동을 묵시할 수 없고 그 모욕을 감수할 수 없는 정도다.

비근한 예로는 몇 달 전에도 부녀자의 의복을 벗기고 절반은 희롱하는 태도, 모욕적 언사를 자행하였기 때문에 경성에서 철도국 출입기자단의 항의를 보게 되었는데, 경관은 절대의 권리의 소지자요 민중은 유유복종(惟惟服從) 인내만이 옳은 일인 줄 아는 무지한 개인 개인이 알게 모르게 당하는 곤욕은 이루 일일이 말할 수 없는 형편이니, 사태가 이에 이르면 가히

입을 열어 그 도리에 맞지 않는 것을 논하기에 기막히다. 이는 확실히 국경 경비의 임무를 맡은 경관 등 관리가 그에게 부여된 권리의 행사가 아니라 그 한도를 넘는 것도 심한 과연 폭군적 소위라 아니할 수 없다.

4.

특히 신의주에서 국경 경비의 목적으로써 가장 중요한 것을 든다면 만주 ○○단원의 잠입과 해외 '불온분자'의 잠입 등 조선의 법률로써 배제하는 분자의 침입을 경계하고 또 그를 근절함으로써 근본적 제일의를 삼을까 한다. 그러하면 의심되지 않는 범위의 승객에게는 되도록 온순한 태도 미안한 태도를 잃지 않고, 또 '불온분자'의 침입을 막는 의미의 경계가 국내 민중을 위함으로써 그 진의를 삼는다 할진대, 또는 경관의 취체에 노력하는 가장 가까운 거리, 즉 열차 내의 까닭 없는 승객에게 안도의 편익을 도모하지 않으면 아니 될 것이라 한다. 의복을 벗기기까지 여자로서 다시없을 절대의 치욕도 오히려 감수하는 순진한 민중, 어떠한 폭언 난행과 자기의 인권을 무시하는 정도에 이르러도 탓하지 않을 정도의 그 순진한 민중을, 직업적 심리에 비추어 보더라도 거기까지 미치지 않아도 경계는 원만 또한 완전히 행할 수 있을 것도 자인하지 않을 것인가. 이곳 당국자의 맹성을 촉하고 민중의 인권을 존중시하는 타당한 방침 하에, 특히 전위부대로 직접 민중을 상대하는 관리로 하여금 그에게 부여된 권리 이상의 방자한 행동을 엄금하여 어느 예산보다도 방대한 예산을 성립되는 경찰비 중, 모처럼 진행되는 국경 경비가 무고한 양민의 원망이 되지 않도록 함이 현명한 당국자의 맹성할 점이라 하겠다.

신문소고(新聞小考)(1~10)

―《동아일보》, 1930. 1. 7.~1. 23.

〈1〉 1930. 1. 7.

서문

이 글은 대판(大阪) 조일신문사(朝日新聞社) 발행『신문의 화(話)』와『사회와 신문』의 두 책에서 필자가 임의로 몇 절을 뽑아서 그것을 바탕으로 삼고 소론을 기초해 본 것이다. 물론 완전한 번역도 아니고, 또 저작이 아님은 더 말할 것이 없으나, 어쨌든 여기서나마 신문에 대한 자그마한 '앎'을 얻는 이가 있다면 이로써 필자는 최대의 만족을 삼고자 한다.

1. 서론

신문을 가리켜 그 사회의 축도(縮圖)라 말하고, 신문은 또한 그 이름과 같이 '새로 들은[新聞]' 사실을 독자에게 제공함으로써 첫째의 사명을 삼는다. 과연 현대의 활자문명은 신문 발달의 극을 고하여, 지구 한 끝에서 발생한 사실이라도 그 사건 여하에 따라 시간의 늦고 빠름이 있을망정 지구 전면에 알려지고야 만다는 점에 있어서 신문의 존재 가치를 말하고 또 그 위대성의 잠재를 인식하게 된다.

　그런데 이 신문의 기원은? 또 신문의 진정한 존재 의의 및 그 가치는? 과연 현대 문명의 가장 위대한 산물의 하나로 꼽지 않을 수 없는 이 '신문'이란 것을 한번 해부해 보는 것이 전혀 실없는 일은 아니다. 문호를 개방하여 지구의 표면 전부를 생활 무대로 삼은 현대인에게 유일한 나침반을 필자는 주저 없이 신문이라 칭한다고 믿는다. 특히 근대의 인쇄기계의 발달과 교통망, 통신망의 기상천외한 발달과 급격한 산업의 진흥, 문화 보급에 기반을 둔 지식욕, 상품 구매력의 왕성으로 인한 광고의 발달 및 도회의 인구 집중 등은 신문으로 하여금 가히 혁명적 발달로 오늘날에 이르기에 족한 모든 보조와 편의를 유기적으로 주어, 1812년까지도 손으로 인쇄하는 것을 면하기 어려웠던 신문지가 그 해 독일인이 발명한 윤전기에 의하여, 다시 2년 후 복식으로 개량된 위에 또 다시 동력의 사용을 얻은 오늘날의 신문은 겨우 한 시간에 20만 매를 인쇄하는 현상을 맞이하고, 국내외에 신문 기사는 홍수와 같은 폭주를 받아 능히 다량생산을 하게 되었다. 이리하여 정치, 경제, 법률, 종교, 교육, 학예, 사회문제, 교통, 운동, 취미, 오락에 이르기까지 보다 더 빨리, 더 넓게 세계 어느 구석에까지라도 끊임없이 발생하고, 또 우리에게 영향을 미치는 모든 문제와 모든 새로운 사실을 신문이 수집하여 다시 반추적으로 이것을 독자에게 제공하여, 독자로 하여금 '그날의 그 사회, 그 민족 내지 세계의 동정'을 듣고 이해하게끔 하는 것인즉, 신문은 우리에게 필요하게 되었다. 곧 '알고 싶어' 하는 독자의 출현은 필연적으로 '알려주는' 신문을 발생케 하였다.

〈2〉 1930. 1. 9.

　우리가 이제 생각을 과거에 돌려 신문의 출현을 보기 전인 원시시대로 돌아간다 할지라도 '알고 싶음'과 '알려주고 싶음'은 인간 본래의 욕망으로 있어 왔음을 알 수 있다. 종교는 '전파'되고 지식은 '보급'되고 과학은 '발달' 하여 마침내 신문은 유형적으로 발생하였다. 이래서 신문은 인류의 발생과 함께 무형적으로 이미 발생하고 있는 것이라고도 말한다.

　희랍 철학자 아리스토텔레스는 사람은 태어나면서부터 정치적 동물이기 때문에, 정치가 생기고 나면서부터 인간 이상의 무엇을 구하는 마음을 가졌기 때문에 종교가 생겼다고 말하였다. 그런데 이에 다시 혹자는 간단 명료하게 신문지는 정치나 종교와 같이 인심의 반영에 불외(不外)한다, 인간이 있으면 정치가 있고 종교가 있고 또 신문이 있다고 하였다.

　이제 신문의 기원으로부터 오늘날까지의 성쇠와 현대 사회인으로서 그 시야가 확대될수록 그 지식의 요구가 왕성할수록, 신문에 대한 요구가 많아지기까지 한 시간이라도 신문이 없으면 우리의 생활에 어떻게 지대한 영향이 미치겠는가를 개별적으로 써 보고자 한다.

2. 신문의 기원

　신문의 기원은 중국의 《경보(京報)》와 나마(羅馬: 로마)의 《악타 디우르나 (Acta Diurna)》를 신문지의 시초로 들 수 있다고 한다.

　경보는 지금으로부터 약 3천 년 전 '주(周)'의 시대에 시작하여 청나라 말엽까지 그 생명을 지속한, 지금으로 보면 관보 비슷한 것으로, 어쨌든 세계 최고(最古)의 신문이라 할 것이다. 그러나 일부 학자 중에는 이것을 인정하지 않고 《저보(邸報)》라는 것이 지금으로부터 약 2천 년 전 한나라 시대에 발생하여 청나라까지 계속되었다고도 하는데, 이것은 "일체의 조령장주(詔令章奏)[14]를 전초(傳秒)하여 제후에게 알린다"는 것으로 후세 구라파에 발생한 '뉴스레터'와 비슷한 것이다.

《악타 디우르나》지는 나마의 공화시대 말엽에 생겼다고 하여 중국의 '저보'와 같이 약 2천 년 전에 생긴 것이다.

이는 나마 정부에 게시된 군대의 동정과 관리의 임면 등을 등사하여 지방 장관에게 송부한 것으로 《악타 세나투스(Acta Senatus)》와 《악타 디우르나(Acta Diurna)》·《포폴리 로마니스(Popoli Romanis)》의 두 종류로 전자는 '시저'의 집정 시대에 성행하다가 그가 제위에 오르면서 폐기되었고, 후자는 제정 시대까지 계속되었다고 한다. 물론 당시의 정체를 본 사람이 없으니 그 정확한 것은 알지 못하나 아마 이만한 종류의 것은 대개 어떤 나라에나 있었으리라는 추측이 전혀 틀린 것도 아닐 듯하다.

또 이와 비슷한 '뉴스레터'가 나마 시대에 시작하여 중세로부터 근대 초엽에 이르기까지 구라파에 성행하였는데, 이것은 지방에 사는 귀족이나 부호들이 중앙 도시의 사람을 고용하여 그곳의 소식, 특히 정치 문제에 관한 소식을 항상 편지로 써서 보내도록 한 것이 시초가 되어, 처음에는 한 사람이 한 사람에게 소식을 보냈으나 이를 요구하는 자가 증가함에 따라 이를 전업으로 하는 통신자가 필연적으로 출현하였다. 그 후 인쇄술이 발

---

14) 조령(詔令)은 천자의 명령이고, 장주(章奏)는 신하가 상주하는 글이다.

명되면서, 일일이 다수 사람에게 써서 보내지 않으면 안 되는 불편은 일소되어 인쇄한 서한으로 통신하게 되었다. 물론 이것은 개인이 개인에게 보내는 서한에 불과하여 어떠한 문구와 어떠한 사실을 기록하여 보내든지 하등 법률문제가 따르지 않았으므로 공간물의 통제가 극히 엄하던 시대에도 이 뉴스레터는 이 취체권(取締圈) 내에 들지 않은 관계로 그 후 신문이 발생한 후에도 오히려 이것은 존재하고 있었다고 한다.

영국에서는 뉴스레터가 인쇄술의 혜택을 입게 되자 곧 이것을 서한의 형식에서 한 보 나아가서 소책자를 만들어 일정한 제목과 호수를 붙이게 되어, 소위 '뉴스북(News Book)'이라는 명칭을 얻었다. 그 후 서력 1665년에 발행된 《옥스포드 · 가제트(Oxford Gazette)》, 즉 지금의 《런던 가제트(London Gazette)》는 1매에 2쪽으로 만들었으므로 '뉴스북'이라고까지 명명하기는 안 된다고 하여 비로소 '뉴스 페이퍼'라는 기원을 시작하였다고 한다.

〈3〉 1930. 1. 10.

이리하여 이 뉴스레터는 각지에서 유행하여 주로 그 중앙 도시의 정치문제에 한하던 것이 점차 상인의 수요가 생기면서 상업에도 상당히 이용되었고, 마침내 각지에 발생하는 모든 방면의 '신사실(新事實)'을 기록하여 보내기에 이르렀다. 인쇄술의 발달이 마침내 이 뉴스 페이퍼를 선구로 하여 신문을 발생하게 하였으니 그 시초는 이태리로서 서력 1566년 '베니스'에서 발행된 《노티치에스 크리테(Notizies Critte)》가 그것이다.

독일에서는 15세기 중엽 인쇄술의 발명 후 2~3종의 영국 '뉴스북'과 유사한 것이 출현하였으나 홀연히 사라지고, 활자 인쇄술의 발명 후 166년이 지나서 1615년에 발행된《디 프랑크푸르터 자이퉁(Die Frankfurter Zeitung)》이 독일 신문의 원조로서, 이 신문은 지금까지 속간되는 것으로 세계 최고(最古)의 신문지이며, 최초의 신문 발행자 '엠멜(Emmel)'은 '신문의 조상'이라 칭하는 것이다.

불란서는 1605년에 신문과 유사한 것이 발행되었으나 극히 발행이 불규칙하였고 비로소 신문처럼 발행된 것은 1631년이었었다. 영국은 1588년에 《잉글리쉬 머큐리(English Merchurie)》가 발행되어 그 50호, 51호, 53호가 지금 영국박물관에 보존되어 있다고 하나, 그것은 1839년에 이르러서 1740년에 발행된 것으로 1588년에는 발행된 것이 없는 것으로 판명되었으므로, 영국 최고의 신문지는 1622년에 창간된《주보(Weekly news)》이다. 이것은 외국 보도를 쥬로 한 것이며, 일간 신문으로는 1702년에 와서 발행된 것이 최초라고 한다. 미국은 가장 오래된 신문에 대하여 각각 다른 설을 전하나, 1692년 9월에 발행된《퍼블릭 어커런시스(Public Occurrences)》가 원조라고 한다. 이는 발행된 지 얼마 되지 못하여 발행 금지를 당하고, 미국의 현존하는 신문 중에는 독립전쟁이 있기 약 20년 전인 1756년 발간된《뉴 햄프셔 가제트(The New Hampshire Gazette)》가 가장 오래된 것이라 한다. 이들 초기의 신문은 그 후 수많은 변천을 보며 오늘날에 이른 것이니 그 변천한 경로에 대하여 지극히 간단하게나마 약술해 보고자 한다.

〈4〉 1930. 1. 11.

3. 신문지의 변천

　초기의 신문지는 물론 개인이 경영하는 바였다. 다소의 재산을 가진 자의 취미적 사업욕에서 또는 어느 정도의 재사(才士)가 자기의 정치적 의견을 발표하려는 욕망에서 신문은 발생하여서, 개인 경영 시대를 지나 정치 기관 시대를 지나서 주식회사 경영의 오늘에 이르렀다고 볼 수 있다. 먼저 개인 경영 시대를 돌아보면, 한 사람이 자본을 내고 그가 편집 발행하여 판매까지도 혼자 하였으니 심하게는 인쇄까지도 스스로 한 예가 없지 않다. 유명한 영국의 《런던 타임스》지도 처음에는 창간자인 제1세 '조지 웰터'가 각종 사업에서 실패하여 종국에 파산의 비운에 빠졌을 때 최후로 착수한 사업으로서, 당시 편집상 새로운 기축(機軸)을 지어 가치가 올라 오늘의 대성(大成)에 이르렀다. 당시에는 제1세 '웰터'가 사장, 주필, 편집장을 겸임하였고 제2세 '웰터' 시대에 영업과 편집의 분류를 보게 되었으니, 이 《타임스》지는 순전히 웰터 일가의 소유물로 제4세 웰터 시대까지 이르러 그 뒤를 계승한 그의 동생의 만년에 이르러서야 주식회사가 된 것을 초기 신문의 개인 경영으로 적당한 예라 할 것이다.

　그러나 초기의 신문은 극히 소규모로 지면도 작고 발행부수도 적어 개인 경영이 어렵지 않았으나, 점차 발달함에 기초하여 필연적으로 사업은 확장하지 않을 수 없는 경우에 봉착하며 개인의 소자본으로는 경영난에 빠지게 되고 수지는 서로 맞지 못하여, 마침내 신문과 가장 거리가 가까운 정당이 자기 당파의 주의와 정견을 발표하려는 기관지로서 영리는 안중에 두지 않고 경영하는 정치 기관 시대가 출현하였다. 그러나 이 신문의 정치 기관 시대도 영속할 결정적 사실은 아니었었다. 일개 정당의 기관지인 만큼 정당 정파의 색채가 아무리 희박하다 하더라도 주의 깊게 신문지를 검토하면 기사는 공정함이 없어 정확 또 공정을 제일의 목적으로 삼는 신문 자체의 사명으로부터 타락하게 되고, 독자도 일정한 한계가 있어서 갑(甲)파에 속한 인물은 갑 파의 기관지로, 을 파에 속한 인물은 을 파에 속한 신문만을 구독하게 되니, 일반적으로 독자를 포용할 능력을 상실하고 말았고, 발행 부수는 그 신문 배경의 정당 세력 여하에 따라 국한되어 좀처럼 발전할 가망을 보지 못하니, 필연적 형세로 정치 기관지는 실패로 돌아가 사라지게 되었다. 그렇지 않으면 정당의 배경을 버리고 기치를 전환하는 수밖에 없게 되었다.

요컨대 신문은 정치 기관지의 색채를 벗으면서 정확 또 공정한 보도의 임무에 당하는 본래의 사명으로 돌아왔다. 신문의 경영비는 구태여 정견을 같이하는 자만이 갹출할 것이 아니라고 하여, 이에 신문은 정치 기관 시대에서 다시 한걸음 나아가 주식 조직에 달하게 된 것이다. 오늘날 세계의 유수한 신문은 거의 대부분이 주식제임은 물론이다.

다시 신문 기사는 점차 구심적 경향으로 변천하였다. 특히 신문 사업에 절대적으로 불가결한 인쇄기계의 변천에 관하여 기술할 여지가 충분하나, 이는 다음 기회를 기다리기로 하고 다만 경영상의 변천에 관한 것으로 이상을 약술함에 그치고 별항으로 넘어간다.

〈5〉 1930. 1. 12.

4. 뉴스(News)

　신문 기사는 '사실 보도'와 '의견 발표'의 두 종류로 크게 나눌 수 있다. 신문 발생 최초에는 '의견 발표'를 중시하여 '사실 보도'에 치중하지 않았다. 그 현저한 예로는 1775년 7월 4일의 아미리가(亞米利加) 독립선언의 신문보도를 들 수 있다. 지금과 같으면 더 말할 여지도 없이 외국에서까지라도 신문의 존재가 있는 곳은 호외로써 급보를 필요로 할 기사 재료이다. 그러나 당시 아미리가에서는 이 독립선언을 발표한 해당 신문이 겨우 '사건 발생 후 10일 만에'야 보도하였고, 또 300리 떨어진 '보스턴'의 신문은 '20일'이 지나도록 보도하지 않았다.

　이는 당시 교통기관이 갖추어지지 않았음을 중요한 이유의 하나로 보는 자도 없지 않으나, 어쨌든 당시의 신문이 '사실 보도'에 치중하지 않았음을 주지하기에 족하다.

　그러나 신문은 '새로운 사실의 보도'가 그 본래의 사명인 만큼 신문은 필연적으로 '의견 발표'보다도 '사실 보도'를 중시하는 경향을 보게 되었으니, 1800년대 말엽부터는 이미 '뉴스 없으면 신문 기사가 아니라'고 하여 소위 뉴스 만능 시대가 출현하였다. 이제야말로 신문의 거의 모든 역량이 이 '뉴스'의 탐구 수집에 있다고 할 것이다. 신선미가 있는 사진 1매라도 신문지 상으로서 대하는 독자는 별 무관심이지만, 때에 따라는 이 사진 1매가 여러 명의 신문 기자의 노력과 신문사의 재정을 소비하고서야 생겨나는 것이다. 이면에 숨은 노력과 금력이 다대한 것이다. 이렇게 오늘날 신문의 최대 요소는 뉴스 그것이다. 그러면 '뉴스'는 무엇이냐? 그 정의에 있어서는 사람마다 각기의 다른 설명이 많아 이를 일일이 여기에 기술하기에는 지면이 허락지 않는다. 어쨌든 뉴스라는 것은 "정치적, 경제적, 사회적, 과학적, 또는 개인적으로 다수인의 흥미와 주의를 야기할 중요한 사실을 세계 각지에서 구하여 이를 문자로 표현해서 신문지에 의하여 지식군의 소비에 공여하는 것이다."

동시에 이것은 그날그날 신선한 채로 독자에게 제공되는 '부패할 성질의 상품'이라고 한다. 이제 뉴스의 종류를 간단히 적어 신문의 '지상'을 해부해 보고자 한다.

1) 돌발과 예정

신문 기사로 취급할 사건 중 당초부터 예상하여 기록할 수 있는 사실, 즉 국제 노동회의라던가 대통령 취임식, 학교 졸업식, 어떤 단체의 회합, 재판소 공판 등 미리 주의를 둘 수 있는 사건과, 돌발 사건 즉 비밀 결사의 폭로로 경찰의 돌연한 활동이 있어 다수 인물의 돌연 검거되는 선풍이라던가, 살인, 화재, 비행기 추락, 정치적 또는 사회적 중추인물의 돌연한 사망 등 미리 기록하지 못하는 중에 발생하는 사실이 있다. 이미 예정된 사건에 있어서는 비교적 어느 정도까지의 용의와 또 준비가 있지만, 돌발 사건에 있어서는 전혀 뜻하지 못한 중에 발생하므로 '뉴스'를 천금과 같이 여기는 신문사로서는 평소에 쓸모없는 듯한 은근한 준비와 또 신문 기자는 항상 긴장된 활약을 필요로 한다.

돌발 사건은 전부 외근 기자의 손으로 탐구하는 것인데, 기타 신문 독자 혹은 전혀 신문사와 무관계한 사람의 호의로 알려지는 것도 많다. 구미에는 어느 신문사에도 속하지 않은 일종의 신문 기자가 있어서, 스스로 기사 재료를 수집하여 이것을 신문사에 파는 사람도 있으며, 이런 사람에게 뜻밖의 돌발 사건을 얻어 아는 경우도 많다. 외국에서는 신문에 대한 견해가 일반적으로 보급되어 가령 길거리에서 살인사건 같은 것이 발생하면 경찰서에 고발하는 동시에 신문사에 알리는 것을 잊지 않는다고 하며, 이런 경우에 그 사건이 중차대하면 신문사는 그 사람에게 상당한 사례금을 지불하는데, 이 풍습은 일본에도 유행한다.

예컨대 저번 정우회[15] 전중(田中) 총재[16]가 급사하였을 때 원래 예정된 것이 아니었던 만큼 신문사에서도 꿈속이었으나, 전중 씨의 저택 부근에 사는 사람이 전중 씨의 사망은 알지 못하였으나 돌연히 다수의 자동차가 운집함을 이상히 알고 모 신문사에 그 사실을 통지한 까닭에 그 신문사의 활동으로 다른 신문사보다 가장 먼저 전중 씨의 사망을 즉시 시내에 호외로 전파하였다. 동시에 알려준 사람은 그 신문사로부터 많은 사례금을 얻었다는 것이다.

---

15) 정우회(正友會) : 1900년 결성된 제국 일본의 보수 정당 입헌정우회(立憲政友會)의 준말이다. 이토 히로부미(伊藤博文)가 창당하였으며 지주 계급과 재벌 세력의 지지를 받았다. 1910년대 후반 이후 10여 년간 일본 정치는 정우회와 헌정회를 양대 정당으로 하여 이루어졌다. 정우회는 1930년대에는 군부에 밀려 점차 세력을 잃게 되었으며, 일본의 모든 정당이 대정익찬회(大政翼贊會)로 통합된 1940년까지 존속했다.

16) 다나카 기이치(田中義一, 1864-1929) : 일본의 군인, 정치가. 야마구치 현 출신으로, 청일전쟁과 러일전쟁에 참전하고 1918년 육군대신으로 시베리아 출병을 추진했다. 육군 야마구치파의 중추적 존재로서, 1925년 정우회 총재로 취임했고, 1927년 일본 수상이 되어 공산당 탄압, 치안유지법의 개정, 중국 침략 등 강경 정책을 취하였다. 1929년 장쭤린(張作霖) 폭파사건으로 사직한 지 얼마 되지 않아 협심증으로 사망했다.

〈6〉 1930. 1. 15.

2) 유형 사실과 무형 사실

신문이 초기에는 유형 사실, 즉 눈에 띄도록 노출된 사실, 예를 들면 화재, 홍수, 선박의 조난 등뿐이었으나, 점차 신문의 발달은 무형 사실, 즉 심리적 사실을 더듬어 이면에 숨은 사실을 요구하게 되었다. 즉 내각이 경질되려는 때의 각 정당과 정치가의 암중비약이라던가, 전쟁을 예기하게 되는 때의 여러 나라의 형세라던가, 범인이 범죄를 일으키기까지의 마음속 경위 묘사 등이 그것이다.

3) 정기성과 부정기성

일정한 기간 중에 발생하는 사실과 때 없이 발생하는 사실의 두 가지로 나눌 수 있다. 때 없이 발생하는 사실은 대개가 독자의 눈을 끌 만한 것이 많기도 하고 또 쉽지만은, 일정한 기간 중에 발생하는 사실, 예컨대 연중행사의 전 조선 축구, 야구, 정구 대회라던가 빙상 경기, 기타 의회라던가 관병식 등 해마다 보는 사건은 대개가 전년도와 동일한 관계상 전년에 썼던 기사를 또 쓰면 자연히 독자는 이 기사에 눈을 돌리지 않을 것이다. 그렇다고 쓰지 않을 수도 없는 일이므로 어떤 때는 해마다 그 기사의 취급 방식과 쓰는 법을 달리하여 이른바 '새로운 맛'을 가미하지 않으면 안 된다.

4) 추측, 예상

'사실'을 '기록'하는 기능만을 발휘하던 신문은 유형 사실에서 무형 사실의 뉴스를 탐구하기까지의 발전에 기초하여 추리 판단으로 쓰는 추측 기사가 지면에 나타나고, 또 한걸음 나아가서 예상 기사가 출현하였다. 이에 대하여 의문에 처한 자로서 오해를 품기 쉬우나 각각 속보주의를 목표로 하고 '시간'에 따라 그 생명이 있었다가 없어지는 신문 기사로서 어떤 '예정 사실'에 대하여 도저히 그 사실의 끝을 보기까지 앉아 있을 수 없는 데서 예상 기사가 나오고, 노출한 사실만을 기록하는 것보다 의견과 사실을 교착하는 데서 좀 더 상세한 보도를 할 수 있기 때문에 추측 기사가 생겼다.

예상 기사는 아직 현실에 나타나지 않은 잠재 사실로 장차 드러날 것을 예상하여 쓰는 것과, 또는 어떤 순서와 경로에 의하여 규칙 있게 진행될 사실(예를 들면 단체 회합, 운동회 등…)이 아직 진행 중이라 끝나지 않았지만 신문의 인쇄가 끝날 시간까지는 으레 그 '사건'도 종료될 것이므로 그 끝까지 보고난 것처럼 쓰는 것의 두 가지를 들 수 있다. 즉 이러한 경우에 미리 확정한 순서가 있는 사건의 진전을 예상하고 쓰는 것은 대체로 무관하나 전자, 즉 현실에 드러나지 않은 것을 예의 속보만 위주로 하여 예상기사를 발표하였다가 불행히도 그 '사실'이 예상 기사에 부합되지 않는 때는 그런 낭패가 또 없다. 이는 곧 그 신문의 신용 문제에 관한 것이어서 결국 '정확 또 공정한 보도'를 생명으로 삼는 신문으로서는 세심한 주의를 게을리 할 수 없고, 이런 경우에 봉착할 때마다 신문은 남모르는 고심과 초려가 있는 것이다.

5) 고립 사건과 계속 사건

고립 사건이라 함은 한 번뿐의 게재로써 만족하는 사건이다. 예를 들면 장의(葬儀)에 관한 것이라던가, 살인 피고자의 확정 판결 등을 들 수 있는데, 이런 것도 신문기자의 직업적 두뇌의 작용에 따라 독자의 흥미와 주목을 야기할 정도의 사건이면 확정 판결 후에도 피고의 가정의 동정, 수형 중인 죄수의 일상 동정 등을 탐구하여 계속 알리는 것도 없지 않다. 그리고 계속 사건이라 함은 일단 어떠한 사건이 발생된 후로 그 사건에 따르는 여러 사건이 야기되는 것이다. 예컨대 경성 진명여고 학생을 실은 경전(京電)의 탈선으로 여학생들이 부상을 입은 사건[17]은 그 후로 부상당한 학생들의 상태 또는 피해자 대 경전의 위자료 문제, 이를 기회로 폭발하는 시민의 경전에 대한 불평 또는 전차 운전수의 공판 등 두고두고 쓰지 않을 수 없는 사건이 잇따라 발생하는 것을 이름이다.

〈7〉1930. 1. 19.

6) 목격과 전문(傳聞)

또 기사의 탐구에 있어서 목격과 전해들은 것을 말함은 그 사건의 신문 기사에 대한 신용 문제인 바, 돌발 사건에 있어서 신문 기자가 목격할 수 있는 것은 극히 희소한, 차라리 기적적이라 할 것이요, 태반이 전해 들은 것이 아닐 수 없다. 다만 전해들은 것이라 하더라도 어디까지나 신중하고 상세한 조사로써 우선 조사한 기자 자신의 냉정한 비판을 내린 다음에 발표하기에 이르는 것이니, 그 조사 여하와 신문기자의 그 사건에 대한 태도 여하에 따라 곧 사건 기사가 '정확'할 수도 있고 과장적인 타락한 기사도 될

---

17) 1929년 4월 22일 진명여자고등보통학교 학생들이 개교기념일 행사로 전세를 내고 탄 전차 중 한 대가 탈선, 전복하여 학생 백여 명이 부상당한 사건이다. 학생들의 입원치료와 육체적·정신적 후유증 치료 및 위자료 청구, 경성전기주식회사의 책임 등 사고 처리 문제가 당시 논란이 되었다.

수 있는 것이다.

특히 어떤 사건이거나 범안(凡眼)으로서 평범하게 간과하는 것도 신문기자의 미묘한 관찰과 비판에 따라, 그 사건은 독자의 면전에 크게 또는 작게 나타날 수도 있는 것이다.

5. 오보

신문 기사는 어떻게든 독자의 주의와 흥미를 야기할 내용과 가치가 풍부하다고 하더라도 그 '정확성'이 없으면 생명 없는 기사요, 다시 이로 인하여 사회적으로 끼치는 해독과 반사회적 영향은 그 오보 기사가 중대한 사건일수록, 또 오보의 범위가 클수록 심하다고 할 것이다.

한마디로 신문 기사가 정확성이 결여될 때는 그 기사는 하등의 가치도 함유하지 못한 것이다. 과연 신문 기사는 정확한 것뿐만이 아니어서 이따금 오보로 인하여 세인의 공격을 받으며, 또 그것이 어떤 사람이나 자기에게 관한 사건으로서 다소의 어긋남이 발견되는 경우에 그것을 표준 삼아 항상 신문을 공격한다. 무지로 인하여 덮어놓고 개인의 좁은 생각만 고집하여 신문을 믿지 않는 우매함에서, 조선에서도 10년 전만 해도 궁벽한 촌에 들어가면 "신문 3년만 읽으면 천하 거짓말을 다 할 수 있다."고 하였지만 이것은 별도의 문제로 하고, 과연 신문은 그 표방과 같이 '정확 또 공정'한 보도뿐인가 하면 사실상 이것은 그렇지 못하다. 어떠한 용의주도의 사건 조사와 면밀한 원고 선정을 할지라도 실제는 매일 그 신문으로 상세히 읽어볼 때 상당히 오류를 발견하게 되며, 또 한때는 사실로 인정되었던 것이 그 후에 전혀 무근한 사실로 판명되는 등, 이러한 때마다 세간의 공격은 한층 더 높아지고 신문의 책임을 묻는 등 시끄러운 일이 많다.

물론 이러한 오보 혹은 허보(虛報)가 신문사 또는 그 사건 조사의 임무를 맡은 신문 기자의 책임에 돌리는 것도 없지 않으나, 또 전혀 책임을 질 수 없는 부득이한 경우도 많다.

즉 오보 혹은 허보는 부득이한 경우의 오보 혹은 허보와 조사의 소홀로 생기는 오보 혹은 허보로 나눌 수 있다. 이는 잠깐 뒤로 미루고 이제 한 예를 들어보면, 전에 독일에서 심리학자대회가 개최되었을 때 주최 측에서 미리 은근하게 계획하였던 한 가지 사실이 대회장 내에 벌어졌다. 즉 회의를 진행하는 중 돌연히 어떤 남자 한 명이 문을 박차고 장내로 뛰어 들어오고, 그 뒤를 추격하여 돌입한 권총을 가진 청년 한 명이 있어서, 그들은 장내 중앙에서 권총을 발사하며 일대 격투를 행하다가 함께 다시 장외로 뛰어나갔다. 이야말로 대회 중에 있는 회원들은 깜짝 놀라는 때에 질풍같이 진행된 일막극으로 그 시간은 약 20초에 불과하였다. 이 일이 있은 직후 회장은 회원들에게 이 돌연한 활극의 모양을 즉석에서 써 놓으라고 하였는데, 그 써 놓은 40통 중에서 중요한 사실로 2할 이하만 잘못 쓴 것은 겨우 1통뿐이었고, 2할 이상 4할 이하의 잘못 쓴 것이 14통, 4할 이상 5할 이하가 12통, 나머지 13통은 5할 이상, 즉 다시 말하면 반 이상의 거짓말을 써놓은 것이다. 더욱 놀랄 것은 오보 중에도 당장 본 그 사실을 1할 가량을 위조한 것이 24통, 1할 이상이 10통, 1할 이하는 겨우 6통으로서, 환언하면 45통 중 4분의 1, 즉 10통은 완전히 거짓말이고 24통이 반쯤 거짓말이며 겨우 신빙할 만한 것이 6통뿐이었다. 이는 곧 어떤 사건이나 목격자의 두뇌의 판단력과 사건의 종류에 따라 서로 상이함을 말함이니, 하물며 입에서 입으로 꼬리를 물고 전파된 바를 전해 들은 것에 있어서랴. 요컨대 신문에 오보 혹은 허보가 근절되지 못하는 것은 역시 인간이 제조하는 것이기 때문이라는 간단한 말로써 유감없는 설명에 충분하다.

또 모든 것을 비밀주의로 일관하는 정치 하에서 신문은 아무리 해도 다소의 오보를 면하기 어려운 경우가 많다. 예를 들면 경찰당국이 다수의 중요인물을 검거하고서 소위 '엄비(嚴祕)'의 도장을 찍어 놓고 발표하지 않을 때, 그렇다고 소문이 가만히 앉아 있을 수 없는 바이며, 또 당국의 비밀 정책으로 인하여 조사의 길을 얻지 못하고 발표하지 못한다면 이는 곧 신문의 무능을 폭로하는 것이므로, 신문 기자는 대담한 용기와 모험으로 조사에 고심참담한 경로를 거쳐서 마침내 독자에게 제공하는 것이다. 더욱이 이런 경우에서도 '뉴스'로서의 생명을 잃지 않고자 신문은 여전히 속보주의를 주로 하므로 여기에 국부적 사실의 오류가 전혀 없기를 바랄 수 없다. 만일 전혀 오보가 없을 수 있다면 이는 차라리 특필(特筆)할 기적일지언정 용이한 일은 결코 되지 못한다.

〈8〉 1930. 1. 20.

그 외에 어떤 의미는 신문이 선전에 이용을 당하여 모르는 중에 오보 혹은 허보를 쓰는 수도 있으나, 이는 드문 일이라 할 것이다. 엄정한 사실임에도 불구하고 허보로 인정되어 말살되는 경우도 있으니, 이것은 특히 언론 압박의 휘하에 신음하는 민족이 가진 신문에서 흔히 이러한 예를 많이 발견할 수 있다. 또 별항의 '뉴스'의 유별(類別)에서 약술한 바와 같이 아직까지 실제는 확정되지 않았더라도 발표하지 않을 수 없는 경우의 예상 기사에서 오보가 흔히 생기게 된다. 그보다도 신문 기자를 유혹하는 유일의 마수는 '특종 기사에 대한 통쾌와 공명심' 그것이다. 어느 때나 신문 기자의 긴장된 머릿속에는 남보다 먼저 또 상세하게 조사 발표하려는 소위 특종 기사에 대한 야심과 경쟁열이 있다. 최근의 한 예로 '체백호(伯號) 세계일주 비행기'[18]가 수개월 전 일본에 도착하였을 때, 신문 독자의 강렬한 주의와 흥미가 집중되는 만큼 신문마다 전 회사의 노력과 고심으로 속보를 경쟁하던 판이라 '체백호'가 일본을 출발하여 태평양 횡단으로 떠나려던 예정일 조간신문은 여러 종 신문이 저마다 체백호가 일본에서 이륙하여 태평양 횡단으로 출발한 것을 기정사실로 굉장히 신문 전면을 제공하여 발표하였다. 그러나 사실은 체백호가 출발하려던 때에 격납고에서 인출하는 작업 중의 고장으로 인하여 출발이 연기되고 말았던 것이니, 여기서 각 신문의 고심과 노력은 수포에 돌아갈 뿐 아니라, 전연무근의 사실을 가득 실었던 신문마다 조소와 공격이 빗발치듯 한 것이다.

"신문 기자를 유혹하는 것은 황금도 지위도 아니라 특종기사 이것이다."라고 혹자는 말하였다. 신문 기자로서는 누구를 막론하고 여기 대하여 크거나 작거나 일편의 경험을 가지지 않은 자가 없고, 만일 가지지 않은 자라면 그는 어느 때나 한번 경험할 '미래'를 가진 것이다. 다만 이런 경우 신문을 중대한 오보로부터 구출할 유일의 방도는 얼음과 같이 냉정한 판단의 무기가 있을 뿐이다.

오직 조사의 소홀이라던가, 고의로 인한 부정확하고 생명 없는 기사가 있었다면 사회는 그 공기(公器)를 더럽히지 않으려는 공분으로써 신문과

---

18) 체백호(체펠린 비행선) : 독일의 체펠린 비행선 회사가 건조한 경식(硬式) 비행선이다. 1929년 후고 에케너(Hugo Eckener)가 21일 7시간 26분에 걸쳐 세계일주 비행을 하여 당시 화제가 되었다.

신문 기자의 책임을 구명할 것이요, 그렇지 않은 경우 세간은 신문 그 자체가 오보와 허보의 근절을 위하여 어떻게 고심한다는 것과 신문 역시 '인간의 제조물'이라는 것을 양해하면 족하다고 할 것이다.

6. 신문의 존재 가치

현대 문화 발달의 특필할 위대한 산물 중에 신문은 빼놓을 수 없다. 그런데 이 신문이란 것을 사회가 용납하는즉 그 존재가치는 어느 편에 있느냐? 그것은 오늘날 사회에서 신문이란 것 이하로라도 그 존재를 쓰러뜨린다면 그 미치는 영향이 어떠하겠는가를 고찰해 봄으로써 신문의 사회적 존재가치가 드러난다.

예를 들어 영국의 총파업 당시를 바라볼 때 신문도 역시 일체 파업을 단행한 결과 인심은 극도의 불안에 빠지고 유언비어가 성행하며 물정은 극도로 떠들썩하여, 영국 정부는 임시 관보 신문을 발행하는 동시에 라디오로 사실 보도를 하는 등 인심 안정에 마음을 쏟지 않을 수 없는 지경이었다. 또 일본 관동 지진 당시에 신문도 그 기능이 정지되었기 때문에 극단적인 대혼란에 빠진 사회질서는 계엄령을 선포하기에 이르고, 유언비어의 전파는 우리의 잊을 수 없는 기억의 하나로 무참한 동포의 ○○을 생각할 수 있다. 이는 솔직하게 신문은 오늘날 사회의 불가결한 존재임을 웅변하거니와, 이러한 비상시 말고 평소에 있어서도 관찰과 판단 비판을 자유로 하려는 현대인에게 요구를 응하는 것은 오직 신문이 있을 뿐이다. 또 민중의 여론을 표현할 것도 신문이며 민중의 여론을 어느 정도까지 양성하고 또 정리 통제함도 오직 신문이 독점한 위대한 기능이다. 신문은 과연 여론을 야기하는 것인가? 또는 여론의 보도만으로 그치는 것인가? 이는 이제 별도의 문제로 하고서라도, 어쨌든 신문이 뉴스의 선택과 공급 또 그 신문 자체의 주관적 비판 여하에 따라 알게 모르게 사회인으로 하여금 여론 구성의 자료와 또 지대한 영향을 주며 많은 자극을 주는 기능이 잠재되어 있는 것은 부인하지 못할 사실이다.

요컨대 신문은 신문 그 자체가 여론을 만드는 것이 아니나 외근 기자가 뉴스를 독자에게 공급하여 독자로 하여금 '그 사건'을 정확히 보도록 하고 비판하도록 하는 동시에, 논설 기자는 민중의 잠재의식을 환기하고 또 민중의 비판을 표현하는 것이다.

〈9〉 1930. 1. 21.

이 여론의 표현은 신문 유일의 최대 원동력이라 할 공포성(公布性)에 의하여 그 기능을 발휘하니, 산업의 발달, 문화 발달 또한 사회의 향상 진보는 그 사회가 소유한 신문과 그 신문의 공포성의 혜택을 입지 않을래야 입지 않을 수 없다.

구주대전(歐洲大戰) 당시 세계 각국은 앞다투어 자국에 유리한 선전에 주력하여 과연 총화(銃火)의 싸움이 아니고 선전의 싸움이라고까지 말하게 되었을 때, "적의 포탄은 두려울 바가 아니다. 무엇보다 강적은 적의 비행기로 살포하는 신문의 선전 삐라로 이것은 어떠한 방법으로도 막을 수 없다."는 비명을 마침내 독일의 '힌덴부르크' 장군으로 하여금 발하게 하였다. 과연 신문은 형태 없는 왕국을 건설하고 또 소유한 자다. 그 독자가 많으면 많을수록 그 신문의 여론은 확대되고 이에 의한 선전의 효과가 클 수 있는 것이어서, 실로 현대 문화의 특색은 신문이 그 사회 그 민족의 정치, 경제, 군사, 외교, 교육, 종교, 예술 등 각 방면을 통하여 그 기능을 발휘하는 것이라고 하겠다.

"일국의 왕이 한 나라를 지배하던 것은 옛 일에 속하고 의회가 주권을 가졌던 시대도 지나갔다. 이제는 신문 왕국 시대이다."라고 함은 영국 윤돈(倫敦: 런던) 타임스 지 기자 '스텟트'의 말이다. 또 혹자는 "민주주의의 발달은 정치를 소수 특권 계급에서 국민 대표의 의회로 옮겨주었으나, 이제야말로 다시금 국민은 의회로부터 실권을 빼앗아 신문으로써 직접 그들의 토의장으로 삼았다."고 말하였다.

이렇게 신문은 정치상에서뿐만 아니라 사회의 교육 기관으로 실제 문제를 제시하는 '산 교육을 베푸는, 일대 문화 대학'이라 말한다. 어떤 신문학자는 '신문은 졸업할 때가 없는 학교'라 했다. 일정한 시간으로 일정한 과목으로 학생에게 베푸는 학교보다도 신문은 일정하지 않은 시간에 일정하지 않은 실제 문제의 과목으로 독자에게 베푼다. 현대 사회인의 활동에 필요한 자료와 경험을 보여주는 점에서 신문은 다시 사회교육적 기능을 발휘하고 있는 것이니, 지식을 보급하고 민중화하여 우리의 정신적 양식을 삼는 점에 있어서 신문 이상의 기능을 발휘할 어떤 무엇을 미래의 문명이 산출하기까지는 신문 이상의 아무것도 없다.

다시 현대인의 도덕적 타락, 반도덕적 가증스런 행위에 몽둥이질을 가하는 자, 신문 이외에 누가 있는가. 법률이 허락하는 범위 내에서 도덕적으로 죄악이 만연한 현대인의 부패한 암흑면을 대담히 절개하고 폭로할 자는 신문 이외에 누가 있는가. 혹자가 말하기를 '신문은 반사회적 반동에 대한 검사요, 또 변호사'라고 한 것과 같이 오늘날 신문이 사회의 정화에 적극적, 소극적으로서의 공헌은 실로 많다.

이상의 약술은 주로 그 신문을 소유한 민족과 사회의 대내적 존재가치를 서술함에 그쳤으나, 오늘날 세계 일단에 처하여 지구 전면의 그날그날 그때에 일어나는 온갖 정치 문제를 그날로 그때로 시각을 어김없이 자국민에게 제공하여 소화하도록 하는 국제적 무대 위의 신문 존재가치는 다음 기회를 기다리기로 하고 결론에 들어간다.

〈10〉 1930. 1. 23.

7. 결론(신문과 언론 자유)

신문과 언론의 자유를 약술함으로써 이 글의 결론을 삼고자 한다.

모 나라의 독립기념탑은 언론, 집회, 교육, 신앙의 4대 자유를 상징하는 것으로써 초석을 삼았다고 하며, 미국의 수정헌법에서 "의회는 언론의 자유를 속박할 만한 어떠한 법률이라도 제정할 수 없다."는, 우리로서는 부럽기 짝이 없는 조항을 찾아볼 수 있다. 과연 문화기관으로서의 신문은 언론의 완전한 자유 독립이어야만 비로소 완전히 사회적 기능을 발휘할 수 있다.

자유의 존중은 현대 정치의 특징이어서 문화 보급이 저급할수록 국민의 자유는 무시되어 있고 반동정치, 관료정치일수록 국민 자유의 신장을 불허한다. 또 언론 자유는 현대 문명인의 최대 권리로서 이는 다수 민중의 비상한 노력과 값비싼 희생으로 획득한 것임은 동서의 역사가 웅변한다.

1772년 영국 의회에서 처음으로 신문 기자의 방청을 허락하였을 때 하원의원 한 명은 신문 기자석을 가리켜 "저 곳에 제4제국이 있다."고 부르짖었다. 이렇게 이미 언론 자유 운운(특히 신문의)하는 것은 벌써 진부한 소리요, 이미 실현된 것이라고 한 사실에 대하여 그 '진실'을 말하는 자유, 진실을 쓰는 자유, 또 그것을 비판하는 자유, 특히 신문으로서 진실을 보도하여 세간에 정확한 판단의 자료를 제공하며 건전하고 공정한 여론을 구성 및 통제하며 잠재한 여론의 환기와 표현의 자유, 이것은 사회인으로 하여금 사회를 여실히 관찰하게 하고 자기의 입각점을 의식적으로 무의식적으로 판단하게 하며, 치자(治者)로 하여금 피치자(被治者)의 진정한 주의 주장과 요구를 알리는 것이니, 진실로 사회 국가의 건전한 발달을 기약하는 광명하고 정의로운 정치일수록 언론을 자유롭게 하여 정당한 판단과 정당한 여론을 경청할 것이다. 이에 반하여 언론의 자유를 구속하고 그를 억압하는 것은 곧 그 정치가 비밀정치, 암흑정치임을 의미하는 것이니, 전제정치 시대의 지배자와 특권계급은 피치자에게 '명령'하였다. 또 그러한 때의 피치자는 신문으로 하여금 정확한 여론의 표현과 뉴스의 보도를 요구할 줄 모르던 때의 일이다.

현대 민중은 독재정치, 공포정치를 초탈하였다. 그렇기 때문에 현대의 언론 압박은 비밀 결사의 유행과 모든 잠행 운동을 조장할지언정 신문의 자유로운 붓을 봉쇄함으로써 민중의 귀와 눈을 가릴 수는 없는 것이다. 동서의 역사는 그 혁명이 있기 전에 위정자의 압박, 그중에도 언론의 압박이 심하였음을 말하니, 우리는 그 예를 노(露) 제국의 붕괴에서, 카이젤 정치의 붕괴에서, 불란서 혁명에서 구할 수 있지 않은가. 미국 어떤 신문학자는 아미리가 공화국의 영속은 언론의 자유 독립과 밀접한 관계를 맺고 있다고 했다. 이제 우리의 시야를 넓혀볼 때 남들은 그 사회가 가진 신문의 언론 자유를 헌법과 함께 옹호할 것으로 의무와 권리를 가지고 있음을 본다.

물론 그중에 언론을 압박하는 예가 없지 않아 이태리 무솔리니의 신문 탄압은 1925년 9월 5일 어떤 자유계 신문을 압수한 결과 압수된 부분의 기사를 삭제하고 호외를 발행하였으나, 두 번째 압수되어 이번에는 기사 전부를 삭제하고 광고만 남은 백지를 발행하였더니, 이것은 언론 자유가 인정되지 않는다는 인상을 국민에게 주어 대중을 흥분케 할 염려가 있다고 그것마저 압수하였다는 극단의 예가 있다. 그 밖에 '파시스트' 계 이외의 신문은 적극적으로 탄압하여 신문지법 위반으로 외딴 섬에 유형을 간 사람이 천 명 단위에 이르고, 중국 군벌의 신문 탄압정책으로 인한 신문기자의 학살과 신문사의 군대 습격, 외국 기자의 추방 등 언론 압박의 예가 없지 않다. 그보다도 조선은 어떠한가? 아직도 우리의 머리 위에 엄연한 존재가 있어 언론을 봉쇄하고 있고 이제 외국의 예를 인용할지언정 우리가 당하고 또 감내하는 그 탄압을 여기에 기술할 자유조차 부여되지 못하였다. 아, 우리는 언제 자유롭게 관찰하고 자유롭게 판단하며 자유롭게 비판하게 되려는가.

이 붓을 들었던 것을 기회 삼아 한 번 더 당국자의 반성을 재촉하면서 각필한다.

(1929년 12월 28일 신의주에서)

지방논단 : 신의주의 진로

— 신의주 일기자,《동아일보》, 1930. 1. 12.

상공업자의 착안할 점

1.

우리는 경제적으로도 패하였구나. 이 슬픈 부르짖음은 우리의 입에서 터져 나온 지 오래다. 또 그 만회책에 있어서 여러 가지로 민중의 자성을 촉구하는 절규는 이미 우리의 귀에서 또다시 아무런 자극도 줄 수 없게 평범하기에 이르렀다. 그러나 오히려 우리의 경제 대세는 말 못할 쇠퇴에서 더욱 미끄러지는 참상을 면하기 어려운 채로 다시 한 해가 과거에 속하였다. 연두(年頭)에 우리는 이 해에 또 어떤 길을 어떻게 택하여 걸어갈까 함을 생각할 때, 경제문제의 해결은 다른 문제 해결의 원동력이 되리라 함을 통감하지 않을 수 없다.

2.

신의주. 이름과 같이 이곳은 이제 겨우 20여 년의 짧은 나이의 신개척지다. 신개척이란 말부터가 벌써 우리로 하여금 요원한 장래의 발전성이 숨어 있음을 의식케 하지만, 과연 이곳이 국경의 관문으로 일대 도시를 형성할 운명 하에 출현한 만큼 필연적으로 20여 년 전 황량한 감을 자아내던 여기는 이제 4만의 인구를 옹유(擁有)한 경의선 철도의 최종역으로, 북으로는 구아(歐亞)철도[19]에 연락되고 남만주의 대도시 안동현과 접하여 경제적으로 무궁한 발전성을 발휘하고 있다.

첫째로 (1) 그 위치가 국제적 대강(大江) 압록강 하에 처하여 북으로 철도로써 구아의 문호를 이루고, 서로 중국의 대련, 상해와 일본의 대판 등지에 연락한 기선의 부절(不絶), 동으로 압록강을 거슬러 올라가면서 평안북도 여러 군과 함경남도에까지 화물을 운반할 수운의 편(便)이 있고, 남으로 경의, 경부의 철도로써 앞으로 조선을 바라보고 뒤는 만주의 부고(富庫)를 등진 땅으로 교통이 편하고, (2) 채벌만으로도 백년대계를 세울 만큼 채벌에 비례하여 식목을 행하기 때문에 무진장의 백두산 목재가 압록강의 수운을 얻어 신의주에 이르러 원목으로 제재로 해내 해외의 시장으로 진출되는 바이며, (3) 신의주로 집중하는 틈에 의주와 기타 압록 상류 일대의 곡물, (4) 황해의 어획 등등이 모두가 우리의 기민한 활동력과 투자를 기대하는 바이다.

3.

그 외로도 일본 척식철도, 일본 제강소의 설치 운운 등 장래 신의주의 경제적 활동 분야는 지극히 광막(廣漠)하고 또 원대함을 증명하는 바이다. 오히려 이에 그치는 바 아니라 길게 흐르는 압록강과 저렴한 무순탄(無順炭)

---

19) 구아(歐亞)철도 : 시베리아 경유, 유럽(歐)과 아시아(亞)를 연결하는 유라시아 철도.

등 공장에 뜻을 두는 자로 적당한 조건이 구비된 신의주다. 그러나 금일 신의주에 있어서 조선인의 경제적 의식 내지 그 활동은 목재로 공업으로 어업으로 포목으로 잡화로 모든 것이 쇠미(衰微) 부진하고, 이 땅은 도연(徒然)히 남의 다시없는 활동무대로 되어 있다.

우리는 여기서 이제 우리를 위한 원활한 금융기관의 불비와 아직도 우리의 기업열의 뜨겁지 못함이라든가 종종의 원인을 열거할 수 있다. 그러나 그보다도 전적으로 공업지대로서의 신의주가 아직도 조선인에게 미지수여서 도대체 조선인 기업가에게 신의주의 지식이 없음이 가장 큰 원인일까 한다.

4.

신의주의 진로는 경제적으로 조선 도시에서 군림하려는 위대한 포부가 있어야 한다. 그러나 그것이 우리의 가슴에서 싹튼 포부요 우리의 손으로 결과할 것이라야 한다. 신개척지의 신의주! 장래의 주인공은 신의주의 진로를 알고 그 앞잡이는 활동하는 자일 것이다. 혹은 정치의 배경이 없는 자, 경제의 발달을 무망(無望)이라고 탄식할 자도 있으리라. 그러나 우리는 먼저 소극에서 적극으로 이렇게 경제계에서부터 우리의 해결할 길을 찾아야 한다. 우선 신의주에 있는 상공업자와 유산계급의 일고를 촉구하거니와 조선인 기업가들은 여기서부터 우리의 경제적 패권을 파악하지 않으려는가. 이 곳 금년부터 갈 길을 삼아 과거는 못하였거니와 새해의 진로를 이것으로 삼자. 안으로 자체의 부흥을 꾀하고 널리 세계시장으로 시야를 돌리려 할진대 어찌 뜻하지 않을 바이랴.

지방논단 : 교육기관을 증설하라

— 신의주 일기자, 《동아일보》, 1930. 1. 21.

1.

무지는 파멸의 원인이 되고 파멸은 무지를 낳는다. 정치적으로나 경제적으로 파멸을 당한 민족의 역사를 들춰 보면, 표면에 있어서는 강자의 무력적 침략적 형태로 표현되나 그 이면을 추구해 보면 거개(舉皆)가 무지라는 병균이 해당 민족의 전사면(全史面)에 만연됨에 불과하다. 그런고로 문맹퇴치운동은 다른 부문 운동과 동일한 보조로써 진출하지 않으면 운동 전체의 정당한 진전을 기도치 못할 것이다. 다시 말하면 경제투쟁이나 정치투쟁의 조직적 진영이 있어야 할 것이라면 문맹퇴치운동도 독립된 조직적 기관이 있어야 할 것이고, 역량의 소비율도 다른 부문운동은 10퍼센트가 필요하다면 문맹퇴치운동도 역시 10퍼센트를 소비하여야 할 것이거늘, 현하 우리 조선 운동에서 문맹퇴치운동의 정세를 관찰하면 어떤 지방에서는 순전히 민중 교양을 목적으로 상설교육기관을 설립하여 가지고 일반 민중을 무지라는 마수로부터 해방시키기 위하여 사회적으로 노력을 하는 곳도 적지 않으나, 대부분은 문맹퇴치운동을 독립적 부문성을 가진 운동으로 취급치 않고 경비 곤란으로 자체 유지에도 급급 무가(無暇)한 어떤 청년단체나 노동단체의 부속사업시하여, 일시적으로 야학이나 혹은 강좌 등을 개최하였다가 경비난으로 곧 폐쇄되어 버리고 마는 경향이 있음은 조선의 장래를 위하여 개탄불이(慨歎不已)하는 바이다.

2.

그런 국경 대도회지로 조선에서 굴지(屈指)하는 우리 신의주는 4만의 인구가 거주하는 평안북도의 수부(首府)이다. 여기에 따라서 교통기관도 수륙을 통하여 타 도회지보다 비교적 편리한 곳이다. 그러나 한 가지 유감은 아직도 신의주 부내에는 교육기관이 충분치 못한 것이다. 이제 우리 신의주에 교육기관을 소개한다면 공립고등보통학교, 공립보통학교가 각각 하나씩 있을 뿐이고, 그밖에는 혹 있다고 해야 우리 사람들을 표준한 기관이 아니며 빈약하나마 신의주제일교회에서 경영하는 사립신명학원 하나를 유지할 뿐이다. 이렇게 교육기관 시설이 부족하므로 해마다 춘기 개학 시에는 눈물을 흘리면서 애원을 하여도 장소가 좁아서 입학을 못하는 아동들이 부지기수인 것은 해마다 우리가 경험하는 바 사실이다. 그러함에도 불구하고 신의주 인사들은 금일까지 하등의 대책이 없으니 어찌 한심치 않으랴. 신의주에 있는 유지 제군이여! 제군의 사업이 그 무엇인가? 보라, 금일과 같이 생존경쟁이 극도에 달한 이 현상은 더욱이 여지없이 퇴폐의 길을 밟게 된 우리의 처지에 그 무엇으로서 생을 도모하며 즐거움을 구할까? 듣는 바에 의하면 근래 신의주기독교청년회에서 무산아동 야학을 시작한지 불과 수일에 입학 아동 수가 100여 명에 달하게 되어 장차로 더 오는 아동들은 장소 관계로 받을 수가 없다고 한다. 이것만 보아도 신의주의 교육기관이 얼마나 부족한 것을 가히 알 것이 아닌가.

3.

신의주 인사 제군이여! 이러한 사정을 알면서도 그저 수수방관만 하고 있으려는가? 만일 이것을 제군들이 돌아보지 않는다면 무지몰각한 저 노변에 배회하는 그들의 장래에 무엇을 활무대(活舞臺)로 향할까 보냐. 농부가 농사를 지음에는 비료가 필요함과 한가지로, 인류는 반드시 교육이 있어야 그 장래를 영위할 수도 있고 개척할 수도 있는 것이다. 신의주에 거주하는 인사들이여, 한 번 더 절실한 각오를 여기에 두어라. 우리의 활로가 있을 뿐이요, 해탈의 관건이 있다고 하여도 자못 안전한 교육이 아니면 그 무엇이 있을소냐. 이와 같이 교육의 절대 필요를 인식하며 교육의 절대 위력을 동경하게 된 금일에 있어서 우리가 어찌하여 부족한 교육기관을 그대로 두고 볼 것인가. 장래의 주인공이 될 미취학아동을 구제할 만한 교육기관을 하루바삐 설립하여라. 이것이 제군의 당연한 의무이고 또한 책임인 것을 말하여 둔다.

지방시화 : 지주와 가주(家主)들

— 평양 일기자,《동아일보》, 1930. 2. 6.

평양의 차가인(借家人)동맹은 조직된 지 벌써 한 달이 넘었다. 동 동맹에서는 벌써 수차례의 위원회를 열고 여러 가지로 가세(家貰) 또는 토지세의 감하 운동 방식을 토의하며 제반 재료 조사에 분망 중이다.

그런데 관후리 조경학 씨와 대찰리 김영윤 씨는 그들의 소유 차옥세(借屋貰)에서 2할 내지 3할까지를 자발적으로 감하하여 주었다 하니, 선견지명을 가히 찬양할 것인 동시에 특히 사회의 규범을 내었다고 치하하지 않을 수 없다.

그런데 시내 일반 가주들은 이 차가인동맹이 조직된 것을 알고 벌써부터 주저하고 두려워하는 이가 있으며, 또 그중에는 찬성하는 이도 있다고 전한다.

그런데 이해성(理解性)을 가진 이는 물론이고 아직까지 식별이 불분명한 이는 위의 조경학 씨와 김영윤 씨가 한 일을 본받거나, 또는 현하 사회적으로 그만큼 절규하는 문제를 등한시하지 말고 좀더 심각하게 연구하여서 세궁민의 사정에 창달(暢達)하도록 노력함이 가하겠고, 또 이번 운동을 미워하는 가주들은 특히 자기네 처지보다 한층 떨어져서 빈궁한 처지에서 고생하는 사람들도 있다는 것을 생각해서 그들의 절박한 요구에 귀를 기울임이 가할 것이다.

그러므로 이번 운동에 반대하는 대지주 또는 대가주들도 자기네의 욕심대로 너무 치부 생각만 하지 말고 현재의 무리횡포한 고세(高貰)를 달게 감하함이 마땅할 듯하다. 동양 철인의 말에도 각박성가(刻薄成家)는 입견소망(立見消亡)[20]이라고 한 말이 있다. 더욱이 현 시대는 대중적이다. 대중의 요구는 절대한 힘을 가졌으니 제아무리 고집하고 자가의 이익만 도모하려 하여도 대중의 요구를 방어할 능력이 없다는 것을 망각하지 않아야 할 것이다.

이번 기회에 대가주, 대지주들에게 부탁하는 바는 너무 이해타산만 하지 말고 일반 세궁민의 고통을 동정하여 금번 감하 운동에 순응하기를 바라는 바이다.

---

20) 각박성가(刻薄成家) 입견소망(立見消亡) : 인정이 각박하게 집안을 이루면 패가망신하는 것을 볼 수 있다는 뜻이다.

지방시화 : 평양 3대 선전

— 평양 일기자,《동아일보》, 1930. 2. 15.

    평양에서는 지난 13일, 즉 음력 정월 15일이 특히 의의가 심대한 날이었다. 조선 각지에서도 물론 종전 관습에 의하여 여러 가지의 음식, 오락 등으로 재미있게 이날을 지킬 줄 안다. 그러나 그것은 일종의 관례로 놀 뿐이요 직접 실생활에 하등의 의의를 가지지 못한 것이다. 그러나 평양에서 이날을 지키는 방법은 재래에 있어 오던 관습에서 떠나서, 우리 현실 생활에 결함과 고통을 덜어 보자는 실제적 문제를 해결하자는 의미에 있다. 그러면 그 무엇인가? 조선물산장려회에서는 물산장려 선전, 차가인동맹에서는 차가임(借家賃) 감하 선전, 금주단연동맹(禁酒斷煙同盟)에서는 금주단연 선전, 이상 3대 선전이 한날한시에 같이 되는 것만 보아도 평양에서는 실제 생활문제 해결을 각 방면으로 추구하는 것을 역력히 알 바이다.

    그러면 일반으로서의 그 감응이 얼마만한가? 한번 고찰할 필요가 있다. 조선물산장려회가 만 10년간이나 쉬지 않고 매년 음력 정월이면 초하룻날이나 혹은 열닷새 날에는 꾸준히 선전을 하여 왔다. 그리하여 평양에 있어서는 사회적으로 큰 충동을 주어왔다. 그 반응으로 되었다 할지 어찌하였든지 평양에는 우리 사람의 손으로 제산(製産)되는 물품이 많다. 또는 그 제품이 잘 팔린다. 혹 과언(過言)이 아닐지 모르되 특종의 물품 외에는 일상 사용품은 거의 다 평양에서 우리의 손으로 제산한다. 그리하여 얼마나 많은 공헌이 있었다는 것을 증명하는 바요, 차가인 동맹은 작년 11월경에 조직되어 이래 3, 4개월간에 많은 조사와 힘있는 선전에 일반 가주와 지주들이 솔선하여 2할 3할의 감하를 실행하는 이가 날마다 족출(簇出)하니 이 얼마나 호(好)현상이요, 장거(壯擧)인가? 물론 금일 선전에 대효과가 날 것을 미리 점치는 바요, 금주단연동맹은 조직된 지 3, 4년간에 어느 때든지 사람이 많이 모이는 시기에는 때를 잃지 않고 선전에 크게 노력하여 실행하는 회원 500~600명을 포용하였고, 따라서 기관 잡지『절제생활』을 두 달에 한 번씩 간행하여 각지 각 방면에 선전하는 일이 있어 그 감응이라 할지 평양을 중심하여 각 군에 동 종류의 단체가 많이 조직되니, 그것으로써도 동 동맹의 사명이 컸다는 것을 소연(昭然) 인증할 수 있다.

지방논단 : 자살과 아사(餓死)

— 평양 일기자,《동아일보》, 1930. 3. 24.

　작년도 평남도의 통계를 뒤져보면 자살자가 113인 중 그 원인에 있어서 생활난으로 생목숨을 끊은 사람이 33명에 달하여, 자살자 전부의 3분의 1에 해당한다. 또 가정불화로 자살자가 14인인 바, 대체로 생활 곤란은 그 가정의 평화를 교란한다는 점에서 가정 불리(不利)를 원인으로 자살한 자 중 그 이면의 사정을 들쳐보면 생활난에 원인됨이 많을 듯하다. 요컨대 조선인의 몰락되는 경제생활에 있어서 살래야 살 수 없어 '죽음'에 자진(自進)한 생명이 33명 이상으로 40명에 가깝다는 것이다. 아무리 먹지 못해 죽으랴 하는 단순 이상의 속단으로 그들을 비웃는 사람이 있다면, 그에게 다시 이 사실을 제시하고 싶다. 즉 자살자 외에 비명에 횡사한 자 중 아사자가 32명이라는 숫자다. 그 위에 다시 행로병(行路病) 사망자가 124인에 달하는 바, 행로 사망자는 대개가 걸인으로 영양불량을 원인으로 하여 죽음에 이른 것이므로 자살에 이르지 않고도 아사 혹은 영양불량으로 그 생명을 몸에서 떠나보낸 것이니, 전후를 합하여 200여 명이 먹지 못하면 살지 못한다는 자연법칙의 희생자다.

　무릇 생물은 그 본능을 무시하지 못한다는 점에 있어서 전기(前記)의 자살자 혹은 아사자, 걸식 끝에 영양불량의 사망자 등 그들의 죽음 위에 일루(一淚)의 동정을 던지나, 그들을 소극적 또는 무능한 인생이라고 비웃는 사람도 없지 않으리라. 그러나 얼마 전 평양부 내에서는 걸인들이 합숙하는 장소에 식도를 휘두르고 그들을 위협하여 십여 명 걸인의 주머니를 털어 50전을 강탈 도주한 사실을 들어, 그 범인이 물욕의 지배가 아니라 극도의 생활난으로 본능의 지배에 의한 것임을 추찰(推察)하건대, 생활난에 빠져 죽음에 직면하기까지는 이들이 '먹는'다는 단순한 사실과 어떻게 악전고투 하는가를 알 수 있다.

절도로 전과 2범, 3범이 또다시 범행하고 감옥행을 원하는 그 속을 어찌 하여 '도벽'의 소유자로만 간과할 것이냐? 이들의 좌우에 자살과 기사(飢死), 횡사가 그들을 위협하고 있는 사실을 모른 체 하여서는 안 된다. 엄정한 의미에서 사회적 결함이 낳는 이 사실을 놓고 우리는 좀 더 정의와 평등을 부르짖지 않을 수 없고, 좀 더 뜨거운 동포애와 인간애의 발로를 기다리지 않을 수 없다.

그러나 이것은 우리 현실에 있어 일부분의 첨단에 나타난 사실에 불과하다. 길거리에서 방황하는 유식무식의 실직군은 얼마나 많으며, 조반석죽의 궁한 살림살이가 얼마나 많으냐. 이러는 중에도 오히려 우리는 반목이 있고 싸움이 있어 큰 뭉치가 되기 어렵고 큰 사랑이 뜨거워지지 못하여, 경제적 몰락과 함께 금력, 권력의 횡포 위에 또다시 위대(胃袋)의 횡포에 우리 생명은 점점 헐값의 궁극에 달하는 것을 아파하지 않을 수 없는 것이다.

국경 1년 수난기

— 『철필』 1권 2호, 1930. 8. 10.

작년 3월이었다. 신의주 특파원 C군이 사임하고 그 후보로 내가 택정되었을 때다. 동양적 대강(大江)이라 일컫는 압록강을 경계로 하여 생각만 해도 크고 넓은 만주를 앞으로 껴안은 국경으로서의 신의주. ○○단원이 많이 붙잡혀오고 재판소는 이들의 공판으로 분주하다는 신의주는 신문기자로서의 나의 직업적 호기심을 끌기에 족하였다. 강 건너 이국 정조에 싸여 살고 싶다는 막연한 동경이 마침내 나로 하여금 신의주 가기를 결심하게 하였다.

국경은 어떤 곳?

사장실에서 내가 신의주 특파원의 사령을 받았을 때 편집국장은 나에게 아래와 같은 이야기로 주의 겸 경고를 주었다. 그것은 전임자인 C군의 이야기로서 대략은 다음과 같다.

재작년 5월(?)경이었는데 하루는 C를 방문한 중국옷 입은 청년이 있었다. 그는 자기가 만주에 있는 ○○단원으로서 이번에 군자금을 모집하고 민정(民情)을 살피며 또 경찰 상황을 탐지하러 들어왔으니, 우선 경찰 상황과 민정을 알려주고 또 군자금을 제공할 만한 부호의 성명을 알려달라는 것이었었다. 그러나 C는 여러 가지 그의 태도에서부터 의심을 하게 되어, 마침내 신문기자란 보도의 책임과 의무가 있을 뿐이요, 다른 방면으로 아주 무능력한 자이며, 또 당신의 하는 일은 만강(滿腔)의 경의를 표하지만 묻는 것은 알지를 못한다고 거절하였더니, 며칠 후에라도 조사해서 알려달라고 하므로 그때는 아주 딱 잘라서 알려줄 수 없노라고 거절하였단다. 그랬더니 의외로 과연 천만 의외로 그는 품속에서 권총을 꺼내어 C의 가슴에다 들이대고 "네가 조선놈으로서 더구나 우리가 신임하는《동아일보》기자로서 이렇게 양심이 없을 수 있느냐, 너 같은 놈의 생명을 거저 둘 수 없다."고 을러대더라고…. 그러나 돌과 같이 차갑고 돌과 같이 무거운 C는 끝내 태도를 고치지 않으매, "사흘 후에 올 테니 그때에는 충분히 조사하여 답해주어야지 그렇지 않으면 목숨을 내어놓으라."고 하면서 가 버렸는데, 그 이튿날 C는 기사 재료 모집보다도 어젯밤의 그 인물을 조사하기에 더욱 땀을 흘린 결과, 첫날에 윤곽을 잡고 이튿날 확증을 얻었으므로 사흘 후 과연 예정한 대로 찾아온 그에게 아래와 같은 말로써 쫓아버렸다. "나는 신문기자로 신의주에 온 것이지 ㅇㅇ운동자와 기맥(氣脉)을 통하거나 기타 비밀한 행동을 하는 자가 아니니, 나도 내일 경찰서에 가면 서장을 만나겠지만 당신도 그렇게 말하시오…." 그는 다시 묻는 말을 하려는 것을 C는 만일 또 무슨 수작을 하면 일전에 권총으로 협박한 것을 검사국에 고발하겠다는 바람에 그는 가 버렸다. 그는 ㅇㅇ단원이 아니라 ××였다. C는 국경특파원으로 급제(?)한 것이다.

내가 신의주로 떠나기 며칠 전 선배 몇 분이 송별회를 열어주었다. 그때 H 변호사는 내가 언제인가 한번 재판소 법정에서 간수와 싸우던 이야기를 하던 끝에 "신의주에 가면 주의하시오, 거기는 여기와 다릅니다." 하는 주의를 주었고, 신의주에 간 다음 M 사의 S 군은 경찰부와 재판소를 C 군과 한동안 출입금지를 당하였던 이야기를 하여 몇 가지 예비 지식을 주었다. 국경! 국경은 어떤 곳인가? 아직 신의주에는 찬바람이 부는 4월 초순. 나의 신의주 첫 밤은 알 수 없는 생각에 눈도 붙이기 전 밝아 버렸다.

용천쟁의와 첫 수난

신의주에 부임한 지 15일 후다. 용천 대소작쟁의가 발발해서 험악해지니, 본사로서 현장에 가서 진상을 급보(急報)하라는 전명(電命)을 받고 용천으로 급행하였을 때다. 소작쟁의의 근원지인 운향시까지 가서 소작의 쟁의 총본영이라 할 소작조합을 방문하였다. 때는 이른 아침이었는데 사무소에는 수십 명 소작인이 모여서 어젯밤에 검속된 소작인은 누구누구라는 이야기를 하고 있다. 총 지도자인 백용구 씨는 이미 신의주 형무소에 들어가 있는 지 오래고…. 간부를 만났으나 이런 딱한 사정이 있나, 나의 좌우에는 장총을 멘 나으리 한 분, 권총을 볼기짝에 붙인 형사 한 분이 딱 붙어섰다. 이 극엄한 경계 속에서 간부와 담화는 수박 겉핥기다. 나는 할 수 없다는 생각에 우선 농장 측을 방문하기로 생각하고 일어서서 농장으로 향하였더니, 허허, 두 분 나으리는 나를 보호하사 동행해 주신다. 아무런들 어떠랴는 생각에 농장 감독을 면회하였더니, 거기는 다시 평북 경찰부 고등과장 차석 경부께서 입회를 해주신다. 어쨌거나 소작조합 간부를 좀 만나야겠는데 딱한 일이다. 하루를 묵었으나 일반이다. 나는 밤에 두 분 경관의 보호 하에 잠을 이루지 못했다. 시세가 글렀음을 간파한 나는 그곳을 떠나서 중간에 조합장을 만나서 대강 이야기를 듣고 돌아왔다. 돌아온 후 농장

감독과 면회할 때도 입회하였던 경부와 만나서 그럴 수가 있느냐고 하였더니 "국경이잖아요(國境ですもの)." 이것이 의미심장한 그의 대답이었다.

원고의 행방불명

이것은 신의주고보 학생의 비밀 결사 사건으로 학생 80여 명 검거 당시의 수난이다. 어느 날 나는 무심코 전과 같이 경찰서를 들어가다가 책상 위에 두 개의 학생모자가 있음을 발견하고 무심히 순사에게 학생모자가 웬 것인가 물었더니, 그는 큰일이 발각된 듯이 모자를 집어치우면서 당황하게 아무 일도 없다고 한다. 나는 비로소 이상하여 주임을 찾았으나 내 눈에 보이지 않는다. 우선 모자 주인공을 찾아보고자 이 방 저 방 문을 열어 보기 시작하다가 아래층 형사실 문을 열었다. 의외! 30여 명의 학생이 잡혀와서 실내는 불안한 저기압이 싸고돈다. 그때는 닥치는 대로 순사 형사를 붙들고 물어도 소용없을 것을 예지한 나는 곧 경찰서를 빠져나와 인력거를 잡아타고 신의주고보로 달려갔으나, 교장은 오히려 의아한 듯 모른다고 딱 잡아뗀다. 여기도 소용없다. 뛰어나와 기숙사로 달려가서 소사(小使)를 붙들었더니 그에게서 어젯밤에 기숙사를 샅샅이 수색한 것과 기숙사생 10여 명을 검거하였다는 것을 알았다. 20여 명은 하숙에서 붙들린 모양이다. 우선 이것만을 본사에 타전하고 진상을 알고자 경찰서로 다시 갔더니 사법 주임은 나를 보자고 하여, 학생을 검거한 것은 사실이나 발표하지 말라고 요구한다. 나는 발표 여부가 내게 있지 않고 편집인에게 있다는 말로써 거절하였더니, 그때는 통신을 하지 말라고 한다. 그것은 할 수 없다고 거절을 하고 나니 진상을 알아볼 길은 꽉 막히고 말았다. 그러나 아는 대로 알게 되는 대로 통신을 계속하는 중에 검거는 날마다 확대되어 이미 50명을 돌파한 어느 날, 나는 돌연히 경찰서장의 호출을 받았다. 경찰서에 갔더니 서장은 댓바람에 학생 검거 사건의 통신 중지를 명한다. 나는 속으로 웃었다. 그리고 차라리 정식으로 게재 금지함이 어떤가 하매, 게재를 금지하기까지는 중대하지 않다고 하면서 서장의 입에서는 이런 말이 나온다. "당신은 신간회원으로서 형무소에 들어갔었던 일도 있었고 근우회원을 책동한 일도 알고 있는데, 그렇지만 지방으로 와서 지방 경찰관의 명령을 따르지 않는 것은 당신에게 불이익이다."[21] 나는 또 속으로 웃었다. 그런데 서장은 나를 위하여 불이익한 것은 이것이라고 아주 ××에 나간다. "지방에 와서 지방 경찰의 명령을 듣지 않을 때에는 퇴거를 명령하는 경우가 있다. 그때는 어떻게 할 것인가?"[22]

"퇴거 명령은 나 개인에게 하는 것이겠지요. 《동아일보》 기자는 또 있습니다. 내가 가면 또 옵니다. 《동아일보》가 있는 날까지는 백번이라도 또 올 것이외다." 나는 이 말을 남기고 그 자리를 떠나 왔다. 경찰 측으로서는 그럼직도 하였다. 당시에 민간 신문의 기자로서는 나 한 명뿐이므로, 요컨대 대단히 미약한 존재로 간주한 모양이다. 그런데 그날 밤에 또다시 30여 명을 검거하여 검거 총 숫자가 80여 명, 검사국 송치가 40명이나 되었다. 나는 물론 이것을 통신하였다. 그런데 그 이튿날 신문에 대서(大書)할 이 사건이 게재되지 않았다. 지면이 모자라서 이 기사를 하루 미루기에는 사

---

21) 원문: 君は新幹會員として刑務所に入った事もあるし權友會員を策動する事も知ッて居るんだ しかし地方に來て地方警察官の命令を服從しないそ君の爲に不利益なんだ

22) 원문: 地方に來て地方警察官の命令を聞かない場合には退去を命する事がある 其の時は何らするんだ?

건이 너무나 중대하지 않은가? 그러면 웬일? 나는 의아천만으로 본사에 전화를 걸었더니 그런 원고는 오지 않았다고…. 이런 변이 어디 있나. 한 봉투 속에 꼭 넣어 보낸 것이 다른 원고는 갔는데 그것만 안 간다? 알 수 없는 일이다. 나는 그날 하루종일 연구한 끝에 그 다음부터는 원고를 기차가 출발할 때쯤에 정차장에 내다부쳤다. 그랬더니 신기하다, 이놈은 무사 안착하였다. 그 이튿날도 그렇게 하였다. 그러나 사흘째부터는 이놈도 실패로 돌아갔다. 대체 웬일인가? 나는 어떤 각오를 하였다. 그리고 가장 안전한 전화 통신을 계속하였다. 원고의 행방불명이야말로 괴상한 사건이다. 그러나 호소할 곳 없는 사실은 나의 국경생활 추억과 함께 잊히지 않을 뿐.

전보위조의 범인은?

작년 12월이다. 경찰서에 갔던 나는 우연이라 할까, 유치장 명부를 훔쳐보다가 고향 친구 R 군의 이름이 있는 것을 발견하였다. R 군이 신의주 경찰서에 피착(被捉)? 그럼직한 일이다. 군이 상해에 있다가 돌아온다는 소식도 있었으니까 오던 길에 차 속에서 잡혔는지 모른다. 나는 진위 여부를 다시 탐지한 후 그를 맡아 취조한다는 일본 경부보(警部補)에게 R의 면회를 청하였더니 그는 깜짝 놀란다. 어떻게 알았느냐고. 어쨌든 그의 호의(?)랄까 나는 R을 면회하였고 또 인단(仁丹) 등속(等屬)도 차입하고 여기가 국경인 만큼 해외에서 들어오니까 한번 취조하는 것이요, 별 일은 없으리라고 위로하여 주고 나왔다. 그때부터 R 군을 취조하는 경관은 R이 잡힌 줄 어떻게 알았느냐고 못살게 굴었다. 그런 지 수일 후 밤중에 내게는 괴상한 지급(至急) 전보 한 장이 떨어졌다. 전문은 "○テキヌ ニモッツカヌ イカニセ

シャヘレン"이라 하였고 발신처는 고향인 황해도 배천이요, 발신인은 친구 염 군임이 틀림없다. "ㅇテキヌ"란 말은 내가 R군이 석방되면 환향할 여비가 없단 말을 듣고 고향에 있는 염 군에게 R의 부친에게 여비를 얻어 보내라고 하였으니까 그 돈이 되지 않았다는 것으로 짐작하겠으나, 그 밖에 "짐이 도착하지 않았다. 어떻게 하였느냐?" 하는 소리는 전혀 알지 못할 소리다. 더욱 밤중에 지급 전보라는 것은 괴상하기 짝이 없다. 전문도 모르면서 답전(答電)할 처지도 못 되므로, 그대로 다시 무슨 소식이 있기까지 눌러 두고 말았다. 그 일이 있은 지 수일이 지나서 R 군은 유치된 지 14일 만에 석방되어서 나를 찾았다. 수년 만에 만나는 반가운 인사보다도 왜 면회를 하였느냐고 원망하면서 그동안의 이야기를 하는데, R은 15일 전에 귀국하다가 붙들려서 그 이튿날로 동행한 2인은 전부 방면하였으나, R만은 내가 면회한 것이 원인으로 나와 어떤 기맥(氣脈)을 통하지 않았느냐, 그렇지 않으면 내가 어떻게 R이 붙들린 줄 알았겠느냐고 ×을 먹이면서 수차례 ×××을 하여 죽을 욕을 보았다는 것이다. 그 후에 전번의 괴상한 전보의 정체도 알았다. 그것은 이렇다. 신의주서에서 R을 검거한 것과 나와 기맥을 통한 듯하다는 조회를 나의 고향에 보낸 모양이다. 고향 경찰서에서는 나와 R의 친구 되는 염, 김 두 사람을 검거하는 동시에 두 사람은 물론 R과 나의 본가까지 가택을 일일이 수색하고 나의 누이동생까지 잡아다가 한참 혼을 내었으나, 결국 그럴듯한 것이 없으므로 최후로 내게 염 군의 이름으로 그런 전보를 부친 것이다. 즉 짐이 도착하지 않았다는 것을 혹 R이 불온문서나 무기 등이나 가지고 와서 내게 전하고 염, 김 등과 연락이 있는 것으로 억측한 모양이다. 그래서 짐을 어찌어찌하였다는 답전만 있는 날이면 나를 잡아다가 ×를 한번 먹여보자는 모양이었던 것이다. 하하! 이것이

지방 경찰의 저열한 수사 방법이라면 웃음에 붙이겠다. 이것도 내가 국경에서 신문기자 노릇을 한 죄라면, 등에서 땀이 흐른다.

　이러한 신의주. 여기서 1년 만에 다시 평양으로 내가 떠나온 지도 벌써 반년이나 되었다. 내게 남은 것이 무엇인가? 이상 외에도 몇 가지의 쓸래야 쓸 수 없는 가지가지 수난의 추억 뿐.[완(完)]

평양만담 : 요정(料亭)의 신축

― 평양 일기자,《동아일보》, 1930. 9. 12.

　　평양에는 근년에 누대(樓臺)와 요정이 많이 생긴다. 누대는 공원지역 내에 건설하며 일반 부민의 위안 장소로 사용하니 좀 많다 하여도 이유는 그럴 듯하나, 그리 많지 않아도 그리 고통되는 바는 아닌 터에 부 경비를 많이 들이는 것은 환영치 못하겠다는 것보다 도리어 반대할 바인데, 전 부윤 송정(松井) 군이 청류정이니 응벽정이니 읍취각이니 최승대 또는 유람도로니 하여 금수강산의 자연미를 손실케 한 것으로 말하면 대책(大責)을 아낄 수 없는 바인데, 지금에 와서는 기성(箕城) 8경 중 수위로 점한 을밀대 아래 공원 중심지에 일본인 고교(高橋)의 요정인 조선 구관사(舊館舍) 모양의 대 건물이 건축 중에 있으니, 평양 공원은 공원이 아니요 일대 요정이라 하여도 과언이 아니다.

　　부벽루 옆에 어목다옥(御牧茶屋)이 있고 을밀대 아래에 또 무슨 요정이 있고 민충단(愍忠壇) 옆에 또 요정 하나가 있기로 설계되었다 하니, 듣는 바에 심히 불만하고 보는 바에 심히 불쾌한 감은 부민으로서 누구나 가지지 않을 수 없다.

　　이제 다시 부 당국자께 묻노니, 공원은 일반 부민을 위하여 가치가 있고 존재가 있다. 그리하여 "공원지대에 있는 풀 한 포기 나무 한 그루를 서로 사랑하고 보호하자."뿐 아니라, 곳곳마다 무단으로 절취하는 자에게는 벌에 처한다는 간판이 서 있지 아니한가? 그리하여 부민은 그 약속 그 규정을 잘 이행함이 있지 아니한가? 그럼에도 불구하고 몇 개인의 이익을 위하여 그와 같이 요정 설치를 허함은 그 이유가 어디에 있는지 알고자 한다. 풍기상으로나 풍치(風致)상으로나 어느 점으로 보든지 단호히 용허하지 않을 일이다.

일전에 산하(山下) 평양서장은 평양 일반 부민을 위하여 도저히 요정 증축을 허가할 수 없다고 주장하던 바가 부 당국의 주선으로 다소의 절충을 하여, 위치도 조금 변경하고 건평도 조금 축소하여 건축케 되었다 하니 위치는 얼마나 변경되었는가? 실지에 있어서는 조금도 변경이 없다. 이것이 오십보백보가 아닌가? 산하 서장의 주장이야말로 유시무종(有始無終)한 것이 심히 유감이라 아니할 수 없다. 그리고 부청에 직접 간여가 있는 부 협의원 제군은 아는지 모르는지, 어찌하여 부 당국의 처사에 감시함이 없었는가? 평양의 공원이 영영 평양 부민의 위안처임을 알 것 같으면 요정화하는 것을 문제시하지 않을 수 없는 것이 아닌가?

평양만담 : 근우지회관 낙성(落成)

— 평양 일기자,《동아일보》, 1930. 9. 28.

새로 가을을 맞는 평양에 두 가지 기쁜 일이 있다. 근우회 평양지회의 회관 건축이 준공된 것이 그 하나이니, 평양에서 가장 번화가인 서문통을 등지고 용립(聳立)한 연와(練瓦) 2층의 동 회관이 그 위관을 세인에게 자랑하고 경하를 받음도 마땅한 일이다. 오늘의 정세 아래에서 날을 거듭할수록 우리의 주머니가 가벼워지는 현세에서, 특히 경제적 활동권 내에 제적된 대로 아직 그 실권이 없는 조선 여성의 처지에 있어서 그들의 손으로 빚어낸 이 회관은, 비록 세계 최대의 건축물이라도 그 가치에 있어서 서로 어깨 겨루기를 허하지 않을 만큼 이 회관은 고귀하고 의미심장한 산물임에 틀림없다. 하물며 전 조선을 통해서 민중운동 단체가 회관 건축을 계획함이 많되 근우회 평양지회가 그 실현에 선편(先鞭)을 들었음에 있어서랴. 이는 특히 평양뿐의 기쁨이 아니라 마땅히 전 조선 민중운동자 전체의 기쁨이 되어야 할 것이요, 쌍수를 들어 경하를 표하기에 주저가 없으리라 한다.

동 회관의 완성은 위원장 조신성[23] 여사의 혈성(血誠)과 이에 감읍한 회

---

23) 조신성(趙信聖, 1873-1953) : 민족운동가, 교육인. 평안북도 의주 출신으로 기독교도로서 일본에 유학했고 이화학당 교사로 재임, 이어서 평양 진명여학교 교장에 취임했다. 3 · 1운동으로 교장을 사임한 후 군자금 모집 등 항일민족운동을 전개하여 투옥되었다. 1928년 근우회 평양지회 회장이 되었으며 1930년에는 근우회 중앙집행위원장에 추대되었다. 안창호와는 의남매 관계였으며 수양동

원 제씨의 열성의 결과이다. 여사의 노구, 소기의 회관 건축이 완성된 오늘에 오히려 피와 기름이 남았으면 그것이 여사의 늙어가는 몸에 비하여 젊어가는 그 마음과 같이 여사의 웅도(雄圖)를 체득하는 회원 제씨의 보다 더한 맹진(猛進)을 믿고, 이에 우리는 전 조선 근우회원과 동시에 조선의 모든 사회운동자에게 거듭 외친다. 꾸준한 노력은 기필코 그 결과를 얻는다는 극히 평범한 진리를.

우회에도 참여했다.

평양만담 : 고무직공의 공장 자립 외

— 평양 일기자,《동아일보》, 1930. 10. 12.

고무직공의 공장 자립

조선 노동운동사상에 있어서 가장 특기할 양대 쟁의의 하나되는 평양의 고무직공 대맹파(大盟罷)가 역시 노동자의 패배로 돌아가고, 그 남은 바 200명을 헤아리는 희생 직공 자신이 고무공장을 설립키로 되어 일본인 고무공장 1개를 매수하는 데 이른 것은 이미 보도한 바이다. 다시 듣건대 금월 중으로 작업을 개시할 수 있다 하니, 단체 행동에 법적 근거를 갖지 못하고 모든 점에서 불리한 조건 하에 모든 기업을 독점한 자본주에게 제주(制肘)를 받는 '직접 생산자'인 이들 노동자를 수백 명이라도 그 참경(慘景)에서 구출하여 그 인권을 옹호하고 당면 이익을 향상케 할 것을 기대하는 점에서, 이번 실업 직공을 중심한 직공 자립의 공제생산조합 고무공업부의 산파의 책임을 맡은 이들에게 충심으로써 경의를 표한다.

그리고 오늘 조선의 곳곳에서 소비조합 운동이 성행되지만 자체가 생산기관을 장악치 못한 중대한 결함은 결국 이 운동의 소득은 중간이익의 착취를 면하는 것뿐이다. 이에 공제생산조합이 특히 고무공업뿐만 아니라 전 조선 소비조합의 생산기관으로 자임하여 조선 소비조합 운동에 일조를 하겠다는 것은, 혹시 이것이 노동자로서의 투쟁에서 퇴영적 소극적 운동이라는 불만도 없지 않을 것이다. 그러나 조선의 현상에 비추어 이것이 또한 큰 의의가 있다고 할 것이며, 다시 눈앞에 자금이 없는 관계는 직접 생산을 하지 못하는 고무 소매상을 위하여 가공장(假工場)을 설치하고 그들의 직접 생산을 도모할 복안이라든가, 직공의 편익을 위한 부대사업으로서 (1) 소비품 구입 분배 (2) 의료기관 (3) 직공 숙박소 (4) 목욕, 이발소 (5) 탁아소(여직공을 위하여) (6) 오락과 수양 기관 등을 설치할 계획은 아직 조선의 많은 공장업자로서는 꿈도 꾸지 않는 사업의 열거를 볼 때 우리는 더욱더 이 사업의 의의가 큼을 느끼고 기대가 크다. 우리는 이것을 기회로 하여쟁의의 승리를 구가하는 기설 공장업자들로서도 자성의 여지가 있다는 것을 굳게 말해 둔다.

수세연납운동

풍년이 들어서 살 수 없게 되었다. 이 모순된 비명은 참락(慘落)하는 곡가와 정비례하여 더더욱 우리의 귀를 울린다. 특히 수리조합 몽리구역 내의 농민으로서는 더욱 그러하여 금년과 같은 곡가로서는 총수입의 5할을 수세로 지불하고 남은 5할을 지주와 소작인이 2할 5푼씩, 그리고 다시 비료대와 기타의 비용을 공제하고는 부족의 우려가 있다 하니, 지주는 평소의 저축 또는 그 경제적 신용에 의하여 내년을 바라고 살 수 있다 하더라도 소작인으로서는 실로 살길 막연한 참경에 빠졌다. 이에 통감한 미림수리조합이 수세연기 운동의 봉화를 들었음은 이미 보도한 바와 같은데, 이 운동은 오늘의 형편상 일개 수리조합에 국한될 성질의 운동이 아닌 까닭에 이에 몇 마디를 피력코자 한다.

우선 이 운동의 선봉을 드는 미림수리조합은 과연 이 운동을 전 조선 문제화할 역량이 있는가를 주목할 필요가 있는 동시에, 전 조선의 수많은 수리조합은 이 운동에 향응(響應)을 어느 정도까지나 할 수 있겠는지, 소작인 계급은 더욱 운동의 성패 여하에 그 생활의 안정 불안정을 좌우할 것이나 이 운동 성패의 건은 차라리 지주 계급에 달렸다 할 수 있으니, 그것은 요컨대 이 운동을 꾀하고 또 진취시킴과 대(對) 당국과의 교섭에 있어서 대체로 지주의 손이 많이 가리라는 점에 있어서 그러하다. 때문에 우리는 이 시세에 적응한 필연적으로 아니치 못할 운동의 선봉을 드는 미림수리조합은 극히 꾸준한, 그리고 이 운동이 다수 농민의 생활 안정에 얼마나 중차대한 의의가 있음을 체득하는 진실된 성의로써 임하기를 바라는 바이다.

　끝으로 우리는 이 문제에 대한 당국자의 반성을 요구한다. 산업제일주의에 의한 수리조합의 출현은 그 반면에 농민의 과중한 부담이 있었다. 그것은 평소에도 그러하였지만 특히 금년 같은 사정에 있어서 당국은 마땅히 책임 있고 성의 있는 태도로써 민의를 살피어 극히 적의(適宜)한 조처에 나가야 할 것이다. 더욱이 운동이 수리조합 규정에 근거한 합법운동인 만큼 지방 경찰의 신경이 과민할 필요도 없어야 할 것이라 한다.

평양만담 : 적극적인 평양

— 평양 일기자, 《동아일보》, 1930. 10. 19.

불경기의 선풍이 휘돌자 각 방면을 통하여 긴축, 긴축의 부르짖음은 어디를 가나 없는 곳이 없다. 그리하여 신사업을 촉망하는 것보다 기설 사업의 현상유지도 큰 난관으로 여기는 이때이다. 그러나 평양에 있어서는 오직 교육계와 공업계는 대진전이다.

교육계로 말하면 금년에 와서는 건축이 소위 대유행이 되었다. 일전에 신축 낙성식을 거행한 숭실전문학교의 대강당과 기숙사 건축을 비롯하여, 광성고등보통학교의 대강당과 정의여자고등보통학교의 교사와 관립사범학교의 교사 등 신건축이 있으니, 각 학교의 융운(隆運)을 알 수 있는 동시에 반면으로 노동자의 실업 문제도 들리지 않는 것을 알 수 있다. 이런 점으로 하여서 평양 교육계의 활황을 원축(願祝)하고 장래의 발전을 한 번 더 기대하는 바이다.

공업계로 말하면 근래 평양은 고무 도시라고 하리만큼 고무공업소가 많이 있어 왔다. 그런데 올해에 와서는 고무대쟁의가 한번 생긴 뒤로 큰 공장이 3개소씩이나 생긴다. 쟁의의 대충동(大衝動)으로 직공계급에서 경영하는 평양공제생산조합 고무공업부를 필두로 하여 조하익 씨를 중심으로 한 선교리에 1개소와 박선철 씨를 중심으로 한 서성리에 1개소가 설립되었으니, 이것만 보아도 평양의 공업계는 일취월장하는 현상에 있다 운위(云

謂)치 않을 수 없고 우리로서는 쌍수를 들어 경하치 않을 수 없다. 교육계에 있어서는 이보다도 더 많은 건축과 증장(增長)을 원하는 바이지만, 공업계에 있어서는 고무공업만으로 기울어지는 것은 일고의 여지가 있지 않는가? 공업 발달이 아직도 유치한 우리 조선에서 무엇이던지 찬택(撰擇)할 것이 비일비재한데 동 종류의 공업으로만 경향하여 판매의 경쟁이 많고 따라서 생산 과잉의 우려가 많은 것을 어찌하려 하는가? 일시에 이익이 많다던 양말계를 본다 하더라도 금일에 와서는 확실히 생산 과잉으로 경영난이 있지 아니한가! 경영 당국자로서는 일고할 일이라 한다.

평양만담 : 무성의한 위생대(衛生隊)

— 평양 일기자, 《동아일보》, 1930. 10. 27.

평양부는 만근(輓近)에 인구가 격증하여 15만이라는 큰 수에 달하였다. 그럼으로써 부 당국으로서는 종전보다 더욱 주의를 다하여 부정(府政)에 매진치 아니하면 안 될 터이다. 근일에 부에서 특히 위생 사무에 등한한다는 평이 귀에 들린다. 여름에는 비료가 많이 사용될 때에 수입을 바라고 변소 소제(掃除) 기타 오예물(汚穢物)을 청결하다가, 가을 수농(收農)할 때에는 비료의 필요가 없어지고 따라서 수입이 되지 않아 오예물을 소제할 필요조차 생각할 여지가 없는 것으로 방사(放捨)하는지, 그와 같이 방임한다면 평양은 머지않아 오물 난리가 날 지경이라고 부민의 불평이 자자하다 한다. 개중에도 신양리 일대는 더욱 말이 아니라 한다. 변소 소제를 한 달에 한 번을 하나마나하여 대단히 곤란한 집이 많으므로, 참다 못하여 부 청결계에 소제를 청구하면 번지와 성명을 묻고 내일 합니다, 라고 대답은 하나 5, 6일간을 두고 매일 청구하되 결국 요령을 얻지 못하는 일이 많이 있다. 그뿐 아니라 수도에 대하여 전기에 대하여도 부민에게 친절미를 결(缺)하는 바가 많다고 물의가 분분하니, 부 당국은 깊이 각성함이 있어야 하겠다.

지방논단 : 백 여사 찬하회(讚賀會)

— 평양 일기자,《동아일보》, 1930. 11. 8.

당연한 사회적 보응(報應)

1.

오는 11월 8일 평양의 유지들은 독지가 백선행 여사의 찬하회를 개최하리라 한다. 백 여사라 하면 평양은 물론이고 우리 사회에서는 누구나 그 명성을 듣지 못한 이가 없을 것이다. 여사가 단신으로 현재의 거부(巨富)를 모아 놓고 백 여사 기념관을 비롯 온갖 사회 사업에 헌신적 봉사를 하여 온 것은 세인 주지의 일인데, 이러한 사회적 독지가를 위하여 사회 유지가 찬하회를 개최한다 하는 것은 사회의 당연한 성사(盛事)요 사회의 당연한 보응이다.

2.

회고하면 여사의 일생은 참으로 기구하였다. 남다른 사회적 배경과 특히 여성의 역경에서 고전분투하기 50년, 그리고 치부에 있어 한 터럭의 오점도 없고 한 가지 작은 사실이라도 감출 것이 없이 오직 공명정대하게 따르는 운을 받은 것은 실로 여사의 인격의 고상을 말한다. 그리고 그 거재의 대부분을 사회의 공재(公財)로 삼아 사회를 위한 용도를 찾았음은 여사의 고결한 인격이 한층 더 빛나고 값있음을 알게 하는 바인데, 이것이 또한 오늘 조선의 각종각양의 사업가 중에 뛰어나는 사실이라 아니할 수 없다. 여사의 사재 15만 원을 던져 건립한 백선행 기념관이 완전히 재단법인의 성립을 보게 되어 그 명과 실에 있어서 완전한 사회적 공기(公器)가 됨을 기회하여 개최되는 동 여사 찬하회를 우리가 쌍수를 들어 찬동하고 그 발기자 제언(諸彦)에게 경의를 표함도 실로 여기에 인함이다.

3.

듣건대 동일(同日) 회비는 50전으로 하되, 찬하연회의 회원을 널리 모집하고 다시 동 여사를 영원히 기념하고자 동제(銅製) 초상을 제작코자 널리 의연을 구하리라 한다. 동 찬하연회에 있어서 그 가치가 이에 참석하는 각 개인 성의의 총화 이상으로 위대할 것은 물론이지만, 우리는 우리의 사회가 많이 갖지 못한 봉사적 인물을 찬하함이 또한 우리의 마땅한 의무라 생각하기 때문에, 외지에 있는 이는 부득이하겠지만 우선 평양부 내의 인사는 어느 개인을 막론하고 이 찬하회가 공전의 성황을 정(呈)케 하는 데 노력할 것이라 하며, 따라서 여사의 초상을 제작함에 대하여 사해의 의연이 답지하여 동 여사의 위업에 민족적으로 감사의 뜻을 표할 것이라 한다. 이러한 고결한 봉사적 개인이 배출하고 또 그를 널리 치하할 수 있는 사회야말로 항상 생동하는 사회요, 그 앞길이 결코 어둡지 않다는 것을 알 수 있기 때문이다. 빌건대 여사 더욱 장수하여 당신의 힘을 기울인 이 사회가 더욱 건전히 진보함에 우리와 함께 오래 기쁨을 느껴지리다.

사람 : 조만식 씨의 이꼴저꼴

— 『동광』 17호, 1931. 1. 1.

사람……. 사람만치 우리의 흥미를 끄는 제목이 없다. 내외고금의 인격자 인물을 납치하여 해부하고 비판하고 그들로 하여금 우리의 전철이 되고 지도가 되게 하라.

조만식.[24] 그의 이름을 누가 모르랴! 민족 운동자로서의 일관한 30여 년의 고행. 그의 실천궁행은 이제 와서 엄연히 서도 민중의 주춧돌을 이루었다. 몇 년 전 경성 모 잡지가 선생을 팔방미인이라 평하고 전 평양, 연(延)하여는 서북 일대의 분노를 산 것은 그에게 민중의 신망과 존앙이 어떻게 높음을 말하는 것이다. 필자는 결코 선생을 평하려는 자가 아니다. 민중과 더불어 같이 괴롭고 같이 아파하는 목자로서의 한 사람인 선생의 과거와 현재의 여러 모습을 써 보려 함이다.

실없는 수작이 나오든지 싱거운 대목이 있어도 호의와 익살로 알아주면

---

24) 조만식(曺晩植, 1883-1950) : 독립운동가, 정치가. 평양 숭실중학교에 입학하며 기독교도가 되었다. 일본 메이지대학을 졸업하고, 오산학교에서 근무하였으며, 3·1운동에 참여하여 옥고를 치렀다. 조선물산장려회 회장으로 물산장려운동에 앞장섰다. 평양 관서체육회 회장, 신간회 평양지회장, 1932년 조선일보사 사장 등을 지내며 평양의 민족운동을 주도하는 구심점 역할을 하였다. 해방 후 평안남도건국준비위원회 위원장을 지냈으며 북한에서 조선민주당을 창당하고 반탁운동을 주도하다가 연금되었다.

사람……사람만치 우리
의 興味를 끄으는 題目이
없다. 內外古今의 人格者
人物을 拉致하야 解剖하
고 批判하고 그들로 하야
금 우리의 前轍이되고 指
導가 되게하라

사람

그뿐이다.

장손이란 아이는 싸움꾼으로 유명하였다. 이 싸움 잘하는 총각의 머리는 길지 못하여 모자란 머리에 댕기를 달고 다녔다. 싸움을 하면 머리를 푹 숙이고 상대의 가슴을 향하여 달려들기 때문에 상대는 항상 그의 머리끄덩이를 붙잡을 수 있었던 까닭에 머리가 많이 빠지는 탓이었단다. 그러나 싸움에는 항상 상대를 혼내주고야 말았다. 그만큼 이 총각은 심술궂었다. 그가 오늘 민중의 선구 조 선생의 소년 시절이라면 거짓말인 듯하다.

청년 시에서 남은 장기

아마 한 30년은 지난 일일 듯, 평양 난봉꾼에는 곱살스럽고(선생의 늙은 얼굴의 윤곽만 보고 짐작해도) 머리에서부터 발까지 모양 잘 내고 다니는 젊은이 그는 술이 과하여 이따금 길 위에서 하늘을 이불 삼아 자는 일이 일쑤였다. 지금처럼 길이 좋지 못한 그때 비나 오면 정강이까지 빠지는 진당에서 한잠 자고 나면 전신은 흙투성이가 되었을 것이다. 그래도 그는 늘 깨끗한 옷과 단정한 갖신을 신고 다녔다. 지금 물산장려를 하느라고 무명옷에 이따금 검은 버선을 곧잘 신는 선생의 부인은 젊어서 이 난봉꾼의 의복을 당해내기에 아마 허리가 아팠을 듯하다. 조 선생이 지금도 수심가(愁心歌) 한마디를 썩 잘한다는 것은 이 청년 시절에 남은 것이다. 술 잘 먹고 기생들의 귀염 받고 또 놀음 잘하던 이 젊은 난봉꾼은 그대로 진흙에서 묻힐 사람이 아니었다. 한번 깨달으니 다시 주저 없이 그는 숭실학교 무등(戊等)반에 입학하였다. 무등반은 지금으로 말하면 보통학교 5, 6년 정도다.

물산장려의 실천궁행

선생이 일본 유학을 마치고 온 때부터 오늘날까지 그의 민족 운동자로서의 실천궁행은 꾸준히 계속되었다. 정주 오산학교장 당시 학생들과 더불어 친히 괭이를 잡고 운동장을 수축(修築)하였다는 것은 그의 실천궁행을 잘 말하는 살아 있는 사실이다.

오늘날 그는 물산장려운동의 유일한 실행자다. 평양에서는 선생과 오윤선 씨 두 분밖에는 물산장려의 실행자가 없다. 선생의 물산장려는 의복에서부터 모든 일용품에까지 좌우간 명함을 조선 백지로 찍어 쓰고, 모자는 넉넉지 못한 살림살이면서도 7-8원짜리 흔치 못한 말총모자를 해 쓴다. 신은 편리화가 아니면 고무신. 이따금 비오는 때 구두에 덧신을 씌워 신은 것을 본 어떤 분의 말. 그것은 일본 유학 당시에 사서 신던 것이라고! 겨울에는 검정 버선을 꼭 신는다.

두루마기도 멋부리는 여학생의 치마보다 짧다. 두루마기가 짧아지는 데는 그 부인의 반대로 서너 번의 부부싸움이 있은 끝에 겨우 선생이 이겼다고. 글쎄 올해따라 여름철에 깡뚱한 베두루마기를 해 입으시더니 부친상을 당해서 베두루마기가 정식이 되었다. 선생의 집에는 방이 두 갠데 값싼 평양 전등도 이 집에는 한 개밖에 더 들어가지 못하였다. 선생이 기거하는 방에는 아직 남포를 쓰고, 자리는 굵은 풍석지적을 깔아서 벽촌 농가의 집과 같다. 벽에 걸린 20년 전에나 유행되던 헝겊 가방은 지금도 선생의 애용물이다.

모주랑비 같은 노랑 수염

하기는 50 고개를 넘으려는 선생이 아직 살림살이의 경험이 없으시다. 50을 바라다보도록 선생은 노부(老父)에게 용돈을 타서 썼다. 이것은 선생이 개인의 사생활에 조금도 돌봄이 없다는 것을 말하는 것이다. 모지랑 싸리 빗자루 같은 노랑 수염을 턱 아래에 달고 무명옷 속에 쌓여 있는 이에게는 남이 따르지 못할 온정과 겸손이 있다. 예전 일본 모 대학 법과에 다닌다는 어떤 얼치기 학생이 선생을 찾아와서 법률 강의를 장시간 할 때 일찍이 명치(明治)대학 법과를 졸업한 선생은 그저 "예, 예. 아하 그래요?" 하고 법률에는 문외한인 듯한 선생의 겸손은 그 학생으로 하여금 선생이 법과 출신인 줄을 알고 부끄러움을 당치 않게 하였다.

그의 온정은 오산고보와 평양 숭인학교장 시대에 더욱더 발휘되었다. 학생들은 그의 말씀을 거역하는 이상의 큰 죄가 없는 줄 알았다. 선생은 항상 학생을 울기까지 감동시키기 때문이다. 그의 온정뿐 아니라 그의 전 인격은 선생을 안 지 불과 3년에 지나지 못하는 필자보다 선생과 함께 기미년과 함께 투옥되었던 이들이 더욱더 실감을 가졌다고 한다. 불행히 내가 여기 쓸 만한 선생의 옥중생활을 알지 못하는 것이 유감이다.

눈물 섞인 유모어

선생에게는 독특한 유머가 있다. 어떤 회석(會席)에서나 특히 결혼식장에서 신랑 신부를 웃기지 않는 때가 없다. 필자 이것을 알지는 못하였다가 나의 결혼 당일 선생의 축사에 대실패를 하였다. 신랑인 나는 그만두고 그야말로 첫날 색시라는 내 아내가 주례자의 앞에서 웃어 버리고 말았기 때문이다. 따라서 그에게는 일화가 많다. 이것을 여기 쓸 수 없는 것은 공연히 길게 써서 편집자의 머리를 아프게 할 수 없기 때문이다. 기회 있으면 조만식 일화집을 한 개 만들 필요쯤은 단단히 있다. 우울한 우리 생활에 확실히 청량제가 될 것이다. 그러나 결코 선생은 실없는 사람이 아니다. 경우 없이 사람을 웃기는 이가 아니기 때문이다. 우리는 '채플린'의 희극 속에서 눈물 나는 장면을 늘 보는 바지만, 선생의 웃긴 소리와 여러 일화가 결코 한번 웃고 그칠 일이 아니다. 거듭 음미할 때 거기는 우리의 우울한 현실을 다시 한 번 통감할 때가 많다.

부고 폐지, 허식 개혁

지난 여름 선생의 부친상을 당했을 때다. 그 부음을 평양성 안 사람으로서도 알지 못한 이가 많다. 알았다면 그는 선생과 가까이 지냈거나 혹은 신직(新職)의 인사 소식을 본 사람뿐, 그는 모든 부고를 폐지하였다. 화환과 만장의 사절은 물론 친지의 장지 동행까지도 모두 사절하여 평양의 아니 조선의 신기록을 지었다. 그가 허례 폐지를 주장하는 것이 그 자신에게서 부터 실행됨을 알게 하는 바이다. 선생이 따님을 시집보낼 때에도 '모닝'을 페어 오지 않고 조선 예복으로써 식을 마쳤다. 이것을 고식적이라고 말하는 사람은 철부지가 아니면 미련한 인간일 것이다.

평양에는 누구누구 할 것 없이 통틀어서 하나도 쓸 놈이 없다고 욕하는 사람이 하나 있다. 그에게는 그야말로 안하무인이다. 그의 앞에는 모두 다 사람처럼 보이지 않는 모양이다. 그러나 조 선생님은 그렇지 않거니, 이것이 그의 말이다. 평양 사람을 다 욕을 하여도 조 선생만의 인격은 그의 핏속에도 흐르는 모양이다. 선생이 매일같이 기독청년회관에 나와 앉아 있으면 그를 찾아오는 사람은 정말 각 방면의 인물이다. 억울한 호소, 딱한 의논, 입학시험에 낙제된 학생의 부형, 낙제의 죄가 염려되는 학생의 부형, 지방에서 처음으로 평양 오는 사람의 방문, 심지어 이전에는 도망간 계집 때문에 선생을 찾아온 노동자도 있었다. 선생은 반드시 이들에게 손을 주어 악수하고 친절로써 그의 온화한 성품을 발휘한다.

선생은 장로교의 장로시다. 일찍이 장로로 추천되어 그 문답을 받을 때 중요한 문답에서 낙제되어 다음번에야 장로가 되었다. 다음번에도 대답이 장로답지 못한 것을 말하자면 특등 취급으로 시험 없는 장로쯤 되었다. 물론 선생의 신앙이 부족한 까닭은 결코 아니다. 장로 문답에 낙제라는 것도 선생이 아니면 없을 일이다. 그는 구태여 장로를 원하지 않았던 듯 싶다. 그에게는 명예에 대한 욕심이 없다. 이제는 없어졌지만 이전 경성 모 신문사에서 선생을 모셔다가 사장을 삼으려 할 때 끝내 거절한 것에서 그 마음을 엿볼 수 있는 것이다.

생명보다 귀한 지조

이러다 보니 선생에게는 없는 것이 많다. 재물욕, 명예욕, 야심, 교만, 이것은 다 선생이 갖지 못한 것이다. 그러기에 야심과 교만이 없다고, 명예욕이 없다고 그는 결코 이 세상에 낮은 사람이 아니다. 그에게 없는 것이 많은 대신 그에게 크고 귀한 것이 많다. 지조, 지조는 그의 생명보다 귀하고 큰 것이다. 그의 비타협과 극도의 절제생활, 조선 사람의 좋은 부분만 추려 모으면 어떨까 하는 의문은 선생을 표본 삼음으로써 풀릴 것이다. 선생의 나이 벌써 50 고개를 넘으려 한다. 새빨갛게 깎은 머리에 흰 털이 드문드문 박히고 턱 아래 노란수염도 결코 젊은 상징은 못 된다. 아마 선생으로서도 이따금 늙는 비애를 느끼시는 모양이다. 나보다 늙은 일꾼을 생각하면 여전히 용기백배라는 말씀이 그 뜻이다. 선생의 마음은 아직 새파란 젊은이일 것이 틀림없다. 그래도 늙는 거야 어쩌나, 늙은이 행세도 할 것은 해야 될 모양이다. 이즈음 선생이 생각하여 늙어 가면서 실행할 좌우명(?)을 써 보자.

1. 세수 자주 할 것 2. 이를 자주 닦을 것 3. 수염을 자주 깎을 것 4. 청년들 모인 곳에 오래 앉아 말참견 하지 말 것 5. ? (끝)

선생은 필자의 실없는 수작에 너그러운 용서를 내릴 줄 굳게 믿는다.

사람 : 철창 속의 백선행

— 무호정인, 『동광』 17호, 1931. 1. 1

여류사업가의 치부(致富) 비밀

철창 속의 백선행이라 제목 붙이기에 매우 괴벽한 감이 없지 않다. 그러나 필자는 꼭 이렇게 제목 붙이고 싶은 괴벽한 고집을 버릴 수 없다. 독자가 호의로써 해석하기를 바랄 뿐이다. 백선행 여사는 과연 근대 조선이 가진 봉사적 인물이다. 여사 7세에 그 아버지를 잃고 출가 8개월 만에 그 남편을 사별하여 16세의 소녀 과부로서 청상과부의 홀어머니를 모시고 가신 님이 남긴 가난과 고독 속에서 칠전팔기, 천만 가지의 수난을 감내하여 그가 사회의 공재(公財)로 삼은 30여만 원의 거금을 축적하기까지는, 인생의 가장 귀하다 할 30 당년부터 백발이 성성하기까지 철창 속의 불안한 꿈을 꾸었다는 치부(致富) 비화. 때로는 사람을 울기까지 감격케 하고 또는 그의 견인불발의 혼백과 간담이 듣는 사람을 통쾌하게 하는 그 중에서 여사의 80 평생을 일관한 그 고결무구한 인격이 근대 조선 입지전적인 한 사람을 만든 것이다. 필자는 여사의 치부(致富)를 중심 삼아 그의 과거를 써 보고자 한다.

지금부터 50년 전 평양 옛 마을[전구리] 백 과부의 집안에서 일어난 문중의 재산 쟁탈전에서부터 이야기를 시작한다. 문제는 백 과부의 친모가 남기고 간 유산을 죽은 이의 무남독녀인 백 과부와 양자가 분배하자는 데서 발단하였다. 유산이라야 현금 천여 냥과 150냥짜리 집 한 채다. 이 집 한 채와 천여 냥 현금을 싸고 도는 비극부터 써 볼 필요가 있다.

과부 어머니 과부 딸

백 과부의 나이 겨우 7살 때, 그 부친은 가난과 그 딸을 아내에게 물려주고 세상을 떠났다. 백 과부의 모친은 청상의 몸으로 어린 딸을 키우길 7년, 백 과부 나이 14살 때 동리 안 씨의 아들과 약혼하여 16세에 남편을 맞으니 이는 그 어머니 되는 이가 사위에게 모녀의 일생을 의탁하려 함이었다. 그러나 그 의탁은 더욱 그 모녀에게 아픔과 고독을 주었을 뿐이다. 백 과부가 남편을 맞은 지 8개월 만에 원래 병약하던 남편마저 세상을 떠났기 때문이다. 홀로된 어머니도 일찍 과부가 되었거늘 그 딸마저 16세에 남편을 만난 지 겨우 8개월에 과부가 된 것이다. 그들 두 모녀에게는 오직 가난과 고독과 과부라는 이름이 남았을 뿐, 어머니 과부는 과부 딸이 아직 나이 어리니 그를 개가시킴으로써 팔자를 고칠까 하는 생각도 없지 않았으나, 20살 전의 과부는 세 번 남편을 갈지 않으면 불행을 면치 못한다는 미신이 주는 공포와, 딸을 시집보냄으로써 더욱 고독할 어머니 자신을 돌아볼 때 그러한 용기가 없었다. 그래서 두 과부 모녀는 늙기까지 떨어지지 않기로써 맹세하였다. 우선 먹을 것이 구차한 이들은 '청대'(염료의 일종)치기와 간장 장사, 베 짜기 등으로써 호구의 방책을 삼았다. 그들은 아침에 밥을 지어 저녁까지 먹고 해 짧은 겨울에는 하루 한 끼로 지나치는 때도 흔하였다. 이것은 나무 한 쪽 한 톨이라도 아끼자는 뜻이다.

이렇듯 먹지 않고 입지 않고 굶주림과 추위에 잘 참는 두 과부 모녀에게도 한 닢 두 닢의 모음이 있었다.

이것이 10년 후 어머니 과부가 세상 떠난 때에 남은 현금 천여 냥과 150냥짜리 집 한 채였었다.

양자파(養子派)에게 유산을 빼앗겨

그러나 세상에는 억울한 일이 많다. 과부 어머니가 세상을 떠나매 그의 상여 뒤를 따를 상제가 없는 것이 문제였다. 그래서 멀리 조카뻘 되는 사내를 죽은 이의 양자로 삼아 그의 상제를 삼은 데서 유산의 쟁탈이 일어났다. 출가외인이라 백 과부는 그 어머니와 죽기로써 저축한 현금 천여 냥과 그 집을 상속할 권리가 없었다. 이것은 양자가 상속함이 당연하다는 것이 죽은 이를 장사한 후의 양자의 주장이었다. 백 과부는 여기에 끝까지 반항하였다. 그러나 양자의 배후에는 유산을 나눠먹기로 약속한 문중 뭇 사람의 계획이 있었다. 결국 끝까지 반항한 값으로 소녀 과부로 개가하지 않고 어머니를 모시어 임종한 것이 기특하다는 이유로써 그가 쓰고 있는 150냥짜리 집만은 백 과부의 소유가 되었고 현금은 문중의 5, 6인이 나눠먹고 말았다. 나눠먹은 발기를 아직 백선행 여사가 보관하여 둔 것은 그가 얼마나 그때에 억울하였다는 것을 말하는 것이다.

더없을 불행한 운명을 타고난 그는 고행 10년 만에 축적한 재물과 그 모친을 일시에 잃고도 오히려 용감하였다. 재산을 빼앗은 양자 일파가 그의 집을 떠날 때 콩을 뿌리어 전송한 백 과부는 다시금 굳은 결심이 가슴에 일어났다. 문간에 콩을 뿌리는 것은 악귀가 들지 못하는 예방법이었다.

이제부터 다시금 그야말로 혈혈단신의 이 불행한 과부의 고행이 시작되었다. 그는 어머니가 생전에 하던 '청대 치기', 베 짜기, 간장 장사를 계속하였다. 여전히 쓰지 않고 먹지 않고 입지 않는 것은 그 생활의 표어였다. 거기에 여유가 있을 것은 필연한 사실이다.

탐리의 화, 도적의 변

또 다시 10년이 지났다. 이때의 백 과부는 10년 전의 백 과부가 아니었다. 궤 속에는 20여 석 추수의 땅 문서가 들어 있었다. 여사의 재산은 이때부터 기름 부은 불꽃처럼 일기 시작하였다. 해마다 여전한 근검과 저축은 추수하는 벼가 다시 땅 사는 밑천이 되곤 하였다. 10년 고행에 모은 돈을 양자 오라비에게 빼앗긴 백 과부, 이제는 다시 탐관오리의 검은 손이 그의 머리를 억눌렀다.

그의 재산이 몇백 석이라고 들은 평양 부윤 팽한주는 여사를 잡아다가 하옥하였다. 이것이 아마 지금부터 30여 년 전, 여사 이미 40 고개를 넘은 후다. 그에게는 별별 누명도 씌워졌다. 당치 못할 곤욕과 협박도 가하였다. 그러나 옥중 10여 일에 그는 고개를 숙인 법이 없다. 그의 강직하고 기운찬 성격이 이런 때 발로한 것이다. 부윤으로서도 이 과부의 재산은 후일을 기약하고 그를 방면할 수밖에 없었다.

여사의 뒷머리와 앞이마에는 아직도 남아 있는 상처가 있다. 이것은 여사가 두 번 강도의 침입을 받았을 때 입은 상처다. 과부라 업신여겨 침입한 강도로서도 그의 대담한 기백에 눌려 그를 구타한 것에 그칠 뿐, 목적한 강탈은 하나도 성공하지 못하였다. 이때부터 백 과부의 집은 철장으로써 든

든한 도난 방비가 시작되었다. 대문, 중문, 방문, 부엌문, 들창, 장지 할 것 없이 외인의 침범이 염려되는 곳은 모든 굵은 철창으로써 가로질러 막았다. 여사가 이렇게 철창 속에 지내기 20여 년, 그는 궤 속에 갇힌 암사자와 같다는 험구도 있음직한 일이다. 15년 전 집을 새로 지을 때에 비로소 네 면에 끼웠던 철장을 빼어 버리고 여간한 곳은 모두 함석으로 장식하였다.

무용지지(無用之地)에 시멘트 공장이 서

그러나 근검저축으로 거부까지 되기는 힘들다. 어떤 비약적 사실이 있어야 한다. 여사가 오늘날 30여만 원을 축적한 데도 그러한 사실이 있다.

이것은 지금부터 15, 6년 전 사실이다. 강동군 만달산 부근 일대는 토지가 척박하기로 유명하여 땅 한 평에 2전 이하였다고 셈한다. 이것을 여사가 중개자에게 속아 넘어가서 매 평 7, 8전 주고 2천 평 가까이 샀다는 소문이 당시 평양에 일대 화제가 되고, 돈 모으기에 전심한 백 과부에게 과연 치명적 조소거리가 되었다. 이것이 전화위복일 줄은 누구나 꿈도 꾸지 못한 일일 것이다. 여사가 이 땅을 산 지 2, 3년 후 거기서 시멘트 원료를 발견한 일본인은 이것을 극비에 부치고 부근 토지를 매 평 3,4전에 매수하였다. 백 과부에게도 토지 매매의 교섭이 있었다. 이때 백 과부의 머릿속에는 번개 같은 판단이 지나갔다. 홍 내가 이 땅을 사고 얼마나 웃음거리가 되었는데, 나보다 눈 밝은 일본 사람이 이 땅을 사려는 것은 반드시 곡절이 있는 것이 아니냐. 그는 댓바람 팔지 않는다고 거절하였다. 이 땅을 사지 않고는 시멘트 공장은 도저히 세울 수 없는 형편이었으니 거절당하는 사람은 딱하지 않을 수 없었다. 여사 곁에 있는 사람들이 어서 팔기를 권하였다. 그러나 그는, 내 평생 누구의 말을 들어본 일이 없다. 내 맘대로 할테야, 내 땅 내가 안 판다면 그뿐이지 누가 뭐래? 땅값은 매일 올라갔다. 매 평 30전! 다른 사람보다 10배의 가격이다. 그러나 여사는 오히려 응하지 않았다. 마침내 평양 부윤이 이것을 알선한 결과 협정 가액은 매 평 70전! 그 땅 본전의 10배다. 말하자면 여사의 재산은 일약 7, 8배의 부를 더한 것이다. 지금은 그곳에 백년대계를 세운 시멘트 공장이 대규모로 시설되어 있다.

용단력 있는 그의 기백

그는 가난에서 나서 가난 속에 자라난 한낱 무식한 과부이면서 돈을 다루는 데는 어느 남자가 따를 수 없는 능력이 있다. 백선행 기념관 건축 당시 청부업자에게 지불한 금액이 다섯 번에 매번 만 원에 가까운 돈이었건만, 가까운 자들도 알지 못하게 이 80 노파의 손으로 기약된 시간을 한 번도 어김이 없었다는 것은 그 능력을 잘 말하는 것이다. 또 그는 일찍 80 평생을 돈 모으기에 전심하였건만 한 번도 그 이자의 높낮음을 막론하고 빚놀이를 한 일이 없었다고 한다. 이것은 그의 인격을 말하는 것이다. 그가 사람을 도무지 믿지 않는다는 것은 차라리 그 일생이 모두 주위의 속임이 많은 탓이지만, 그는 또 누구의 말을 듣는 일이 없다고 한다. 옳다고 생각하면 누가 뭐라고 하던 할 것이면 하고야 만다. 그러나 한번 머리를 흔든 일이면 다시 더 변통이 없다. 그는 딱 잘라매는 데 아무 주저도 없다. 이렇듯 그의 용단력이 있음은 평안도 여자로서의 기백을 엿보게 되려니와, 이 무식하고 일생을 돈만 아는 줄 알았든 이 노파의 가슴에 뜨거운 봉사적 사업열이 끊고 있는 것은 차라리 일대 경이적 사실이라 하지 않을 수 없다. 세상에는 명예를 위하여 혹은 과거의 죄과를 속죄하려는 뜻에서 나오는 종종의 사업가가 있다. 그러나 이 노파에게는 털끝만한 야심도 욕망도 없다. 솔직히 말하면 그는 돈을 사회에 쓰는 것이 옳다니까 썼을 뿐이다. 왜 유익하고 어째서 그것이 옳은지도 아마 모르는 듯싶다.

일찍이 그의 입으로 사회를 위하여 돈 썼다는 말이 나온 적이 없다. 그저 남겨 두고 죽어서 소용이 없다는 것이다. 이것이 더욱 그를 순진케 하고 더욱 그 인격을 높이는 것이다. 그에게 남은 돈은 백선행 기념관을 지은 후에는 4만여 원에 불과하였다. 그를 지금 모시고 있는 먼 친척의 손자를 위하여 그것은 다시 쓰지 않도록 가까운 사람들은 권하였다. 그랬더니 이번에는 아무에게 말 한마디 없이 숭인상업학교 재단법인 기성에 13,000원을 희사하였다.

"나는 생전에 누구 말을 들은 일이 없다. 내가 하고 싶은 일이면 하고 마는 것이다."

남은 재산 2만5천여 원. 그것은 이제 또 어떻게 쓸지 여사의 늙은 가슴속에 경륜되는 일을 알 사람은 한 사람도 없다.

평양시화 : 연합 발매(發賣)를 보고

— 평양 일기자, 《동아일보》, 1931. 2. 6.

상공협회 주최 사업의 하나로 해마다 호성적을 올리는 음력 세모(歲暮) 구시가 경품부 연합 대판매는 금년에도 지난 4일부터 시행된다. 불경기의 습래(襲來) 등등의 객관적 정세와, 풍년기근이 결과한 농촌금융의 조락(凋落) 등등의 대내적 불리한 정세 아래서 1930년의 경제계는 어디서나 위축과 공황을 재래(齎來)한 바이지만, 상공도시로서의 평양이 금(金) 해금(解禁)을 전후하여서 더욱 심풍(深豊)한 주의와 용의주도한 관찰로써 불황의 독아(毒牙)에 물리지 않고, 이중연말의 귀문(鬼門)을 또한 무난히 돌파할 뿐 아니라, 좀 더 시황을 진작하고 활기 횡일(橫溢)한 상공도시로서의 면목을 세우고자 이제 예년의 연중행사의 일종이나마 좀 더 계획적으로 연래의 경험을 지식으로 삼아 제4회 연합 대발매를 준비하기에 이르렀음은, 평양의 조선인 상공업자=상공도시로서의 실력이 또한 수월치 않음을 그대로 웅변하는 사실이라 한다.

외래의 자벌(資閥)이 금융기관과 정치적 세력을 배경하고 항상 고객 흡수와 판로 증진에 부심하면서 다시금 공고한 단결로써 일치 협조함을 보면서, 자금난, 금융난에 신음하고 배후에 하등 도움을 받지 못하는 불리한 입장에서 고투하는 조선인 상공업자가 소리(小利)에서 소리로 유전하는 것은 무모한 꿈이요 바라지 못할 요행이라 아니할 수 없다. 우리의 생명은 오직 단결에 있다. 우리는 이 구원(久遠)한 진리를 무시치 못할 것이므로, 사실상 우리가 경험하고 남은 바이지만 올해와 같은 수난시대야말로 우리는 더욱더 있는 힘을 다하고 있는 용기에 백배 가하여 상공협회의 권위를 스스로 높이고 스스로 시황(市況)을 진작치 않으면 안 될 것이다. 우리는 잠시 낙망하는 데서 평양의 주인이 바뀔 것을 잊어서는 안 될 것이니, 평양의 대소 상공업자는 모름지기 일치단결하여 금년의 연합 대발매야말로 획기적 호결과를 내도록 뜻하지 않으면 안 될 것이라 믿는다.

지방논단 : 면옥쟁의에 대하여(상·하)

— 평양 일기자, 《동아일보》, 1931. 2. 21~22.

〈상〉 1931. 2. 21.

고주(雇主)의 맹성을 촉(促)함

평양 면옥쟁의는 야기된 지 이미 15일을 넘기까지 해결의 서광을 보지 못한 채 마침내 유혈의 참극을 연출하고야 말았다. 300명 파업단 중 100여 명의 검속자를 내고, 아직도 30여 명이 철창 안에 신음하게 되기까지 부민의 일상생활에 적지 않은 영향을 주는 이 파업은 일반의 적지 않은 주목의 대상이 되었다.

우리는 냉정한 비판자의 입장에서 사태의 진전을 묵시할 뿐이었으나 사태가 이에 이르러서는 그대로 간과하지 못하겠다.

파업의 원인은 보도한 바와 같이 고주(雇主) 측이 노동자의 임금을 인하하려 함이 그 하나다. 이에 대하여 고주 측의 말에 의하면 종래 15전씩 받은 국수를 5전을 인하하여 10전으로 한 다음에는 수지가 맞지 않는다는 유일한 이유가 있을 뿐이다. 그러나 이 유일한 이유라는 것이 과연 이유다운 이유가 되지 못하고 한낱 구실에 불과함은 일견에 간파된다. 무엇으로써 그러냐? 당초 국수 값을 작추(昨秋) 10전으로 인하한 때를 회상하면 당시

고주 측은 일반의 여론에 움직여서 인하율을 고려하게 되었을 때, 경찰당국은 15전에서 2전을 감하여 13전으로 인하하도록 알선하였다. 그러나 고주 측 면옥조합은 자체의 통제가 없는 단체로서 13전의 가격 통일을 보지 못하고 일부에서 10전으로 인하하는 자가 속출하였다. 물론 면옥조합은 조합 의사에 역행하는 조합원을 응징할 만한 명문이 있음에 불구하고, 그를 행사할 역량 부족의 결함은 결국 10전파(派)와 13전파의 대립을 보아 13전파는 일시 휴업까지 하였었다. 그러다가 어떻게 생각하였는지 전부가 10전으로 통일되고 휴업하였던 13전파도 10전으로 하고 다시 개업하였었다. 이 사실은 무엇을 말하는가? 수지가 맞지 않는다 치더라도 그렇게 수지가 맞지 않는 가격이 생긴 것은 고주 조합 자체의 불통일에서 원인한 것이다. 왜 13전으로 통일할 수 없었느냐? 10전으로 통일할 때에는 어째서 주판을 굴려 보지 않았느냐? 결손을 예상하는 장사는 없다. 10전으로 해서 손해가 된다면 고주 측은 13전의 통일을 어렵지 않게 보았을 것이 아니냐.

그다음 일반 수요자의 입장에서 본다면 그 질에 있어서 10전짜리 국수는 종래의 15전짜리 국수보다 좋지 못하다는 엄연한 사실이 있다. 종래 15전 가치 있는 국수를 10전 받는 것이 아니라 10전짜리를 10전 받는 것뿐, 그 질의 조악함과 양의 감소는 족히 이 사실을 증명하는 것이다.

그러함에도 불구하고 일단 가격이 인하된 다음에는 수요가 증가하였다. 이 점에 있어서 노동자는 그 노동시간이 더욱 연장되었을 뿐이다. 이제 노동자의 노동시간을 보면 그들은 오전 5시부터 익일 오전 1시까지 물경 19시간의 노동이다. 이런 것은 세계 무류(無類)의 혹사가 아니냐? 그러하고 그 임금을 보면 일급 최고 93전 최하가 45전이다. 최고최하를 막론하고 그들이 19시간의 노동을 한 달 내내 계속치 못할 것은 불문가지다. 가장 장정이라야 25일 노동, 그러면 최고 일급자가 월수 23원, 최하의 일급자는 11원 20전여에 불과하다. 여기서 2할 5푼이나 감하하겠다는 것은 고주 측의 주장을 옳게 볼 수 없다. 고주조합이 자체의 불통일에서 원인하여 가격을 인하하고 그 영향은 일체를 노동자에게 돌려 버리는 심산이다. 소비자로서는 이 불쌍한 노동자들을 위하여 국수 값을 1전이나 2전쯤 더 내도 좋을 것이다.

고주 측의 말에 의하면 13전으로 하지 않고 10전으로 한 것은 금전출납상 불편하여 그렇다 하니 그러면 고주 자신의 금전출납의 편익을 얻는 대신에 노동자는 수입의 2할 5푼이나 감하를 당하라는 소리다. 이 말이 가하냐? 또 손해가 되면서도 다만 금전출납이 편하다고 10전을 받는 사람이 어디 있을까?

〈하〉 1931. 2. 22.

임금 인하의 이유가 박약함은 작지(昨紙)에 논한 바인데, 시기가 시기라 쌍방이 서로 파업을 기피하였기 때문에 노동자 측은 일일 2할 5푼 임금 인하에 대하여 양보적 태도로 나아가 타협안을 제시하였으니, 이때에 이미 노동자 측으로서 임금 인하는 승인하되 그 비율에 있어서 다소의 차가 있을 뿐이요 쌍방의 원만한 해결을 얻을 여지가 충분하였다. 그럼에도 불구하고 고주 측은 노동자 측의 타협안을 일축하고 면옥노동조합에 대하여 '교의(交誼) 거절'을 통고하고, 설혹 노동자가 개인으로서 고주 측이 제시한 임금대로 복종 취업을 하더라도 면옥노동조합에서 탈퇴하고 면옥조합장의 승인을 얻지 않으면 채용치 않는다고 선언하였다.

문제는 여기서 악화하였다. 노동자 측은 어디까지든지 단체계약을 원칙으로 주장하는 관계상 "노동조합에 대한 교의 거절은 곧 면옥노동조합원 전부를 해고하는 것으로 간주하여 파업을 단행하였다. 우리가 파업하는 것이 아니라 총 해고를 당한 것"이라는 노동자 측의 주장도 여기에 인한 것이다.

　이것이 곧 파업의 제2원인이니 이 '교의 거절'의 통고, 즉 면옥조합으로서 면옥노동조합을 부인하는 것은 긴 말을 할 것 없이 18세기 자본계급의 행동이요, 금일에 와서는 단연코 이것을 횡포라 하지 않을 수 없다.

　남의 단체를 왜 부인하는가? 우리는 이에 대하여 고주 측이 일당(一堂)에 모인 자리에서 그 이유를 물어본 일이 있다. 이에 대하여 전부가 유구무언 그중 한 사람이 "노동조합이 있기 때문에 노동자들이 너무 '강강'하다"고 그 이유를 설명한다. 이 말은 무엇을 의미하는가? 노동조합이 있기 때문에 고주는 노동자를 마음대로 휘두를 수 없다는 한 가지 이유가 있을 뿐이다. 보라. 경찰당국까지도 이 점에 있어서는 고주의 반성을 재촉하지 않느냐?

　금번 파업의 중대 문제는 임금 인하보다도 이 단체계약권을 긍정에서 부정으로 고주 측이 악화한 까닭이다. 이 점에 있어서 고주는 다시 한 번 반성하지 않으면 안 될 것이다. 지구 전면을 휩쓰는 사조에 역행하여 조선 일우(一隅) 평양의 면옥 주인 몇 사람만이 그만치 못한 자본을 등에 대고 감히 계급적 입장에서 활동하려는 노동단체를 부정하겠다는 것은 너무 지나치는 일이 아닐까.

　설혹 당장에 노동자가 패배하여 고주의 계획한 대로 면옥노동조합이 파괴되고만 한다고 하자. 그렇다고 필연적으로 발생된 그들의 본능적 욕구를 완전히 말살시킬 수 있을까. 설혹 지금의 면옥노동조합원을 전부 해고

하고 아무 의식도 없이 고주의 마음대로 복종하는 새 직공을 모집하여 개업한다고 하자. 얼마 못 가서 이들의 단결이 또다시 금일의 면옥노동조합이 부활하지 않을 줄 어찌 믿을까.

파업은 계속되는 중에서 고주는 새 직공을 모집하여 소규모로나마 개업하였다. 그로 인하여 파업단의 폭동이 일어나고 이로 인하여 일시 100여명의 검속자를 내고, 아직도 30여 명의 노동자가 그들이 1년 가다 한번 맛보는 설맞이의 기쁨도 옥창(獄窓)의 한숨으로 되어 버렸다. 고주는 스스로 이 파업의 원인이 고주 자신에 있고 자신에 또한 해결의 열쇠가 있음을 알아야 할 것이다.

표면으로는 현재 새 직공을 모집한 것으로써 강세를 취하나, 사실에 있어서 기술을 요하는 이 노동에 '파업이 있는 줄도 모르고 쇄도된 조합의 미숙한 실업군' 그들로써는 고주 자신에게도 은근한 손실이 있을 것이다. 차라리 정도에 들어서서 파업 해결의 성의를 피력함이 고주 자신을 위하여서도 취할 태도가 아닐까. 일문을 여(與)하여 반성을 촉(促)하는 바다.

지방논단 : 전기 예산의 원안 집행(상·중·하)
— 평양 일기자,《동아일보》, 1931. 4. 4.~4. 6.

〈상〉 1931. 4. 4.

3월 30일 평양부협의회에 평양부 예산이 자문되었을 때, 조선인 의원이 일제히 전기 예산 임시부의 제6관 전기설비비 3,240원 및 제7관 궤도개량비 중 전차 2대 구입비 18,000원을 삭제하여 기림리로부터 서평양 역전에 이르는 단선 전차선로를 복선으로 부설하는 비용에 충당하도록 수정하라고 한 것에 대해서, 일본인 의원은 이를 부당한 동의라 하여 총퇴장하였으므로 조선인 의원만 남아서 이를 가결하였다. 그런데 대도(大島)[25] 부윤은 다음날인 3월 31일 전날의 부의(府議) 수정안 가결을 무시하고 원안 집행을 발표하였다.

문제는 미리부터 각오한 일이나 그러나 기림리에서 서평양 역전에 이르는 전차의 복선 요구가 평양부민의 최저한도의 부분적인 요구였음에도 불구하고 대도 부윤이 원안 집행을 단행한 것으로써, 평양부민의 요구를 중

---

25) 오시마 료지(大島良士, 1890-?) : 일본 카가와(香川)현 출신으로 동경제국대학 법과를 졸업하고 문관고등시험에 합격해 1916년 조선에 건너와 조선총독부 관리가 되었다. 각 도의 재무부장을 거치며 주로 재무 분야를 맡았다. 1929년 12월 평양부윤, 1931년 부산부윤, 1934년 경기도 내무부장을 역임했다. 1936년 관직에서 물러나 사업가가 되었다.

시하지 않은 것이라고 하지 않을 수 없다.

　문제를 다시 해부하면 이것은 단순히 평양역에 이르는 전차의 복선을 부설하기 위한 경비 1만여 원의 재원 문제에서 그치지 않고, 향후 평양을 북으로 발전시킬 것이냐 남으로 발전시킬 것이냐 하는 것에 이른다. 거듭 말하면 명일(明日) 평양의 중심 시가는 조선인 시가가 될 것이냐 의연히 일본인 시가가 될 것이냐 하는 중대한 문제이니, 서평양에 만일 부 당국의 성명대로 기림리로부터 가는 전차를 복선으로 하지 않는다면 어찌 조선인의 발전을 기약할 수 있겠는가. 조선인 의원들의 태도는 우리의 심심한 주목을 끄는 바이며, 우리는 그 내면적 이유를 살피지 않으면 안 된다.

　서평양역의 전차를 복선으로 주장하지 못할 이유가 어디에 있는가.

　문제는 작년 예산회의에까지 거슬러 올라간다. 기림리 전차 종점에서 서평양역에 이르는 전차의 연장선로를 부설할 때 부의원은 단선을 반대하고 복선 부설을 주장하였다. 부당국은 금후 고려하겠다는 답변으로서 원안 통과에 고심하였으나 필연적으로 가까운 장래에 복선을 실현하려고 하는데, 당초에 복선으로 하는 것이 경비의 절약과 부민의 교통상 편리한 점을 들어 역설하고 그때 벌써 자문안의 수정 가결을 보게 될 상황이었다. 이때 부당국자는 최후의 고육책으로 조선인 부의원 전부를 개인적으로 집집마다 방문하고 내년, 즉 소화 6년도 예산에는 복선을 부설하도록 계상하겠다는 것을 암시하고(의원 중 오숭은 씨에게는 그렇게 분명히 말하였다고 한다) 그 조건부로써 우선 단선 부설의 원안 가결을 간구하였다.

　이에 의원 이기찬 씨가 조정안을 제시하여 소화 6년도에는 기어이 복선 부설을 조건부로 단선의 원안을 가결하는 동시에 소화 6년도에 복선 부설의 간절한 결의를 일본인 의원도 함께 만장일치로써 가결하였다.

〈중〉 1931. 4. 5.

그런데 올해, 즉 소화 6년도 전기 예산은 어떠하였는가. 작년 예산회의
에서 만장일치로 결의한 서평양 전차의 복선 부설비는 싹도 보이지 않고,
이에 대하여 예산 내시회(內示會)에서 한마디의 해명도 없는 것은 물론이
고, 제일독회(第一讀會)에 들어가서 의원의 질문을 받고서야 비로소 그 기
억이 살아난 듯이 장래에 고려하겠다는 답변이 있었을 뿐이다.

부 협의회란 기관은 부 당국 대 부민의 의사를 표시하는 기관인데, 대도
부윤은 민의를 존중하여 올해년도 예산에 당연히 복선 부설의 경비를 계
상하여야 할 것이다. 민의 존중이라는 것은 정도의 문제이니 잠깐 뒤로 미
뤄 두더라도, 우선 부 당국은 작년도 예산회의 때의 분규를 회고하고 또 조
선인 의원을 방문하여 양해를 구하고 그에 대한 언질을 존중하는 뜻에서
라도 예산을 세워야 할 것이다.

그런데 부 당국은 그 예산이 성립되지 못한 이유의 설명조차 없었으며,
이 점에 대하여 조선인 부의원들은 모욕을 당한 것이라고 분개하는 것이
다. 부윤은 이에 대하여 의원이 굳이 따진다면 사과하겠다는 말까지 하였
다고 한다. 조선인 부 협의원에게 작년에 준 언질을 부인하기까지에 이른
것은 아무래도 선의로 보기 곤란하다.

그런데 여기서 우리는 부윤과 부의원에게 부여된 권한을 잠시 밝혀 놓고
지나가야 하겠다. 즉 부윤은 예산을 편성하여 부의회에 자문함에 대하여
부의원으로서는 삭제의 권한은 있으나 추가의 권한이 없다. 또 비록 부의
회에서 삭제하기로 했다고 하더라도 그 집행은 부윤의 권한에 속하기 때
문에, 이번 전기 예산 중에서 그 임시부 전기설비비 3,240원에, 궤도개량비

중 전차 2대 구입비 18,000원의 삭제를 결의하고 그 삭제된 재원으로써 서평양 전차 복선 부설비에 보충하여 쓰도록 결의한 경우에, 부윤은 그 삭제결의 및 요망결의를 무시하고 자문 사항을 원안대로 집행하게 된 것이다. 이것은 법적으로 부윤에게 있는 권한을 행사한 것이 맞다.

물론 이것은 부의회에서 자문 사항을 부당한 이유로 부당한 수정을 가결하여 '부정(府政)'을 그르칠 우려가 있는 때'에만 부윤이 부득이하게 최후의 권한으로 행사하는 것이니, 이번 전기 예산의 수정이 과연 부당한 것이 있으며 부윤은 부정을 그르치지 않으려는 성의 있는 태도로 과연 평양부민 전체의 공정한 이익을 위하여 그 수정가결을 무시하고 원안을 집행하였는가.

우리는 비로소 기림리에서 서평역전에 이르는 전차의 복선은 왜 필요하고 긴급한 사안이냐는 문제를 밝히고자 한다. 서평양역은 세상 사람들이 주지하는 바와 같이 송정 전 평양부윤의 기림리 도시계획 실현에 따라서 건설된 것이며, 송정 씨가 가고 대도 씨가 와서 송정 씨의 적극정책이 일소되고 대도 씨의 소극정책이 실현되면서 그 일단으로 기림리에서 서평양역의 전차 연장도 단선의 운명을 면치 못한 것이다. 이렇게 단선 전차가 되면서 이를 이용하는 부민의 시간적 손실과 고통은 얼마나 크며, 그렇기 때문에 당연히 서평양역을 이용할 구시가의 부민이 여전히 평양역을 이용하게 되어 생기는 경제적 손실은 또 얼마나 크겠는가.

〈하〉 1931. 4. 6.

평양역에서 서평양역까지의 철도 운임은 7전이다. 북에서 오는 승강객으로서 서평양역에서 내려서 전차를 이용하면 2전의 이익이 있다. 그러나 평양에서 내리더라도 전차를 타야만 하는 구시가 부민으로서는 7전 전부가 이익이 된다. 그리고 여기에 시간 경제의 이익이 따라오는 것은 물론이다.(철도국은 손실이 있을 것이다. 그러나 전차수입과 부민 이익을 기준으로 삼을 평양부로서는 전차 수입의 변동이 없을 것이고 부민은 이익이 된다는 점을 고려해야 한다.) 그런데 이것이 단선이기 때문에 이용하는 사람이 많지 않고, 비록 부득이한 경우에 이를 이용하더라도 그 불편함과 느린 속도 때문에 불편을 호소하는 사람이 많다.

위에서 언급했듯이 이 노선이 복선으로 되는 때는 부민의 2/3 이상이 이것을 이용할 것이며, 이에 따라 부민의 2/3 이상의 경제적 시간적 이익이 있고 전차수입에는 전혀 변동이 없을 것이다. 그럼에도 불구하고 이 복선을 부 당국이 부설할 성의를 보이지 않고 일본인 의원이 강하게 반대하는 것은 이해하기가 힘들다. 또한 구시가 일대가 일본인의 거주지였다면 이런 것은 전혀 문제도 되지 않았을 것으로(당초에 복선 부설이 되었을 것으로) 미루어보면, 우리는 이것이 차별적 시설임을 간파할 수 있다. 부 당국은 재원 문제를 핑계로 대지만 이것은 잠시 뒤로 미뤄 두고 우선 일본인 의원 전체가 동맹 퇴장을 하면서까지 반대하는 이유를 들어보자.

그들은 아래와 같은 숫자를 제시한다. 서평양전차를 이용하는 승객은 하루에 589인에 불과하여, 전차 1대에 평균 6인에 불과하므로 복선 부설은 시기상조라고. 그리고 다시 서평양역의 승강객의 희소한 숫자를 들어서 복선이 불필요함을 말한다. 이것이 일본인 의원이 서평양역 전차의 복선을 반대하는 가장 큰 이유이기 때문에 우리는 실로 그들이 반대를 위한 반대를 하고 있음을 지적하지 않을 수가 없다. 왜?

서평양역의 전차승객이 한 달에 589인이라도 있는 것은 단선 전차라도 부설된 덕분이다. 전차 부설이 없는 신양 등지는 승객이 한 명도 없음은 어떻게 설명할 것인가? 그 승객이 희소한 이유가 단선 전차가 지극히 불편하기 때문이라는 것을 왜 인정하지 않는가? 그리고 이제부터 서평양역의 승강객이 증가하지 않으리라는 예상은 어디에 근거를 둔 과학적 논법인지에 대해서 의문이 들지 않을 수 없다.

부 당국은 그 원안 집행 성명에 일본 전차 2대 구입은 시급을 다투는 것으로서 서평양 복선보다 긴요하다 주장하였다. 그런데 부의회에서 밝힌 부당국자의 말에 의하면 현 전차 24대 중 매일 운전하는 것은 17대에 불과하다고 한다. 그러면 나머지의 예비차가 7대나 있음에도 불구하고 예비차를 2대 구입하는 것이 시급한 일이라고 하는 것은 무슨 이유인가. 말하기를 남아 있는 7대는 고장이기 때문에 예비차로서의 기능을 발휘하지 못한다고 하는데, 24대 중 7대가 고장났다는 것도 믿기 어려우며 전차의 수명을 봤을 때 예비차 7대가 모두 쓰지 못할 것이 아닌 것은 명확하다.

다시 퇴장한 일본 의원은 말하기를 조선인 의원이 예산의 수정을 하고자 하는 것은 의원의 권한이 아님에도 불구하고 이를 '난폭'하게 단행하고자 했기 때문에 퇴장하였다고 한다.

이러한 말이 우스운 것은 이번 예산에 나타나는 격리병사의 전속의 1인 배치를 위한 예산을 삭제하고, 그 재원으로써 도서관 서적 구입비에 보충하도록 만장일치의 희망결의를 한 것이다. 이것은 조선인 의원의 전기 예산 일부 삭제 결의 및 그 재원으로 서평양복선에 보충하도록 요망결의를 한 것과 같은 성격의 일이다. 그런데 전자는 합리적이고 후자는 '난폭'하다는 논리는 어떤 논리를 바탕으로 한 것인지 의문이다.

부 당국은 밝히기를 기림리의 부 소유 토지매각이 순조롭게 진행되고 있으며, 또 부의 재정상 여유가 있을 때에 복선을 부설하겠다고 하였다. 교통기관이(더욱이 그것이 부영이기 때문에) 이익만 따질 것이 아니라 수많은 부민의 편익을 생각한다면 당연히 설치를 해야 할 것이다(그런데 수입에도 손실이 없을 것이 명확하다.) 이미 지난 일이지만, 우리는 4년 전 평양 전차 임금의 균일제를 실행하라고 할 때 평양역 가까이 사는 일본인 의원들이 기를 쓰고 반대하던 일과, 그것이 시행된 후에는 일본인이 주장했던 대로 '손실'이 되지 않고 조선인의 주장대로 2할 이상의 전차수입이 증가하였음을 기억하면서 이번 문제를 이해하고자 한다면, 일본인들의 '간지러운 생사'를 이해하기가 쉬울 것이다.

부 당국이 밝힌 대로 "평양역 전차의 복선 부설 시기를 기림리 토지매각의 순조로운 진행과 부 재정이 여유 있을 때"로 정한 것은 과연 어느 때를 예상한 것인지 알 수 없다. 이미 부윤은 그 직권으로써 원안을 집행한 것이므로 권한 없는 부민이 할 수 있는 말은 없다. 그러나 대도 부윤에게 하고자 하는 말은 이번 부윤의 권리행사에 대해서 평양부민 2/3 이상이 불만이 있고 차별적 시설이라고 느낀다는 것이다. 대도 부윤의 이번 처치는 지금부터는 일본인 의원을 무시해도 상관없다는 뜻으로 받아들인다고 하더라도 할 말이 없을 것이다.[완(完)]

지방논단 : 문제의 수리조합

― 평양 일기자, 《동아일보》, 1931. 6. 25.

당국의 대책 여하

풍년기근을 계기로 폭로된 수리조합의 모순은 마침내 지주들 대 당국과의 항쟁을 보게 되었는데, 그중에도 지주들의 항쟁이 격심한 평남의 미림, 망일 양 수조(水組)에서 최근에 발생되는 사실을 통하여 우리는 두 가지 새로운 사실을 발견케 된다.

첫째, 망일수조 몽리 지주 일동은 지난번 동 수리조합의 기채(起債) 전액 3만여 원을 지주 전부가 일시금으로 갹출 상환하고, 금후로는 수리조합을 지주조합에서 경영하겠다는 요구를 당국에 누누이 진정한 결과, 과연 일시금으로 기채를 상환하면 지주조합에 맡길 수도 있다는 원전(園田) 평남 지사의 언질을 받고, 이래 활동하여 지주들은 이미 2만여 원을 수집하고 잔액은 늦어도 금월 중으로 전부 수금하여 완전히 수조 매수에 착수하리라는 것이다.

이제 지주들의 말을 들으면 망일수조는 원래 지주들이 사영(私營)으로 할 적에 상당한 이익을 보았으나, 이것이 수리조합령에 의한 조합이 된 후로 수세(水稅)는 사영할 때에 비하여 배 이상의 고율이어서 여간 증수(增收)의 목적을 달했다 할지라도, 수세 때문에 지주는 파산에 빠지게 되었다는 것이다.

지주들은 그 원인의 중요한 것으로 수조 당국의 필요없는 공사(기채액을 전부 쓰기 위하여)와 사영 시에 비하여의 끔찍한 용비(冗費)의 다액 등을 발견 지적하고, 차라리 지주들이 맡아서 경영하면 이 불합리한 용비를 제함으로써 현재의 결손만 보완할 뿐인가 오히려 이익이 있겠으므로, 지주에게 수조를 매각하라는 것이다. 금융의 군색(窘塞)이 극도에 달해 있는 농촌의 현황으로서 평당 10전씩 2만 원을 이미 수합하고, 금월 중으로 기채액에 상당한 3만여 원 전부를 수금하게 되었다 함은 이들에게서 현하의 수조 정책에 얼마나 공포를 느끼고 그 폐해를 느끼며, 거기서 **빠져나와** 자신의 파산을 면하려는 욕구가 강도(强度)한가를 알 수 있지 않은가.

그런데 최근 관변에서 나오는 말을 들으면 망일수조의 매각은 허하기 어렵다는 것이다. 우리는 이것이 단순한 풍문에 그치기를 바라는 바인데, 만일 이것이 근거 있는 말이라 하면 이것은 첫째는 원전 지사의 성명에 위배됨은 물론이요, 둘째로 수조 정책에 중대한 의문을 거듭 느끼게 하는 바이다. 왜 그러냐 하면 원래 수리조합을 당국이 간섭함은 첫째로 다액의 기채가 있는 탓이겠고, 둘째로 수조 운용을 아직은 지주에게만 맡길 수 없다는 것일지니 이제 망일수조는 이미 기채액을 일시금으로 상환하겠다 하며, 셋째로 사영함으로써 차라리 현재의 결손을 보충할 뿐 아니라 이익을 볼 수 있다고 경험 사실에 비추어 주장하는 바이니, 당국자는 마땅히 아량을 가지고 지주에게 수조를 내어 맡김이 지당할 것이다.

미림수리조합은 수세 불납에 철저한 지주들에게 강제 차압에 나아간 바, 그중 동 수조 지주회장 오윤선 씨에게 80원의 수세를 징수코자 1천7백여 원 시가의 7천여 평 토지(평당 15전 계산)를 차압하였다.

당국자는 가로되 차압 토지의 시가가 서로 표준이 다르다 하니, 그러면 이제 한걸음 양보하여 시가 1,700여 원을 절반 잡더라도 850여 원으로서 징수할 수세의 10배에 해당한다(평당 15전 계산은 결코 과장이 아니다. 수조 시행 전에는 평당 50전의 토지였다.) 그러나 이것은 고사하고 오 씨에게는 수리조합이 지불할 돈이 수백 원 있다 하여 수리조합에서는 누차 상호 영수증만을 교환하고 상쇄하고 남는 돈으로 찾아가라고 오 씨에게 요청하였었다 하니, 더욱 오 씨의 토지 차압은 그 이유를 찾기 힘들다.

비록 조합에서 오 씨에게 내어줄 돈과 오 씨가 납부할 수세와의 상쇄를 오 씨가 거절하였다 하더라도 조합은 어느 때까지나 오 씨에게 내어줄 돈을 수세만큼 내어주지 않았으면 그만일 것이지만, 이제 다시 징수할 수세의 20배 이상 시가의 토지를 차압하는 진의가 어디 있는가 함이다.

우리는 여기서 미림수리조합이 오 씨 토지를 차압한 행사에는 백분의 99 이상의 악의가 포함되어 있음을 간파치 않을 수 없다.

그러나 오 씨는 무저항적 대항에 철저하고 일반이 또한 느낀 바 있어, 오 씨의 토지 경매 기일에 입찰자가 1인도 없어서 경매 기일을 부득이 연기한 수조당국은 오히려 아무 느낌이 없는가. 이러하기 때문에 민중은 수조 정책에 일대 의혹을 가지나니 미림수조를 위하여 한마디를 드린다.

평양시화 : 마작(麻雀)의 성행

— 평양 일기자,《동아일보》, 1931. 8. 17.

평양에 마작이 성행한다. 이는 은연히 도박화하여 있다. 특히 이것이 지식층에 성행함을 볼 때 청인(靑人)은 통탄치 않을 수 없다.

민중을 끌고 나가야 할, 민중이 바라고 믿는 그 힘과 열이 도박과 향락에 소모되는 것을 생각할 때 한심을 금할 수 없다.

살인적 불경기는 조선 농촌을 곤궁케 하였고 근로계급의 생흡(生洽)을 참담케 하였다.

이 중에서 격증한 걸인군 때문에 대문을 굳게 닫고 흰 밥에 소화불량이 걸리면서 마작으로 밤낮을 보내는 모양은 무엇이라 할 대조이랴. 우리는 그들에게 경성(警醒)을 재촉하지 않을 수 없다.

제군! 교육 받기도 힘든 조선에서 교육을 받은 그만큼 민중에게 열과 성으로써 그들의 선구되기를, 몸바치기를 아끼지 않아야 할 것이다.

조선 민중의 요구는 조선인의 손으로 획득해야 할 것이다. 조선 민중의 갈 길도 조선인이 앞장서야 할 것이다.

하거늘 금일 조선 청년의 두뇌 속에 저주할 세기말적 퇴폐한 향락 사상이 침식되고 있는 것은 무슨 심사인가. 우리는 백이숙제를 칭찬할 수 없는 똑같은 의미로 도연(徒然)히 향락 왕의(王義)에 이미 빠지고 또 빠지려는 지식군에게 이렇게 간구한다. 민중에게로 돌아가 그들을 끌고 갱생의 장도에 오를 용감을 갖지 않으려는가, 라고.

　조선을 살릴 용기와 힘과 열은 다른 데 있지 않고 오직 조선인의 혈관 속에 흐르고 있는 것이다.

젊은이의 마음 : 고민

― 『동광』 27호, 1931. 11. 10.

자본주의와 함께 발달한 자연과학은 인류로
하여금 자연 정복을 성립케 하였다. 그러나 인
류의 야심은 오히려 그 끝은 볼 수 없으니 오
늘의 젊은이는 과거의 모든 위대한 과학자의
야심을 계승치 않으면 안 될 것이다. 그것은
너무도 당연한 일이다. 이러하기 때문에 '청춘'
은 귀한 것이겠다. 그러나 우리는 그 명예로
운 야심을 계승하기에 주저하지 않을 수 없다.
왜? 오늘까지의 자연과학을 발달시킨 과거인
의 위대한 노력과 수훈은 오늘 보니 인류에게
무슨 행복을 주었는가 함이다.

봉건사회를 파괴할 대 자본주의는 인류에게
보다 더한 행복을 약속하였다. 그러나 이제 와
서 그 약속은 일부의 특권계급에게 이행되었
을 뿐 이 약속에 이절(裏切) 당한 대중은 더욱
빈곤화할 뿐이다. 가두의 홍수 같은 실업 대
중, 만성적으로 증가하고 있는 농촌의 궁농(窮

隨筆

젊은이의마음

農), 이 날로 증대하는 룸펜 무리는 결코 그들의 '개인적 원인'으로서 낙오된 것이 아니라, 그들은 건전한 생산력의 소유자이면서도 오직 그들이 먹기 위하여 팔 수 있는 단 한 가지의 상품인 노동력의 구매자가 없기 때문에 룸펜화한다는 것은 사회적 결함의 증거가 아닐 수 없다.

그리고 이 사회적 결함이 자본주의를 뿌리로 삼고 거기서 싹 돋을 것임도 재론의 여지가 없는 것이다.

자본주의와 함께 발달한 자연과학과 기술은 자본주의적 생산력을 그 절정에까지 증대시켰다. 그는 결국에 그 무정부 상태의 통제할 수 없는 과잉생산으로써 공황을 초래하고 실업자의 홍수를 내어 마침내 그 내포한 모순을 폭발한 것이다.

우리는 위대한 과학자의 야심을 계승하기 전에 먼저 가두에 넘치는 실업자의 홍수를 한 번 더 음미하여야 할 것이다. 그리고 거기서 먼저 배우는 것이 있어야 할 것이다.

과학자의 모든 발명과 발견은 진실로 위대하였다. 그들이 발명한 '기계'는 산업혁명 이래로 자본가적 생산을 확대 또 확대케 하였다.

그러나 그 기계는 "그 자신을 관찰할 때에 자연력에 대한 인간의 승리를 의미하지만 자본가적 사용 아래에서는 인간을 자연력에 예속시키고 말았다. 그 자신으로서는 생산자의 부를 증대케 하나 자본가적 사용 아래에서는 생산자를 빈궁화한다." (마르크스)

기계의 발명은 '노동을 절약'하였다. 그러나 이것은 노동자의 복음이 되지 못하고 해고의 비보에 불과하다. 기계는 가정에서 유약한 부녀와 유년까지 공장으로 끌어내어 노동인구의 과잉을 초래하였다. '비참한 과잉'은 노동자를 최악의 조건에서도 밀어내 실업자를 만든다. 이들은 이렇게 룸펜화하고 있다.

자연과학과 기술이 자본의 지배 하에 있는 한 우리의 정신생활은 굴욕적으로 기계화하고 또 황폐해질 것이요, 목격하는 바와 같이 노동자는 가두에 쫓겨나고 농민은 더욱 궁핍에 빠질 것이라고 어떤 사람은 말한다.

극도로 증대한 생산력은 그 통제할 수 없는 과잉생산 때문에 ××력으로 전화할 수밖에 없다고 말하거니와 우리가 오늘날 과거인의 희생으로 건설된 이 문명을 거부하고 다시금 원시화할 수 없을진대, 오늘날의 문명이 만인에게 혜택이 되지 못하고 일부 계급에 독점된 병리적 원인을 제거하는 수밖에 없을 것이다. 오늘 젊은이에게는 이 임무가 부여되어 있다. 우리는 위대한 과학자의 야심을 계승하는 명예를 갖기 전에 현대인의 고민을 철저히 재음미하여야 할 것이다.

우리는 조선의 교육제도가 불비함을 늘 한탄한다. 그러나 그나마도 배울래야 배울 수 없는 것은 한층 더 속 아픈 일이 아닐 수 없다.

도시의 학교에서 시험지옥을 연출하면서 농촌의 학교는 모집난에 땀 흘리는 기현상이 이것이고, 이것보다도 우리는 많지 않은 조선의 피교육자가 결국에는 역시 '룸펜'을 면치 못하는 점에 고민이 있다.

배워야 한다. 이것은 너무도 당연한 말이다. 그러나 배우고 나서 '무엇하느냐'는 문제에는 '당연치 못한 사실'이 직면하여 있음을 어찌할 것이냐.

나는 아직 학령기의 청년으로서 밥벌이에 허덕이지만, 거의 날마다 일어나는 생각은 또 한 번 학생모를 쓰고 싶은 것이다. 아직 반생도 살지 못하였지만 어제까지의 내 과거를 돌아 볼 때 그 짧은 학생 생활처럼 내게 황금시대는 다시없는 것이다. 또 내가 아직 젊으니 장래를 바라볼 때 좀더 배우고 싶은 마음은 걷잡을 수 없이 불어난다. 그것은 아주 당연한 욕망이다. 그러나 나는 이 욕망을 이루지 못하는 세 가지의 이유가 있다.

첫째로 나는 학자금이 없다. 거상의 아들로 태어나서 이제는 빈농으로 전락한 아버지를 모신 나로서는 이제 다시 학생 생활을 허락하지 않는다. 그러나 이것은 작은 문제이다. 아직 나는 고학을 사양치 않는 용기가 있기 때문보다 일가의 가주가 된 나로서는 부모에 대한, 동생에 대한, 아내와 아들에 대한 의무, 그들에게 밥을 주는 가볍지 않은 의무가 등을 누른다. 나는 눈을 꽉 감고 이 의무도 거부하여 본다. 그러나 마지막으로 "네가 그렇게 가족을 버리고 고생해서 얻은 학문은 팔아먹을 데가 있느냐?"는 문제에 봉착하여, 나는 현재 한 달에 한 번 받는 월급봉투에 미련을 버릴 수 없다. 그것은 내가 너무 영리한 것이다.

그러나 오히려 불안은 남아 있다. 오늘날 대량으로 생산되고 있는 룸펜 그것이 개인적 죄과가 아니라 한다면 지구 전면에 넘쳐 흐르는 공황의 물결은 내 발 앞에까지 왔는지 어찌 알겠느냐. 얼마나 많은 실업자가 기아에 헤매는 한편 취업자의 불안도 그 절정에 달한 듯하다. 실업자는 없어서 먹지 못하고 현재 밥벌이를 하는 놈도 먹는 밥이 살로 가지 못한다.

나는 결혼 이래로 건강을 몹시 잃었다.

"총각 놈이 장가가면 그런 법이지."

이것은 내가 귀에 젖도록 친구들에게 받은 농담이지만 나는 여기 대하여 한 번도 변명해 본 일이 없이 다만 고소(苦笑)할 따름이다.

사흘 동안 '비지'만 먹고 통학해 본 경험을 학생 생활에서 가진 나는 일찍부터 가난을 겪어 왔지만, 가정을 이룬 이후 나는 처음으로 세상이 살기가 이렇게 어렵다는 것을 철저히 느꼈다.

우리 부부는 결혼 이래로 아기자기한 사랑 맛을 보기보다도 어떻게 하면 많지 못한 수입을 가지고 입고 먹고 쓰겠느냐 하는 점에서 두 사람의 머리는 한때도 딴생각을 가져 보지 못하였다.

아내나 나나 피차에 처녀 총각 때에는 활동사진 구경도 꽤 즐겨 한 달에 두세 번 상설관 출입을 해왔지만, 결혼 이래 부부는 3년 동안에 사진 구경을 손으로 세서 열 번을 가보지 못하였다. 결혼함으로써 나는 독신시대의 성적(性的) 고민은 해결되었으나, 그보다 더 큰 고민과 상상 이상의 무거운 멍에에 목을 눌렸다. 그리고 그 위에 다시 더 나아갈 수 없는 실망을 찾을 뿐이다. '생각'하는 것은 아주 소극적으로 굳어 버리려 한다. 나는 이제 내게서 '젊음'을 자랑할 아무 용기도 없다. "아직 어리다고 볼 사람이 왜 이 모양이요? 요 애어른아!" 하는 것도 친구들에게서 듣는 말이다. 그 말을 들을 때마다 내 맘은 괴롭다. 그러나 사람이 먹는 일처럼 중대한 일은 없다. 1900년 전에 예수는 "사람이 떡으로만 살 것이 아니라"고 하였지만, 오늘날 목사의 '월급'을 내지 못하는 교회에서는 아무리 진실(!)된 교인만 모였다 하더라도 목사님을 모시지 못하는 것이야말로 '피육(皮肉)'이 아닌가.

이 사회 조직 아래서는 밥주머니(胃袋)는 모든 점에서 인류를 타락시킨다. 내 옆에 있는 7, 8개의 밥주머니는 나의 젊음을 뺏어 버렸다. 이 지레 늙음이 나에게 최대의 고민이 아닐 수 없다.

생활의 쪼들림과 마음의 괴로움은 나의 심신을 함께 허약하게 만들었다. 건강을 생각해서 한 달쯤 한적한 곳에서 쉬었으면 하나, 이것은 첫째로 남의 고용인으로서 실현 못할 꿈이다. 남이 보기에 평화한 가정의 소유자인 나는 도무지 입에서 나는 신물을 그대로 삼켜 버리기에 괴롭기 짝이 없다. 모든 일을 다 잊어버릴 수만 있다면, 단 하루만 그러할 수 있으면 나는 얼마나 기쁠까. 얼마나 씩씩한 젊은이의 맘을 느껴볼 수 있을까.

세상은 점점 먹는 일 때문에 악화하여 간다. 이대로 가다가는 세상에는 먹는 놈보다 굶는 놈이 많아질 것이다.

나는 언젠가 부자로 사는 나의 백부댁에 갔다가 벼 곳간에서 배가 통통 불러서 튀어 나오는 쥐 한 머리를 보고, 가난에 쪼들리는 나의 양친을 생각하여 가난한 놈은 부잣집 쥐새끼만도 못한가 하는 큰 슬픔을 맛보았다. 세상에 아무리 굶는 놈이 많다고 하여도 그것이 전적으로 식량의 부족에서 나온 참상이 아니라 한쪽에는 과잉된 생산품이 창고에서 썩어나는, 웃기에는 너무 엄숙한 사실에 직면하여 젊은이에게는 오직 분노가 있을 뿐이다.(1931년 9월 13일)

지방논단 : 빈빈(頻頻)한 부정사건

— 평양 일기자,《동아일보》, 1931. 11. 12.

순천군수의 책임 여하

강기(綱紀) 숙청의 대나팔이 고취되어 있는 금일 평남 순천군에는 불과 2개월 내외를 두고 부정사실이 적출하여, 군수 군속 면장 등이 독직죄(瀆職罪)로 피소되고 괴수(魁首)된 면장이 3명, 감옥에 수용된 면장 2인을 내었다.

이는 실로 전에 없던 해괴사로서 순천군은 가히 탐관만이 집합한 듯한 감을 일으키는데, 우리는 범죄자 부하를 배출시키고 자신도 피고소인의 처지에 앉은 순천군수에게 한마디를 주지 않을 수 없다.

순천군수 조 모, 군속 김 모, 동 군 자산면장 최 모를 평양지방법원 검사국에 독직죄로 고소한(동 군의 광구 소유자) 정 모의 소장에 의하면, 고소인은 광업세 130측(側)을 체납한 결과, 수차례의 독촉을 받고 한때는 군수에게 납입 연기의 승인을 얻었었고, 그 후에도 납부하지 못하여 또다시 독촉을 받아 9월 29일에는 세금을 소지하고 군청에 출두하였더니, 고소인의 광구는 그 전일인 28일 공매에 부쳐 동 군 자산면장 최 모에게 140원에 낙찰되었다는 것이다.

그런데 고소인은 그 소유의 광구가 공매되던 28일 경성에서 세금을 소지하고 출두하겠다는 전보를 발하고, 그 다음날 군청에 출두한즉 이미 공매되었다는 것이다. 더욱 이 금광은 현재 금을 채출(採出)하는 것으로 일반에게 유망하다고 평가되어 그 가격은 10만 원에 이르는 것으로서, 군수와 자산면장 최 모에게 고소인이 누차 공매를 취소하도록 간원하였으나 불응한 것으로서, 군수와 낙찰자인 자산면장 최 모 등 간에 어떤 흑막이 있는가 한다는 것이다.

우리는 여기서 여러 의심점을 발견한다. (1) 단 130원의 세금을 징수키 위하여 10만 원 가치의 광구를 공매한 것 (2) 그 10만 원 짜리가 겨우 140원에 낙찰된 것 (3) 입찰자는 즉 낙찰자인 자산면장 최 모 1인뿐인 것 (4) 체납자는 공매일에 그 다음 날 세금을 납부한다는 통지를 발하였음에 불구하고 구태여 공매한 것 등이다. 광구의 가격이 10만 원에 달한다는 것은 어느 정도까지 고가라 할지도 모른다. 그러나 이것이 일반에게 유망한 광구로 평가되고 그 낙찰자가 그 실정을 숙지하는 동 면 면장으로서 다시금 소유자에게 환부를 거절함으로 보아서, 이것의 가치는 짐작할 수 있다. 요는 공매에 붙인 것이 어떻게 면장 1인 외의 입찰자가 없었다 하는 것이니, 이것은 즉 당국이 우물쭈물한 형적(形跡)을 간취할 것이며, 공매할 다음 날에 세금을 납부하겠다고 하였음에 불구하고 단 1일도 공매를 유예할 아량이 없이 단 1인에게 입찰의 수속을 행하였나 하는 것이다.

우리는 군수와 자산면장 사이에 아무 이상도 개재치 않을 것을 믿고자 하는데, 그 처사가 극히 경솔하고 민간의 사정을 전연히 불고(不顧)하여 세금을 징수키 위한 공매보다도 공매키 위한 공매였다는 것과, 더욱 그 낙찰자가 광구의 사정을 숙지하는 면장이었다는 것은 관직을 이용하여 사리를 구하기에 급하지 않았나 하는 것이다.

동 군 사인면 면장은 공금 7천 원을 휴대 도주하였다가 일전에 체포되고, 신창면 면장은 공금 수천 원을 횡령 소비하고 공문서 사문서를 위조한 죄로 지난 7일 평양지방법원 안주지청에서 부심(附審)에 회부되었다. 이것은 그 범죄자의 비리도 비리라 하겠지만 그 감독자의 지위에 있는 군수로서 그 직무에 태만하였다는 것은 변명할 길이 없을 것이다.

도 당국은 마땅히 이 문제의 선후 조처에 있어서 군수의 책임을 물어야 할 것이며, 순천군수는 그 '관직자의 양심'을 발로하여 그 자신이 자결(自決)하고 군민에게 사죄함이 마땅치 않을까.

지급전보 제1호

— 『동광』 28호, 1931. 12 1.

"귀하는 우리 사회에서 활동하는 인사 또는 나서지 않는 인사에게 꼭 한마디 하실 말씀이 없습니까?" 이리하여 들어온 전보가 여러분 앞에 나타나는 이 지급전보 제1호와 그 회전입니다. 아직 회전이 없는 곳은 회전이 들어오는 대로 다음호에 게재하겠습니다.

그리고 지급전보 제2호는 사방으로 들어올 모양이나 이제 널리 독자 제위에게 구합니다. 일반 우리 독자가 듣고 싶어 하는 전보면 지체없이 회전을 아울러 싣기로 합니다. (전보 도착순)

......

최남선[26] 씨

'청춘' 시대로 돌아가심이 어떠하십니까. – 안악 김선량 발(發)

귀하는 갱생하는 자의 뛰는 심장을 가지고 다시금 민중에게로 돌아올 수 없습니까? – 평양 오기영 발

---

26) 최남선(崔南善, 1890-1957) : 문인, 언론인, 사학자. 1908년 잡지 『소년』을 창간했고, 이어서 1913년 잡지 『아이들 보이』, 1914년 잡지 『청춘』을 발간했다. 또한 조선광문회를 창설해 고전을 간행했다. 1919년 3 · 1운동 때 기미독립선언서 기초에 참여, 민족대표 48인 중 한 명으로 체포되었다. 1922년 잡지 『동명』, 1924년 『시대일보』를 창간했으나 곧 사임하였다. 이후 1920년대 말부터는 조선사편찬위원회 촉탁 및 위원, 조선총독부 중추원 참의, 만주 건국대학 교수 등을 거쳤다. 이러한 친일 활동 및 태평양전쟁기 학병지원을 권고하는 강연을 행한 이력으로 해방 후 친일반민족행위자로 기소되었다.

둘에 대한 회전

현재에 허락되는 일을 아직 그대로 하겠습니다. 앞에 일은 말하고 싶지
않습니다.– 최남선

지방논단 : 격리병사 문제

— 평양 일기자,《동아일보》, 1931. 12. 18.

속히 부영(府營)으로 하라

격리병사 부영론(府營論)이 대두한 지 이미 4년. 우리는 누차 부영의 필요 또 시급함을 논하였지만, 오히려 부 당국이 이 문제에 영단(英斷)할 아량을 갖지 못하고 부의원들의 절규를 무시함은 부 당국의 성의를 의심치 않을 수 없다.

18일에 부 회원 10명으로써 조직된 격리병사 경영연구위원회가 부 당국자의 열석 밑에 개최됨을 기회로 우리는 또 한번 부 당국에 한마디를 주지 않을 수 없다.

부 당국의 격리병사 직영론을 항상 도피하는 장소는 도립병원에 위탁하여 경영하는 격리병사와 서성리 보생원의 존재이다. 그리고 이것은 부민의 7할 이상을 점하는 조선인에게는 신통한 혜택이 없음을 알라. 종래부터 누누이 주장하는 바이지만 도립의원의 고가의 입원료, 의사의 관료적 불친절, 의식적 무의식적임을 불문하고 조선인 환자에 대한 의사와 간호부의 차별대우와 경멸, 그 설비의 불완전에 인한 사망률의 다수(8할!), 이것들은 무엇을 함에도 입원료가 과다하기 때문에 입원을 꺼리고, 입원을 꺼리매 은닉자가 다수 있어 당국의 부민 보건대책상에 지장이 되어 있지 않은가.

도립의원 전염병실에 입원한 자 중 조선인은 근 2할에 불과하고, 금년 보생원의 입원만 성홍열(猩紅熱) 환자 51인 중 조선인은 겨우 2인에 불과하고 48명은 일본인이었던 것은 무엇을 말하느냐.

평양 인구의 7할을 점한 조선인이 3할에 불과한 일본인보다 환자도 훨씬 많을 것은 상식으로 판단될 일이지만, 나타난 환자(입원자)가 3할 이하임은 부 당국자의 반성을 촉구할 재료이다. 당국은 말한다. 조선인은 전염병을 은닉하는 악풍이 있다고. 그러나 문화의 정도의 그렇게 함도 한 원인이 아님은 아니나 그 악풍을 지어 놓은 더 큰 원인은 병원시설의 불완전에 있다. 의사와 간호부가 친절 정녕하여 보라. 입원료가 헐해 보라. 사망률이 저하하여 보라. 조선인이 무엇 때문에 병을 숨기랴.

18일 연구위원회에 부 당국이 제안할 안으로서는 (1) 도립의원의 위탁 경영을 현상보다 확장할 것 (2) 보생원을 확장 직영할 것 (3) 격리병사를 신축 직영할 것 등이라 한다.

우리는 여기서 1, 2의 제안을 거절하고 3의 신축 직영의 즉시 단행을 주장한다. 당국은 언필칭 긴축과 재원난에 회피하나, 격리병사를 직영할 때 모든 시설을 완전 또 민중화하더라도 연 경비로 부가 지출할 것은 2만 1천 원을 넘지 않는다고 하니, 13만 5천의 인구가 매년 9전 씩의 부담이다.

우리는 평양부민이 부민의 안심할 보건책을 위하여 전염병을 구축하되 연 9전의 부담을 거부하지 않음을, 아니 연래로 이것을 요구하고 있음을 거듭 부 당국에 말하는 바다.

모르지만은 조선인이 환자를 은닉하지 않고 전부가 입원한다 하면 병원의 협소와 증축 직영의 필요는 벌써 실현되어가지고 증명될 것이 아닌가. 어찌 당국의 성의를 의심치 않으랴.

경영연구위원회의 결정이 신축 직영할 것은 이미 명료한데 이에 부 당국의 결단을 재촉하는 바이다.

격리병사를 신축 직영하라. 입원료를 감하하여 민중화하고 전문 의사와 간호부를 배치하고 성의 있는 치료에 당하라. 환자의 차별대우를 철폐하라.

매음제도론 : 기생제도 철폐 제 의견을 검토함

— 『동광』, 29호, 1931. 12. 27.

1. 서언 삼아서

나는 먼저 이 글을 쓰는 동기를 설명할 필요를 느낀다. 『동광』 전월호는 「성(性)문제 특집」이란 광고 나팔을 불면서 「문제토의 2」에 기생제도 철폐에 대한 제씨의 고견을 발표하였다. 그리고 한청산 씨의 「기생철폐론」은 '기생타도만세!'로써 결론하였다. 전차 탄 시간을 이용하여 흥미삼아 이것을 읽어보던 필자는 여유 있는 시간으로 재삼 정독할 필요를 느꼈으나, 원래 누구의 의견을 반박해 본 일이 없고, 둘째로 이러한 문제에 평소 아무런 관심도 가져 본 일이 없던 필자는 구태여 불복(不服)되는 몇 가지 점을 논할 흥미까지는 가지지 않았다. 그러나 기생제도 철폐 의견을 말씀한 14인 중 교육가가 4인, 그중 3인이, 또 여자 4인 중 3인이 문제의 정시(正視)를 회피한 것은 나에게 이 글을 쓸 흥미를 도발하였다.

賣淫制度論

—妓生制度撤廢諸意見을 檢討함—

吳基永

왜냐하면 기생과 동성의 입장에 있는 이들이, 또 장래의 건전한 사회를 위하여 교육자의 책임을 가진 이들의 그 4분의 3 이상이 이 문제의 정시(正視)를 회피하고, 도연(徒然)히 이들을 사회적 해독물이라 하여 증오와 천대로써만 대한다 하면 이것은 적지 않은 문제이기 때문이다. 더구나 그 제도의 철폐에서는 14인 전부가 찬성을 외쳤으나 그 본질을 구명하여 자본주의 경제 조직을 비판치 않고, 이 사회 조직 아래서도 기생되는 그 자신과 기생을 따르는 남성의 양심에 호소함으로써 넉넉히 이 제도를 철폐할 수 있을 것처럼 의견을 발표한 이가 응답자 14인 중 8인이나 된다는 것은 한심한 일이다.

특히 기생철폐의 구체적 방법론을 개진한 한청산 씨는 방법 2에 기생불허가, 3에 기생 보이콧, 4에 동 부인 연회 장려를 역설하고 그 비슷한 묘안으로 남녀 교제 구락부, 사교댄스 유행 장려, 대중소학 남녀공학제 실시 등등을 들고, 더욱 허리 못 펼 일은 "남녀 간 야간 산보에 혼자 다니는 것을 경찰법으로 금하고, 오후 9시 이후 거리에 혼자 다니는 남녀는 다 일주일 이상 구류에 처할 것이다."라는 것이다.

만일 한청산 씨가 하룻밤 꿈을 잘 꾸어 세계의 독재자가 된다면, 지구상의 모든 남녀 학생은 '야간 단독 산보 자유권 획득'이란 슬로건을 걸고 단연 동맹휴학을 단행할 것임에 틀림없다. 기생 보이콧 운동은 문제도 안 되고, 이제 한번 그럴 재주가 있다 할 때에 우리는 그 모든 실업 추부(醜婦)(광범위의)를 일시에 생매(生埋)치 못할진대 "밥을 달라! 그 대신 그대는 잠시 내 정조를 희롱하라."는 요구가 폭발할 현실 문제에 귀견은 어떠한가! 또 하나는 남녀 교제의 구체적 방법에 있어서 이일 씨는 말하길 일정 이상 거리를 두고 마주 앉고 설 것이라 하였으니, 이것도 필자로서는 이해하기에 곤란한 고견이다.

"한 씨나 이 씨나 다 일종의 만담이라네. 그것을 자네가 공연히 고지식하게 보려고 하니깐 못 쓰는 거야!" 그럴 듯하다. 그러나 이것은 안 하여도 이 사회조직의 결함을 폭로할 여지를 가질지언정 이것을 농담 삼아 지껄이고 말 것은 못 된다.

이상의 몇 가지 점이 나로 하여금 평소의 관심을 가진 바 없는 매음제도를 논하게 하는 동기다. 내가 말썽삼은 것은 예의 기생제도 철폐의 의견이었으나, 구태여 옹색하게 그럴 것이 아닌 듯 싶어 매음제도 전체의 본질적 구명을 시험하고자 한다.

2. 매음의 본질적 구명

A. 매음의 기원

매음의 역사는 오래다. 멀리 기원 500년 전 바빌로니아의 모든 여자는 신전 앞에서 그 의상에 새전(賽錢)을 넣는 최초의 남자에게 정조를 제공하였다고 한다. 그리고 이것보다 훨씬 고대에 나무 아래에서 신성한 매음이 행하여졌다고도 한다. 그리고 이것은 모두 성적 무지로 생식력을 신비롭게 알던 민족적 관습 또는 일종의 미신행위인 종교적 매음이었다. '금전적 보수를 얻고자 무한정의 고객(남성)에게 일시적 성적 쾌락을 주는 근로'인 오늘날의 매음과는 본질상 엄연한 차이가 있는 동시에, 고대의 소위 종교적 매음은 하등 경제적 조건이 따르지 않는 점에서 진정한 매음이 아니다.

B. 정조의 상품화

매음제도가 오늘날의 형태를 갖추기에는 시간적으로는 문명의 발달, 공간적으로는 자본주의의 성장에 원인하였다. 자본주의 경제 조직의 확립은 이 지구상에 서식하는 인류를 유산 무산의 양 계급으로 대립케 하였다. 전자는 화폐의 소유자요, 후자는 노동력의 소유자다. 그리고 상품생산으로 그 특징을 삼는 자본주의 경제 조직은 무산계급의 노동력을 상품화하는 동시에, 여자는 화폐로 환산되고 그 정조를 상품화하였다. 매음부에게 있어서 그 정조는 노인이거나 소년이거나 기혼자이거나 미혼자이거나를 불문하고 값만 지불하면 그 정조를 제공할 수 있다. 여기에는 터럭만한 수치심이라든가 애정의 발로가 없다. 왜? 이것은 사랑의 발작으로 그 상대에게 바치는 최후의 신성한 선물이 아니라, 그 생존권을 유지하려는 근로에 불과하기 때문에.

3. 매음제도 발생의 필연성

A. 생활난과 정조

산업혁명 이래로 발달되는 기계는 공장에서 남자를 몰아내고 유약한 부녀와 유년의 노동을 강요한다.

자본계급은 기계의 발명 이후로 값싼 부녀와 유년의 노동력을 구입함으로써 더 많은 부를 축적할 수 있는 까닭이다. 가정에는 '남편'이 들어 앉아 어린애 똥을 치우고, 공장에는 최악의 조건 하에 부녀가 노동한다. 이들은 우선, 해고의 위험 때문에 고용주 또는 그 주구에게 정조를 무료 제공치 않으면 안 된다. 상인의 경품 부대매출과 이것을 비교하면 전자는 자발적으로 자신의 이익을 더하기 위한 적극적 행위이요, 후자는 피동적(협박적)으로 손해(기아)를 방지하기 위한 소극적 행위임에 차이가 있을 뿐이다. 때로는 이것이 실업한 남편의 양해 하에서 행해진다. 혹은 이것이 극히 적은 부분의 예라 할지 모르나, 여기서 주의할 것은 기아에 직면하여 정조관념 같은 것은 문제가 되지 않는 것을 볼 수 있음이다. 남편의 비교적 고가(?)의 임금으로서도 생활난에 쪼들리는 노동자의 가정에서, 그 주부가 실업한 남편을 대신하여 싼 값의 임금으로 취업할 때 그 생활난의 심각화는 차라리 당연하다. 싼 값의 노동, 불유쾌한 작업, 이것을 도피하려 할 때에 그 여자에게 있어서 정조의 상품화가 수입상 가장 효과적이다. 하물며 여기는 천박할망정 일견에 미려한 의복과 싼 값일망정 그 얼굴을 장식하는 여자의 선천적으로 타고난 화장에 대한 선망을 달할 수 있음에랴. 그리고 또 한쪽에 기아, 고아, 빈민굴의 소녀 등이 있다. 이들은 어려서부터 아무 교양도 받지 못하고 갖은 악덕 속에서 자라면서 사춘기 전부터 남자와 접하게 된다. 이들은 자라서는 매음의 직업을 가지는 것이 하나의 이상이다.

B. 빈궁과 매음

우리는 이상에서 빈민계급의 부녀에게 정조관념의 소멸을 강제하는 점을 보았다. 여기서 이들은 한 가지 지름길을 발견하였다. 빈민인 자 딸을 가졌거든 곧 이것을 법률이 허하는 범위에서(혹은 그 이외로) 수입상 가장 효과적인 매음부를 만드는 것이다.

이것은 아무 기술과 학문도 필요하지 않고, 아무 때나 그 육체만 제공함으로써 공장 등의 노동생활보다 많은 수입을 얻을 수 있다. 여기서 다소 밑천이 있는 자는 3, 4년 '기생학교'를 다니고 그 졸업장을 들고 나와 고급 매음자가 될 수 있고, 그렇지 못한 자는 유곽과 주점에 팔리고 또는 밀매음이 된다. 뒷장에 상술할 기회가 있겠지만, 이들이라고 나면서부터 매음부는 아니다. 이들도 부자의 가정에서 태어나서 고등교육을 받고 상류가정의 행복한 주부가 되는 자와 아무런 다름이 없다. 오직 전자는 자본주의제도의 결함에 희생된 자요, 후자는 자본주의의 모순된 혜택을 받은 자일 뿐이다.

C. 빈궁과 결혼난

정조가 상품화하였으니 그 수요자가 있을 것은 물론이다. 이것은 두 가지로 나눌 것이니, 먼저 매음부가 되는 똑같은 경제적 이유로 매음자가 있게 됨을 고찰하자.

산업혁명 이후 도시는 공업의 발달과 함께 청소년이 집중되었다. 이들은 노동하기 위한 빈민이다. 이들의 대다수가 결혼할 자본력이 없는 자와 처자를 농촌에 남겨둔 독신자임은 물론이다. 많지 못한 수입으로 혹은 실업으로 생활을 지탱하지 못할 이들이 결혼은 꿈도 못 꿀 일이다.

자본주의 확립 후 결혼율이 해마다 저하하여 온 것은 조혼 방지에 반하여 만혼의 성행도 그 한 이유이지만, 중산계급 이하의 결혼율이 현저히 저하하는 것은 확실히 생활난의 한 증거이다.

이들 사춘기 이후 10년 내지 15년을 경과하도록 따뜻한 가정을 갖지 못한 자와 전혀 그 희망을 포기하지 않을 수 없는 이들이 그 무리한 금욕생활의 강제를 감수만 할 수는 없을 것이다. 일시적으로 적은 돈으로써 폭발할 듯한 성욕의 만족을 구함은 당연한 일이다.

D. 유산계급의 성교 유희

많은 독신자가 결혼난으로 금욕생활을 강제받고 일시적 매음 행동에 의하여 겨우 만족을 삼는 일면에는, 화폐의 위력을 빌려 하는 부르주아지의 변태성욕적 성교 유희가 있다. 그들은 그 정력이 허락하는 범위에서는 얼마든지 여자에게서 여자에게로 향락을 구한다. 이들은 다만 축첩과 공연한 매음부에게만 만족할 양심의 소유자가 아니다. 그들은 양가(良家)의 부녀를 간통하고 학교에 적을 둔 여학생의 뱃속에 불륜의 종자를 뿌리며, 수단이 닿는 데까지 순결한 여자의 유인과 그 정조유린에 주저치 않는다.

신문의 3면은 하루 같이 정조유린, 위자료 청구의 소송, 부녀 유인의 고소 등등 그 일폭(一幅)을 증명하지 않느냐.

이것은 이들의 독수에 걸려 타락하는 여자의 '부분적 발악'에 불과하다.

4. 매음녀의 환경

A. 창부와 창부형

매음부는 선천적으로 그 육체와 정신에 매음부될 원형적 특질을 타고났다고 일부의 병리학자는 말한다. 그러나 이것은 단연 억설이다. 혹 100분의 1 이하의 예가 없지 않을 것이다. 그러나 100분의 99 이상은 창부 생활의 결과로 후천적 퇴화작용을 일으킨 변태에 지나지 않는다. 예를 들면 음주의 습관, 값싼 화장, 성병 등은 여자 본래의 아름다움을 퇴화케 하고 그 목소리는 남성과 같아지는 것 등이다.

선천적으로 창부형을 타고난다는 것을 법칙화하려는 것은 결국 이 자본주의 제도의 중대한 결함의 한 표현을 분칠하려는 것에 지나지 않는다.

B. 매음부가 되기까지

우리는 이상에서 생활난을 도피하고자 매음굴의 철조망을 뛰어넘는 대다수의 매음녀를 보았다.

1904년 서전(瑞典; 스웨덴) 한 도시에서 창기 2,300명을 조사한 결과에 의하면 그 8할 9푼이 노동자의 자식이었다고 한다.

대판 난파원(難波院)에서 창기 지원자 809명을 조사한 결과 그중 단 4명이 본인의 희망이라 말하였고, 그 나머지 9할 9푼 이상의 805명은 본인의사에 반하여 빚, 가계 곤란, 실업 등이 원인이었다고 한다. 시간관계로 조사하지 못하여 조선의 예를 들지 못하나 원칙상 차이 없을 것은 물론이다.

모든 도덕가, 종교가, 선남선녀들의 천대와 멸시를 받는 이들 매음부도 어미의 뱃속에서는 도덕가, 종교가와 아무 차이가 없었던 것이다. 나고 보니 세상은 공평하지 못하여, 그는 정조를 상품화하지 않으면 굶어죽음과 자살의 자유가 있었을 뿐이다. 이들이 가정의 파괴자임은 물론이다. 그래서 행복한 주부의 원망과 미움을 받을 뿐인가. 사실상 가정에서 주부는 성적 기아에 허덕이는 예도 적지 않다. 그러나 이 모든 것의 한 가지도 창부 그 자신에게는 죄가 없다.

가정의 주부여! 그대는 그대의 남편을 빼앗는 매음부를 구적시(仇敵視)하지 말고, 그대의 남편이 매음할 재력이 있음과 자본주의의 가식적 일부일처제 그리고 그 말세의 향락사상을 미워하라. 그러나 행복한 주부님들은 잠시 이 원망과 미움과 비애를 보류하여야 한다. 왜? 그대는 자본주의의 모순된 혜택을 받았기 때문에 그대가 행복한 주부가 되는 이면에는 많은 창부가 먹기 위하여 정조 방매를 강제 당하고 있지 않은가?

C. 효행관념의 오류

우리는 또 한 가지 간과 못할 사실이 있다. 효행관념의 오류가 그것이다. 부모의 채무 때문에, 죽음에 직면한 부모의 약값 때문에, 부모의 생활난 때문에 이들은 다만 효녀라는 명예에 취하여, 남의 자식된 것만 생각하고 남과 같은 사람인 것을 생각하지 않아 그 인권을 포기하고 제 몸을 방매한다. 한편에는 또 빈궁을 면하려는 악덕부모에게 강제적으로 방매를 당하는 경우가 있다. 전자의 자발적 결의나 후자의 강제적 행위나 부모를 위하여 몸을 팔아도 좋다는 점에는 일치한다.

여기 와서다. 매음제도를 개탄하는 도덕가, 종교가도 일부분 책임을 지지 않으면 안 된다. 왜? 그들은 도연히 '자식으로서' 효행만을 강조하고 '사람으로서' 인권의 존중을 무시하였기 때문이다. 이것은 우리가 의식적 구체적으로 그렇게 한 것이 아니라고 도덕가, 종교가는 항의할 것이다. 그러나 나는 그런 항의를 들어줄 자비를 갖지 않으려 한다. 이들이 가진 효행관념 그것이 독창적이 아니라 전통적 인습적인 도덕가, 종교가의 방법을 한정치 않은(자식의 인권을 무시한) 효행을 강조하였기 때문이다. 용궁이 없는 줄 아는 현대의 '심청'이 갈 길은 매음굴뿐이다. 그들을 안아 줄 것은 연꽃이 아니라 그 정조를 희롱하려는 성적 사냥꾼과 성적 기아군이다.

5. 결론

나는 이상에서 오늘날의 매음제도는 자본주의의 동반자이므로 그리고 그 경제적 조직의 결함이 필연적으로 매음자와 그 수요자를 발생케 한 것을 지적한 줄 생각한다. 결론은 간단하다. 그러나 나는 여기서 잠시 모든 도덕가, 종교가, 그리고 가정의 주부,『동광』전월호에 기생제도철폐를 단연 주장하신 교육가, 법률가 그리고 부녀 여러분의 그 철폐의 주장을 비판하려 한다. 매음제도(기생제도는 여기에 한 파생이다)가 가정의 파괴자인 것은 필자도 인정한다. 그리고 그 철폐를 쌍수를 들어 찬성하는 자다. 그러나 요는 이 제도를 발생케 한 자본주의 경제 조직을 비판함이 없이, 다만 매음부 되는 자와 그를 따르는 매음자의 양심에 호소함으로써 이 경제 조직 아래서도 매음제도를 박멸할 수 있는 줄 아는 것은 그 무식을 폭로하는 것뿐이다.

이들은 소위 부르주아지의 변태성욕적 유희만을 보는 데서 이런 오류를 범하는 듯싶다. 그러나 이것도 비판할 여지가 있다. 제3기의 자본주의 사회는 말초신경을 흥분시키는 퇴폐적 향락사상 '에로', '그로'로써 한 특징을 삼는다.

우리는 선진 자본주의 국가의 성적 난무와 후진 자본주의 국가의 그 급속도적 수입을 볼 때에 명료하다. 먹을 것이 있고 쓸 것이 있고 할 수 있는 데까지의 모든 취미에 싫증난 이들의 최후적 자극제가 성적 유희다. 이들에게서 모든 재산을 없게 하기 전에는 도덕가, 종교가의 개탄과 '입덕(入德)'은 한 푼어치의 효과도 없이 이들은 더욱더 괴기한 성적 유희를 목표로 달음질할 것이다.

그러나 결혼난으로 성의 기아군이 성적 유희군의 몇 십배 다수인 것을 보았고, 비록 부르주아지의 성적 유희는 근절된다 할지라도 반드시 한 남자는 한 여자를 아내로 삼을 수 있는 세상이 오기 전까지는, 이들 기아군을 위해서 필자는 매음제도의 존속을 주장할 수밖에 없다. 하물며 정조를 방매치 않고는 아사와 자살의 자유밖에 없는 이들을, 평화한 가정의 주부여!

아직도 동정할 자비가 없는가.

요는 이 지구상에서 '편벽된 부와 빈궁'을 천국으로 올려 쫓는 것밖에는 타도가 없다. 자본주의 제도가 붕괴되는 전야까지는 이 매음제도의 철폐는 보류치 않을 수 없다는 것이 이 글의 결론이다.

'굿'을 묵인함은 민의를 존중함인가? :
평남도 평의원 제위에 일언

—《동아일보》, 1932. 2. 19.

　제12회 평남도 평의회 석상에서 등원(藤原) 지사는 휴식시간을 내어 비공식으로 '굿' 금지에 대하여 의원의 의견을 물은 바 있었다.

　결과로 (1) 굿을 금지함은 인민의 원망을 살 염려가 있다는 것, (2) 무당들이 실업하게 될 것, (3) 인민이 자각하면 자연 폐지될 것이라는 대체의 의견이 종합되었다. 그래서 항상 굿을 금지하고 싶으나 인민의 원망을 살까 염려하여 묵인한다는 당국자의 평계를 더욱 근거 깊게 해 주었다.

　당국자 중 항상 굿을 묵인해야 된다는 주장을 가진 유 참여관은 노안에 애교를 띠고 '보소서' 하는 듯이 의장석의 젊은 지사를 쳐다보고, 등원 지사도 지극히 만족한 모양이었었다. 이런 때마다 당국자는 민의 창달의 금간판을 내걸기 때문에 나는 이 문제에 대한 동 평의원들의 지론이 정당한 민의가 되지 못함을 지적하고자 한다.

　굿을 장려까지는 못하더라도 금지는 안될 말이라고 분연히 선두에 나섰던 윤영선 씨는 매년 4회씩 집에서 '큰굿'을 하는 이로써, 아마도 굿 금지를 찬성하면 '자동차고 대감(自動車庫大監)'의 분노를 사서 영업이 부진할까 걱정한 탓이다. 공동묘지 설정 당시의 예를 들어 공식, 비공식을 불문하고 도평의회로서는 이런 문제 결정에 관한 책임을 질 수 없다는 오승은 씨의 지나치게 영리한 태도와, 지사가 가장 존중하게 배청한 정관조[27] 옹의 인민이 자각하면 자연 폐지될 것이요 졸지에 이를 금하면 수백 명 무당이 실업할 것이라는 말 등이 모두 얼마나 진정한 민의를 떠나서 함부로 한 말인가를 검토하고 싶다.

굿은 사내(寺內)[28] 총독 당시에 적극적으로 탄압한 바 있었다. 그러던 것이 기미운동 이후로 탄압이 완화되어 지금은 쓰러져 가는 조선의 죽을 날이나 재촉하는 듯한 갓 쓴 여편네의 요망스러운 춤을 백주대로에서 볼 뿐인가, 밤을 새어 꿍땅거리는 요란한 소리는 동네 사람의 편안한 잠을 방해하고 있다. 이렇게 된 이유는 문화정치의 간판을 이마에 걸고 건너온 재등(齋藤)[29] 총독의 손에서 사내(寺內) 시대의 굿 금지가 얼마나 인민의 원망을 샀고, 나아가서는 기미운동 폭발의 한 원인으로까지 해석한 것에 있다.

월슨의 민족자결주의가 조선 기미운동의 다이너마이트가 된 것이요, 굿을 탄압함으로서의 인민의 원망은 이 운동과 터럭 한 끝의 관련도 없음은 다시 논할 바가 아니다. 대체 굿과 같은 야만의 풍속까지도 민의를 존중하여 금지하지 않는 당국자의 밑에 있는 조선 민중은 얼마나 정당한 언론과

---

27) 정관조(鄭觀朝, 1860-?) : 대한제국의 군인, 일제 강점기 관료. 1880년 무과에 합격하였고, 일제의 한국병합 이후 평양 유지로서 네 차례 평안남도 관선 도평의회원 역임. 조선총독부 중추원 참의를 역임했다. 친일반민족행위진상규명위원회가 발표한 친일반민족행위 705인 명단에 포함되었다.

28) 데라우치 마사다케(寺內正毅, 1852-1919) : 일본의 군인. 야마구치(山口) 출신으로 1901년 육군대신을 거쳐 1910년 제3대 조선통감으로 부임했다. 일제의 한국 병합 이후 초대 조선 총독이 되어 '무단통치'를 펼쳤다. 1916년 일본 총리가 되었으나 1918년 일어난 일본의 쌀파동으로 실각하였다.

29) 사이토 마코토(齋藤實, 1858-1936) : 일본의 군인. 해군대신을 역임하고 1919년 3 · 1운동 직후 제3대 조선 총독으로 취임하여, 소위 '문화통치'를 시행하고 최장수 조선 총독을 역임했다. 조선 통치의 실적을 인정받아 1932년 일본 총리에 취임하였다. 1936년 육군 청년 장교들이 일으킨 쿠데타인 2 · 26사건 때 피살되었다.

집회의 자유가 봉쇄되어 있으며, 민중의 앞에 내걸었던 민의 창달의 간판은 이미 퇴색하여 다시금 새로운 단청을 요구하고 있는가.

당국자는 말한다. 굿은 무지한 부녀계급에서만 성행하는 것이 아니라 상당한 지식계급의 가정에서도 행하고 있다고. 그리고 민간단체의 구 박멸운동은 실패가 아니냐고. 그렇다, 사실이다. 그러나 이것은 그대로 간과할 사실이 아니다. 아무리 지식계급에 속한 사람일지라도 그것이 공연히 행해지는 오늘날에 죽음을 지척에 둔 가족을 위하여 가정에서 부녀가 굿을 강요할 때, '병자가 죽는 날, 원망을 살까'하여 부득이 묵인하여 버리는 것이다. 만일 이것이 경찰법으로서 금지되어 있다면, 조선 민중의 영도적 입장에 있는 모든 지식계급은 이 금지령에 등을 지고 넉넉히 그 근절에 성공할 수 있을 것이다.

여기 와서 인민의 원망을 꺼린다고 당국자는 말한다. 그러나 내가 여기서 단언코자 하는 것은 굿을 금지하는 것에 원망을 품는 자가 있다면 오직 무지한 부녀계급일 것이요, 지식 있는 남녀는 여기에 쌍수를 들어 찬성할 것이다. 그러면 세계 역사를 통해 지식분자를 떠나서 일부의 무지한 부녀만이 반항운동을 한 일이 있던가.

하물며 이것은 빈한한 부녀들은 굿 한번 못해 보고 가족을 죽일 수 없다고 빚을 지면서 굿을 하는 폐해를 바로잡음과, 빚도 못 얻어 그대로 일생을 뼈에 저린 원통함을 가질 사람에게 이 금지령은 얼마나 유용하랴.

백보 양보하여 당국자가 겁내는 바와 같이 굿의 금지가 인민의 원망을 산다고 하자. 그러나 요따위 원망은 오늘날 조선 민중이 호소하지 않을 수 없는 모든 다른 아픔에 비하여 문제도 안 되는 것이다.

이러한 이유 아래 나는 도 평의원 여러분들이 나아가 굿 금지의 건의는 못할지언정 당국에 묵인의 구실을 준 것을 공격하지 않을 수 없다. 굿 반대를 표명하라는 예수교 신자 의원에게 재주 있게 함구령을 내리면서까지 무지한 부녀계급의 원망을 살 것을 두려워한 오숭은 씨는 일반 지식계급에게 코웃음을 샀음을 깨닫지 못하는가.

굿 찬성의 지론자요, 충실한 실천자인 윤영선 씨의 이야기는 구태여 문제시함을 창피하게 여긴다. 무당의 실업을 걱정하는 정관조 옹이 오늘날 모든 청년 남녀의 실업 홍수를 못 보는 것은 노안인 탓이었던가. 과연 인민 전부가 자각하여 굿이 자연 폐지될 날이 있을 줄 아는가.

더 길게 쓰지 않겠다. 나는 여기서 도의원 여러분의 지론이 민의에 근거하지 않음을 강조하는 동시에, 굿이야말로 단연히 박멸할 나쁜 풍속인 것을 말하는 것이다. 그리고 이것은 어느 날이나 집권자가 일부의 원망을 각오하고 금지하는 수단에 의지하지 않고는 근절될 날이 없음을 굳게 말해 두는 바이다.

도시의 행진곡 : 평양 제1진

— 무호정인, 『신동아』 2권 5호, 1932. 5. 1.

평양을 가로되 관서의 웅도(雄都), 미의
도시, 역사의 도시, 상공의 도시, 종교의 도
시, 유흥의 도시, 축구의 도시, 냉면의 도
시, 범죄의 도시…. 허허, 서투른 솜씨에 이
렇게 약장사 본을 뜨다가는 숨도 차고 밑천
도 잘리겠다.

평양행진곡. 무엇을 쓰면 평양행진곡이
될지 나는 원래 잘 모르겠지만 그래도 자꾸
쓰라고 하니 성화가 아닌가.

쓰기는 쓸 테다. 그러나 나는 미리 말해
둘 것이 있다. 그것은 지금 내가 든 붓대가
결코 점잖게만은 돌아갈 수 없다는 것이다.
그렇다고 억지로 못된 수작만 쓰려는 것도
아니다. 나는 평양이란 미인의 코가 얄밉게
생긴 것을 꼬집어보는 동시에, 그 눈이 서
글서글하게 잘생긴 것도 탄상(嘆賞)할 용의
를 가졌다는 말이다.

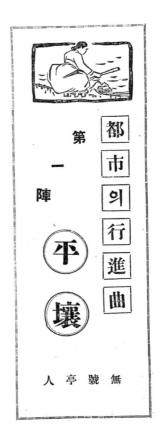

都市의行進曲

第一陣

平壤

無號亭人

공업도시 평양

공업도시로서의 평양. 이것은 최근 십 수 년래에 얻은 이름이다. 조선이 외래 자벌(資閥)의 신무대가 된 후, 토착 부르주아지의 발흥과 함께 대동강의 물이 있고 무진장의 연료가 있는 관서의 웅도는 공업도시화한 것이다.

1915년부터 1924년까지 전 조선의 공장이 4배의 증가를 보였다는데 평양만은 8배의 증가를 보였다. 그 생산액에 있어서 전 조선의 평균 6배의 증가인데 평양만은 30배의 증가를 보여 공업도시의 면목을 나타내었다. 직공과 공장의 증가율에 비하여 투자액과 생산액의 증가가 현저한 고율임은 공업의 기계화를 말하는 것이다.

평양은 이렇게 발전하고 있다. 평양 조선인 공업의 특기할 만한 양말공업. 이것은 일반 가정의 수공업에서 발달하였다.

아직도 그 잔재가 남아 있어 관방(貫傍) 속에서 노유(老幼)의 손에 딸각거리는 수직(手織) 기계를 우리는 보지만, 이런 종류의 수직기 4천여 대가 10여 개 공장에 비치된 자동 기계 300여 대에게 몰락된 것은 가장 합리화한 사실에 속하는 것이다. 그 판로의 흡수됨과 결국에 가내공업으로서의 양말 생산자 전부가 이제는 10여 개 양말공장에 예속된 임금 노동자화한 것은 자본주의 발흥기의 도제의 고민을 말하는 것이다.

고무공업. 이것이 양말공업에 버금가는 것이다. 5만 원 투자가 연 10할의 배당을 해먹고, 공장은 50만 원짜리로 살이 쪘다. 이래서 평양에서는 망령 들린 영감이라도 고무공장을 차리자면 토지 문서를 주저 없이 내어댄다.

이제 와서 평양으로서는 고무공업에만 자금이 편중된 것은 불무(不誣)할 사실이지만, 그래도 돈을 내면 고무공장만 해먹겠다니 딱하지 않은가. 대

평양의 건설은 공업의 발달에 의하여야 할 것이다. 10년 대한(大旱)이라도 대동강 물이 걱정 없고, 아무리 광학자의 기우로도 연료의 부족을 염려치 않는데 아직도 평양에 적합한 공업은 부지기수이다. 연와(練瓦) 공업도 좋고 부힐(缶詰) 공업도 좋을 것이다.

아침 6시만 되면 각 공장 수백 개의 사이렌이 운다. 노동자들의 하루 일이 시작되는 것이다. 그 웅장한 기계소리. 이것이 곧 평양의 심장이 뛰는 소리다. 그러나 젖을 얻어 먹으려 공장까지 업혀 와서 아직 작업 중에 있는 어미를 그리워 우는 어린애의 울음, 누가 기계의 소음에 섞여 나오는 이 변주곡에 귀를 기울였던가.

평양의 냉면이 명물의 하나다. 그러나 누가 냉면옥 노동자가 일 19시간 내지 20시간 노동을 한다는 세계 무류(無類)의 사실을 캐어 보았던가. 평양은 평양이다. 헤이조(ヘイジョウ)가 아니란 말이다. 이것은 1일 조선인의 상공업의 발달이 건전함을 가리킴이다. 그러나 이들 기업가들이 왜 노동자가 동맹파업을 하지 않고는 못 견디는 이유를 캐어 보려 했던가. 민족주의의 근거지 평양, 이 평양의 기업가들이 '동포 노동자'가 어찌하여 '동포의 기업'에 파업으로써 성화를 먹이는지 알아보려 했던가.

민족주의 중진(?)

최근에 평양을 세계에 소개한 것은 중국인 학살 사건과 조은지점 78만 원 도난사건이다. 78만 원 사건은 평양제 '카포네'의 한때 장난으로 막을 닫았으며, 이것은 흥미 있는 기억거리에 속하지만 민족주의의 근거지 평양에서 백주에 피 다른 민족의 부녀와 유아의 맞아 죽은 시체가 거리에 산재하고, 그 흐른 피가 아름다움의 도시를 살인지옥화한 것은 어떤 말거리가 되는 것인가.

혹은 말하고 분개한다! ××의 입회 하에 살인극이 공공연히 연출된 것을. 무뢰한들이 민족의식을 오용하였으므로. ××에 ××자가 있었으므로 등등….

그러나 어느 민족주의자 한 사람이라도 그 폭도 앞에서 생명을 내놓고 그 무모한 폭동을 제지하였는가. 혹은 변명하리라. 흥분한 군중이 듣지 않았으리라고. 그러나 우리는 간디의 명령에 모든 피차에 구적시(仇敵視)하던 계급을 초월하여 5천여 명이 한 장소에 회식하는 인도의 민중을 본다. 요는 민중을 거느릴 힘의 소유자가 있느냐 하는 것이 문제다.

평양에서 18대 13으로 신간회 해소에 민족주의자가 패배한 것은 무엇을 말하나. 하물며 그날은 민족적 단일당이라던 신간회의 해소 비해소를 결정하려는 회의장인 백선행 기념관 상층 음악회로 가려고 빠진 민족주의자가 얼마나 많았던가. 그래서 겨우 18대 13으로 패배하지 않았던가. 나는 신간회 해소의 가부를 캐고자 않지만, 민족주의의 근거지 평양에서 민족주의자들의 민중을 끌고 나갈 역량의 감퇴를 주목할 뿐이다.

그는 그렇다 하면서도 그래도 조선 사람의 산 의식이 나타나는 것은 평양뿐이다. 평양은 아직 조선인의 평양이다.

조만식과 평양 사회

조만식. 그는 평양이 낳은 근대 조선의 인물이다. 그에게 우리는 위인의 존경을 바치기를 주저할 수 없다.

그러나 슬프다. 그 무명옷 속에 쌓여 있는 그의 인격이 과연 얼마나 민중의 핏속에 스며들었으며, 그의 온정주의와 인도주의가 돈만 아는 돼지들에게 무슨 찔림을 주었는가.

선생의 머리털도 차차 희어 간다. 그러나 그의 머릿속에 늙을 줄을 모르는 민중을 사랑하는 마음, ××를 사랑하는 마음은 어느 때나 펴 볼 것인가.

굵은 돗자리를 간 너절한 기독청년회관 한구석에 쪼그리고 앉아 있는 이 위인에게는 언제나 때가 오려는가.

'물산장려운동'. 값싸고 좋은 외래 상품에 값비싸고 쓸모 적은 조선 물산을 가지고 도전한다는 것은 대포와 활의 싸움과 같다. 그러나 이 운동이 꾸준히 진행되는 곳도 평양뿐이다.

음력 정월 1일이면 조선 물산의 애용선전 행렬대가 평양성 안을 행군한다.

올해 행렬에 총참모 조만식 씨 가로되 "이 물산애용의 깃대를 메는 것은 총과 대포를 메고 가는 것보다 우리에게는 영광이요 기쁨이라."고.

이 모든 것이 다 평양은 살았다는 증거다. 그리고 평양의 민중은 장차 이 조만식 스승을 모시고 어디로 나아가려는지, 선생은 이 민중을 끌고 어디로 나가려는지. 내가 선생께 외람되이 묻고 싶은 것이요, 선생님 죽음으로써 선생을 따르려는 사람을 얼마나 마련해두셨는가 함이다. 문제는 여기 있는 까닭이다.

이 강산과 이 예술가

대동강은 좋다. 그 가을 하늘처럼 맑고 푸름과 아담한 모란봉, 기림리의 송림, 어느 것 하나 시가 아니요 그림이 아닌 것이 없다.

시인 주요한[30]을, 화가 김관호를, 피아니스트 김영환을 길러내고 청년 조각가 문석오를 낳고 죽었지만 윤심덕의 노래와 계정식의 바이올린으로 세계 악단을 도취시킴이 우연한 일은 아니다. 그러나 시인 주요한은 흘러 내리는 푸른 물과 그 위에 빗긴 맑은 가을달만을 노래하지 않고 대동강은 평양 사람의 유일한 자살장인 것을, 기림리의 송림이 좋기는 좋지만 때마 다 소나무에 매달린 목매죽은 송장의 조시(弔詩)를 읊어본 일이 있는가.

그렇다. 대동강은 좋다. 그러나 그것은 또 얼마나 많은 생명을 집어삼켰 는가. 기림리의 송림은 얼마나 많은 인명의 교살 도구가 되었던가.

그림과 같이 곱고 아름다운 평양의 경치는 달 빗긴 밤 사랑하는 애인을 붙들고 젊음을 노래하기에 더없는 곳이다. 그러나 평양아, 네 자랑 삼는 아 름다운 경치는 얼마나 많은 추부(醜婦)와 추남(醜男)에게 구역나는 야합의 장소가 되었더냐.

진남포에 미두 취인소가 생겼다. 평양의 요리장수와 기생 아씨들이 목 을 늘이고 기다리던 소식이다. 돈 딴 놈은 좋은 김에 잃은 놈은 홧김에 평 양이라 대동강에 배 띄우고 한 잔 먹을 판이다.

그러나 세상이란 요렇게 옹색한 것이 아니다. 대동강은 이들 좋은 놈, 화 난 놈의 놀잇배만 태울 수 있느냐, 파산한 놈의 몸뚱이도 좀 집어먹어야 될

---

30) 주요한(朱耀翰, 1900-1979) : 시인. 언론인. 평양 출신으로 일본 유학 후 1919년 산문시 「불놀이」 로 등단했다. 1919년 상해 대한민국임시정부 독립신문의 편집을 맡았다. 귀국하여 1926년 발간된 수양동우회의 기관지 『동광』의 편집인을 지냈으며, 1927년 7월 동아일보사 학예부장, 평양지국장, 편집국장 등을 역임한 후 1932년 퇴사했다. 1937년 수양동우회사건으로 검거되었으나 보석출소 중 전향하여, 일제에 협력하는 문필 활동을 하였다.

것이다. 대동강은 진남포에서 세상을 비관한 놈의 자살장으로까지 진출할
날이 왔단 말이다.

종교와 기생

평양은 종교의 도시다. 큼직큼직한 건축물은 거의가 예배당이다. 우리
는 그 많은 돈을 들여서 예배당보다 더 좋은 사회적 공기(公器)를 만들었으
면 하나, 이것은 아마 무리에 가깝겠지.

그는 그렇다 하고 일요일이면 물건도 살 수 없도록 하나님의 은혜를 무
더기로 받는 평양은 결코 선남선녀만 사는 선경(仙境)은 아니다.

예부터 평양은 색향(色鄕)이라 하지만 평양은 기생으로 유명하고 조선말
로는 무엇이라 번역할지 모르나 소위 '나까이'란 명물이 발길에 툭툭 차인
다. 삼복이면 여름의 대동강은 뱃놀이가 유명하다. 하루에 적어도 30척의
놀잇배가 뜬다.

이것은 기생 싣고 장구 치는 요릿배요, 또 대동강의 명물 '매생이'란 것은
수백으로써 헤아릴 것이다.

요릿배 1척이 한번에 30원씩만 쓴다더라도 900원, 매생이에서 쓰는 적
은 돈도 수백 척 되고 보면 돈 100원은 될 것이다. 그러면 하루 대동강 위
에 뜬 놀잇배에서 없어지는 돈이 1,000원, 이것을 여름 장마철이라 뭐라
다 빼고 매일같이 뱃놀이가 흥성한 날만을 꼭 한 달을 잡더라도 3만 원이
다. 여름마다 대동강은 3만 원씩 집어먹는다.

뱃놀이도 가지각색이다. 기생 싣고 꿍당거리는 남걸(男傑)의 유선(遊船)
뿐인가 하면 그렇지도 않다. 치마 벗은 여걸들의 놀잇배가 드물지 않다.

이들이라서 사내만 못할손가! 장구치고 술 먹고 소리하고 춤춘다.

여름의 대동강은 평양 사람의 더없는 환락경(歡樂境)이다. 이 대동강 건너편에는 비행대가 있다. 하루같이 비행기는 이 대동강을 건너서 평양 상공에 내리고 있다. 이 비행기들은 이번 만주사변에 수훈이 크다.

대동강에는 조선 사람들이 계집 끼고 술 먹고, 그 위로는 비행기가 매일같이 그 소음을 내면서 날고 있다. 강 언덕에는 굶주린 실업군이 누렇게 들뜬 얼굴에 폭염을 피해 가면서 강 위에 복 좋은 양반들의 놀잇배를 바라보고 있다. '돈 있으면 금수강산 돈 없으면 적막강산'이란 옛 사람이 일찍부터 평양을 말한 것이지만, 이제 이들 놀잇배 속의 장구 소리 계집의 웃음소리 노랫가락과 그 머리 위에 날고 있는 비행기의 소음과 강 언덕의 실업군과의 삼각 대조는 어떤가.

에로 100%의 밤

밤? 밤이 되면 더욱 볼 만하다. 요정에는 기생이 출동하고 진정(賑町)에는 갈보가 손님을 끌고, 구석구석의 밀매음녀가 53도 소주와 국수 몇 그릇 돈 50전(?)에 자빠진다. 카페에서는 요즈음 어떤 일본 양반의 역작 '평양행진곡'이 우러나온다. 도회의 밤, 평양의 밤은 모든 비밀과 혼을 빼앗는다.

여기는 어떤 요정. 둘러앉은 몇 젊은이는 20년 동안 여학교 훈도 노릇을 하던 친구 K의 위로연으로 베푼 것이다. K는 이번 행정 정리 통에 목이 잘린 것이다. 그러나 주빈 K의 흐린 얼굴은 도무지 펴지지 않는다. 그는 주는 대로 술만 먹는다.

그가 먹을 줄 모르는 술을 자꾸 퍼먹고 우울해 있는 것을 친구들은 잘 이

해해 준다. 그래서 이렇게 위로한다. "이 사람, 다른 직업을 택하면 그뿐 아닌가." 그러나 그들의 위로와 주빈의 맘속과는 거리가 멀다. K는 취한 김에 마침내 꾹 참으려던 말을 토해 버렸다.

"나는 20년간 교원생활을 하면서 조선의 장래 일꾼을 기른다는 자부심을 가졌네. 그런데 군들이 이제 나를 위해 여기 불러준 기생 3명은 모두 내가 길러낸 학생일세 그려. 또 나는 아까 변소 가는 길에도 내가 가르친 학생을 둘이나 발견했네. 나는 20년간 조선의 딸을 가르쳐 다시 가정에 돌려보낸 줄 믿었더니, 모두 기생이 되어 버렸다면 내 맘이 좋을 수 있는가. 나는 교원의 신성한 직업을 위하여 요릿집이라고 와본 일이 없네. 오늘 처음으로 군들의 호의를 받아 왔다가 나는 20년간의 내 생활의 결산을 본 셈일세."

이튿날 신문에는 실직을 비관한 교원 K의 자살이 한구석에 조그맣게 났다. 그러나 이것이 대평양의 행진에는 아무 걸림이 될 것은 없다.

여전히 기생은 노래하고 예배당은 기도와 찬송으로 은혜를 받는다.(끝)

지방논단 : 금주무역회사(禁酒貿易會社) 발기

— 평양 일기자,《동아일보》, 1932. 6. 30.

　　평양부내 김봉준 씨 외 십 수인이 지금부터 4년 전에 금주단연동맹(禁酒 斷煙同盟)[31]을 조직하고 금주단연에 크게 활동하는 한편, 마침 자기들의 주 초대(酒草代)로 매인(每人) 매일 20전씩 저금조합을 조직한 이래 4년간 저축 한 것이 만기인 올해 4월에 1만여 원의 거금이 되었다. 동 조합원들은 다시 한 번 더 맹약하고 실제 사업에 착안하여, 동 금액을 토대 삼아 총 자본금 20만 원의 평양금주무역주식회사를 발기하고 각지 소비조합, 구매조합, 저 축저금조합, 기타 개인 소매상들을 주주로 편입한다 하니 동 회사의 성립이 자못 용이할 터라 한다. 유지자사필성(有志者事必成)이라고 금주저금조합을 성공한 만큼 다시 한 걸음 나아가 무역회사의 성공이 더 유망시된다 한다.

　　그럼으로써 동 회사 발기인들의 분투 노력이야말로 보통 영리회사 발기 인들의 상투 수단과는 판이할 터이니, 도처마다 환영이 있고 응모가 있을 터이다. 발기인 제씨는 신중에 신중을 거듭하고 성심성의로써 용왕(勇往) 매진하여 소기의 목적을 달성하기를 기원한다.

---

31) 금주단연운동 : 물산장려운동과 병행하여 전개된 민족경제 자립운동의 하나. 민족산업의 육성과 경 제 자립을 위한 대중운동으로 한말의 국채보상운동과 맥락을 같이하는 물산장려운동을 전국적으 로 전개했는데, 술담배를 끊고 그 비용을 아끼자는 금주단연운동은 이 물산장려운동의 한 형태였 다. 전국 각지에서 금주단연 단체가 활동하였는데 평양의 금주단연동맹은 대표적인 예이다.

지방논단 : 내객(來客)의 첫 인상
— 평양 일기자, 《동아일보》, 1932. 7. 2.

부 당국의 반성을 촉(促)함

평양은 강산이 미려하다 하여 금수강산이라고 한다. 아님이 아니라 금수산과 대동강이 서로 아울러 평양성을 조성하였으니 경개(景槪)의 정취야 다시 말할 여지가 없다. 그리하여 평양을 못 본 사람이라도 평양이라면 산과 물이 깨끗하니만큼 모든 것이 청선(淸鮮)하리라고 상상하는 바이다. 근년에는 교통의 편(便)이 극히 편리케 된 관계상 사계절을 통하여 견학단, 시찰단, 유람객 등이 연락이 끊기지 않아 수만에 달한다 한다.

그런데 그 많은 손님이 거의 다 기차로 와서 평양역 하차 즉시로 전차를 타는데, 첫 인상이 전차일 것이다. 전차가 어떠한가? 차체의 구조가 구식인데다가 내외가 컴컴하고 좌석이 불결하며 게다가 종업원들이 뻑뻑하여 친절미를 살 수가 없는 데다가, 정류장 신호를 선명히 하지 않아 처음 오는 손님들이 하차 목적지를 넘기기도 하고 혹은 못 믿는 일이 비일비재다. 대도시 평양인 동시에 전차사업을 부영으로 한다고 말하기 어렵다고 외래 손님 간에 누누이 말하는 바라고 하니, 이것이 평양으로는 큰 수치요 결함이다.

강산이 유명치 않았던들 그리 큰 수치는 아닐지 모르되, 강산이 유명하니만큼 일반이 모든 것을 청선시(淸鮮視)하는 데가 첫인상을 그와 같이 만드니 이는 소위 빛 좋은 개살구요 명주 자루에 거친 물건이다.

교통의 시설이 부족함으로써 그와 같이 불결의 느낌을 사게 하는 것은 부 당국의 책임에 돌리지 않을 수 없다. 이익을 보는 전차사업에 어찌하여 차량 개선과 기타 설비에 그리 등한한가? 일종 영리사업으로 된 이상에 만반 설비를 쇄신하여 손님을 유치함에 손색이 없게 할 바요, 또는 종업원들이 좀 더 주의하여 일반 손님들의 친절하다는 호평이 있게 하여 참말 평양이 만반구전(萬般俱全)이라는 세평이 있게 하라.

평양시화 : 인정도서관과 평양 인사 외

— 평양 일기자, 《동아일보》, 1932. 12. 9.

인정도서관과 평양 인사

평양부내 아청리 김인정 여사가 10여만 원의 사재를 내어 세운 도서관
이 즉 인정도서관[32]이다. 동 여사의 독지는 본보 지상에 누누이 보도한 바
있으므로 이제 다시 평론을 말겠다. 지난 4일 동관 개시 1주년을 당하여
관주(館主)로부터 1년간의 업적보고를 들으면 놀랄 만한 호적(好積)이라 들
건대, 1년간 열람도서 수가 81,055책이요 열람인원이 47,458인이라 한다.
과연 평양 사회로서 그 도서관 활용가치가 그만큼 컸다는 것을 증명한다.
그리하여 이제 다시 관주에게 찬의(贊意)를 거듭 표하는 동시에 평양 사회
가 그처럼 이용한 것도 감사히 생각하는 바이다.

그런데 동관의 가치가 어찌 거기만 그치리오. 금후의 발전과 융운(隆運)
을 미리 기약하여도 무관한 일이요, 평양 사회로서도 이용가치가 나날이
큰 것을 확언하여 둔다. 그리고 기념식 석상에서 진서적(珍書籍) 비치 방법

---

32) 인정도서관(仁貞圖書館) : 1931년 김인정이 평양시 창전리에 설립한 사립공공도서관. 한국 여성에
의하여 건립된 최초의 사립공공도서관이다. 김인정이 평양시민을 위해 당시 8만 5천원을 희사하여
만들어졌다. 개관 후 1년간 4만 7천여 명이 이용하여 개관 시간을 연장하기까지 했다.

에 대하여 사회 유지에게 기증을 청하고자 하였다는데, 그 청이야말로 매우 의의가 깊고 가치가 있는 것이다. 도서는 결코 개인이나 보고 서고에 진장(珍藏)할 건이 아니다. 널리 보는 데서야만 가치를 발휘할 수 있는 것인즉 도서 소유 인사 제씨는 인정도서관을 위하여, 일반 독서자를 위하여 속속 기증함이 있기를 재삼 권고하는 바이다.

평안 수조비 남용비

평안수리조합 지주회대표들은 지난 5일에 평남도지사에게 동 조합 당국에서 비용 낭비라는 것을 가지고 진정한 바 지사로부터 그것이 사실이라면 조사 처리하겠다고 언명이 있었다 한다. 이제 남용된다는 비용이 그 무엇인가 하면 동 조합사무소 부지 약 1천 평은 시가 평당 45전의 개인소유인데, 조합에서는 그 개인과 연 평당 1원 20전의 임대차계약으로 사용한다는 것이다. 과연 그것이 사실이라면 현하 당국자의 정책으로 보아서나 조합 자체로 보아서나 모순이요 낭비이다. 동 조합 몽리구역 내 지주들은 수세를 감당키 어려운 정세에 있어서 진정 애원이 빈번한 이때에 조합 당국은 그와 같이 무모의 비용을 사용하는 것은 부지 소유 개인의 이익 도모라 보지 않을 수 없다. 공적 기관으로서 사적 관계를 감행한다 하면 지주 대표가 진정한다는 것보다 감독관청으로서는 솔선하여 그 책임을 행할 바일 것이다. 감독당국의 감독을 바란다.

평양시화 : 무소불위의 황금

— 평양 일기자,《동아일보》, 1932. 12. 19.

금괴 밀수출 범인이 속속 평양서에 검거된다. 이 중에는 매번 기독교의 중진의 1인으로 허할 수 있는 재산가가 한둘씩 섞여서 걸려든다.

그들은 하느님과 돈을 함께 섬길 수 없다는 진리를 목이 아프게 외친 예수의 신도인데, 이들이 있는 재산에 만족하지 못하여 법망을 돌파하고 금괴 밀수출까지 할 만한 열과 용기가 있음을 생각할 때, 일찍 사회에 대하여 부르짖던 그 가면을 냉소치 않을 수 없다.

부외(府外) 모(某)는 재산욕으로 인하여 친부를 살해한 혐의자로 평양서에 체포되어 엄혹한 취조를 받고 있는데, 최근 안주서에는 돈이면 그만이지 친족이 다 무어냐고 문중 곗돈을 강탈하고 체포된 강도가 있다고 한다.

이러한 범죄가 어찌 이들로써 효시를 삼을 수 있으랴만, 세상은 점점 돈 때문에 험해 가고 악해 가는 것을 증좌하는 것이 아닐 수 없다. 더구나 우리는 현재 평양법원 민사부에 걸려 있는 강동 모 여사 측 대 대동군 모 교의 기부금 문제의 소송을 볼 적에, 한층 황금을 따르는 모리배들을 증오치 않을 수 없다.

모 여사는 일찍 청상과부로서 자수(自手)로 치부하여 그 전실 자식과 끊임없는 싸움 속에서 느낀 바 있어, 자신의 무후(無後)함을 스스로 위로하는 현철(賢哲)하고 고귀한 독지로서 귀한 재산을 흩어 사회에 봉사한 존경할 인물인데, 이번 대동군 모 학교를 위하여 현금 2천 원과 여사의 소유 토지 반분, 시가 1만여 원을 증여한 것도 역시 여사의 존경할 만한 야심 없는 독지에서 나온 봉사적 소행이었지만, 교묘히 법률을 이용하여 여사를 망령 들린 노파에 비하고 이 의외의 신성한 증여를 받고 감격하는 교 당국자들을 사기배로 몰아서 도로 찾은 현금 천 원이 주로 변호사의 사례금과 비용에 소비되고, 실제로 그 여사의 손에 돌아간 현금이 100원에 불과하다는 소식을 접할 때, 우리는 민중의 권익을 옹호하고 사회 봉사하는 변호사 중에 배격치 않을 수 없는 타락한 직업 심리의 소유자를 발견하는 비애를 느낀다.

돈 때문에 일어나는 사사건건이 어찌 이 이상에 그칠 것이랴만, 우리는 이상 수차례 예중에서 금일 황금의 세력은 신을 섬기는 신도로 차리고 신보다 재산을 섬기기에 충실하며, 돈은 친족도 모르고 아비도 죽일지 모르며, 더구나 사회봉사의 직을 빙자하고 사회기관을 모해하면서까지 금력에 연연하는 모리배들이 가득함을 엿볼 수 있는 좋은 사례라 할 것이다.

세태가 이에 이르면 오직 뜻 있는 이의 비분강개로서만 어쩔 수 없는 것이다. 우리는 좀 더 공정한 여론과 힘 있는 공분을 갖지 않으면 금력에 유혹되고 있는 사회적 양심을 환기치 못할 것이다.

평양시화 : 피의 교훈

— 평양 일기자,《동아일보》, 1932. 12. 20.

지난 1일 평서로회(平西老會) 주최의 소안론[33] 박사 선교 40주년 기념식이 강서교회에서 거행되고, 13일에는 평양 장로교 신학교 주최로 동교 교수 이눌서[34] 박사의 선교 40주년, 동 교장 나부열[35] 박사의 25주년 기념식을 거행하였다 한다.

조선의 종교계와 교육계를 통하여 공헌함이 큰 세 박사의 이 기념식에 있어서 우리는 심절(深切)한 경의를 표하는 바인데, 이들이 아미리가(亞米利加)의 홍안(紅顏) 청년으로서 극동의 이 땅을 찾아와 본국에서의 호화한 생활을 헌신같이 버리고 조선의 기독교 문화 건설에 그 일신(一身)을 바친 지 25년 내지 40년 후 성성한 백발이 귀밑을 덮는 오늘, 건설된 조선의 기독교 문화와 30만 기독교도가 그들의 공을 허하고 남는 것이다. 더욱 그들

---

33) 스왈른 (William L. Swallen, 1859-1954) : 선교사. 미국 북장로교 목사로 한국명 소안론(蘇安論)이다. 조선에 파견되어 원산과 평양에서 목회하고, 평양 숭실학교를 관리하며 학교 발전에 기여했다. 평양신학교 등 교육 및 신학인 양성을 위해 활동했다.

34) 레이놀즈 (William David Reynolds, 1867-1951) : 선교사. 미국 남장로교 소속으로 한국명은 이눌서(李訥瑞)이다. 호남에서 선교활동을 하였으며 성경 한글 번역에 참여했다. 1917년부터 20년 동안 평양장로회신학교 교수를 지냈다.

35) 로버츠 (Stacy L. Roberts, 1881-1946) : 선교사. 미 북장로회 소속으로 한국명은 나부열(羅富悅)이다. 평양신학교 제2대 교장이 되었다.

이 종교계에 멈추지 않고 조선의 신교육 보급에 노력한 공로는 한층 더 감사를 드리기에 주저할 수 없다.

이들은 물론 조선이 그 문호는 개방하였다 하더라도 아직 양인(洋人)을 배척함이 극심하던 때에, 언어와 풍속이 전연 다르고 그들로 하여금 골백번 낙심할 기회를 준 이 여명기의 조선에서 꾸준히 초지를 굽히지 않고 40 성상(星霜)을 조선을 위하여 심혈을 다한 것이 그 참고 견딤과 용(勇)과 의(義)가 십자가에 홀로 묶인 예수의 위대한 피의 교훈이라 하면, 조선의 기독교도는 피의 교훈을 실천하는 이들의 본받음이 얼마나 되는가 함을 생각케 한다.

조선을 위하여 3, 40년간 헌신한 외국 선교사를 십 수로써 헤아리고 평양만 하여도 거의 해마다 몇 사람씩 이들의 수십 년의 공헌을 기념하는 식은 거행하면서도, 과연 '조선을 위한 조선인 기독교도'가 얼마나 되는가 함을 생각할 때 우리는 실망치 않을 수 없다. 기독교에 있어서 이 피의 교훈은 미국인이나 조선인이나 같이 체험하고 본받을 수 있을 것이다. 우리는 누구를 믿을 바가 아니다. 믿을 때도 아니다.

조선의 기독교도들은 모름지기 좀 더 열과 용과 의를 조선에 바치기를 배우지 않으면 안 될 것이다.

세 박사의 기념식은 정히 조선 기독교도들에게 그들이 신봉하는 위대한 피의 교훈을 재음미할, 크게 경성(警省)할 기회가 아닐까.

지방논단 : 미신행위 타도

— 평양 일기자,《동아일보》, 1933. 4. 18.

평남경찰부 발표에 의하면 당국은 금후로 무녀, 복술, 풍수 등의 미신행위를 적극적으로 탄압하도록 관내 경찰서에 시달하였다고 한다.

그리고 공안 방해의 정도에 이른 자는 단연코 관계법규를 적용할 것이며, 설사 반대가 있을지라도 철저 실행할 결의라고 한다.

우리는 쾌거에 쌍수를 들어 찬의를 표하려는 것이고, 동시에 우리는 일반 민중이 솔선하여 이 가증한 미신 타도의 용단과 결의가 있어야 할 것을 강조하는 바이다.

객년(客年) 제12회 평남도의회 석상에서 등원(藤原) 지사는 휴식시간을 이용하여 도평의원에게 '굿' 금지의 가부에 대하여 의견을 구한 바 있다.

그때 대부분의 의원은 (1) 굿을 금지함은 민원을 살 우려가 있는 것, (2) 무당들이 실업할 것, (3) 인민이 자각하면 자연 폐지될 것이라는 대체의 의견이 종합되었다.

그래서 민의가 중하여 굿을 금하기 어렵다는 당국자에게 더할 나위 없는 구실을 주었고, 그때 등원 지사는 지극히 만족한 모양이었었다.

우리는 당국에 이미 그들 의원의 의견이 민의에 근거 없음을 지적하였는데, 이제 도 당국이 단연 그 타도의 쾌거에 나옴은 그 깨달음에 늦은감이 없지 않으나 찬의를 아끼지 않을 바이다.

도 당국 조사에 의하면 평남에만 무녀, 복술, 풍수 등은 천(千)으로써 헤아리리라 한다.

이들은 무지한 부녀의 그늘 밑에 서식하는 존재로 의료기관의 방해물이며 전염병 은닉의 가공할 행위로 민중 보건상 일대 적(敵)임은 물론이요, 사회 교화상 또는 문화 향상에 크나큰 장애물임은 새삼스러이 용담(冗談)을 필요치 않는 바이다.

혹, 이를 일시 단연히 탄압할 때 일부에 민원이 없지 않을 것이다. 그러나 이 이상 정당한 여론과 듣지 않을 수 없는 호소에도 귀를 막는 당국자로서 지금까지 이런 악풍에 한하여 관용과 아량을 가졌던 것을 차라리 괴이라 할 것이요, 결코 일부 민원을 일축할 용감이 없음은 아니다. 따라서 이런 악풍을 거절하려 할 때 집권자는 어느 때 어느 경우를 물론하고 일부의 민원을 각오하는 용감을 요하는 바이다. 다만 이런 악풍은 일시적 탄압으로써는 거절되지 못할 것이기 때문에 우리는 이번 당국의 모처럼 가진 용(勇)과 열(熱)이 이들 악배(惡輩)의 뿌리 뽑기까지 항구적 지속을 요구해 두는 바이다. 여기에는 아울러 일반 민중의 자각과 용기가 필요함을 민중 스스로 각오함을 요하는 바이다.

평양시화 : 빈발하는 교통사고

― 평양 일기자, 《동아일보》, 1933. 8. 31.

도시 교통망의 번잡은 피할 수 없이 사고를 많이 낸다. 그러나 그것도 정도 문제이니, 이즈음 특히 금월 중 부내 대로상에서 열흘이 멀다 하고 발생되는 자동차 역살(轢殺) 사건은 다시금 당업자(當業者)들과 감독관청의 주의를 요한다. 그중에도 금월 9일 역전 광장에서 때가 오전 6시경이라는 그리 번잡치 않은 시간에 질주하는 자동차를 운전하다 가수(假睡) 상태에 빠진 운전수가 배후에서 사람을 치어 죽인 일이라던가, 지난 26일 행인에 비하면 넓다고 할 서성리 보통교 앞에서 부청(府廳) 청결 자동차의 유아 역살 사건이며, 감찰 없는 자동차를 면허 없는 운전수가 몰고 달아나다가 사람을 치고 남의 집을 파괴하는 등 사건은 특히 우리의 주의를 끄는 것이다.

이상 사고가 모두 운전수들에게 그 책임을 돌릴 수밖에 없겠다는 것은 우리의 상식 문제에 속한다. 왜 그러냐 하면 자동차 사고는 원칙으로 차가 질주 중에 급정거로서도 어쩔 수 없을 경우에 발생될 것임에도 불구하고 평양 역전이면 부내의 제일가는 광장이요, 때가 오전 6시면 이른 아침 번잡치 않을 때에 정면 혹은 측면 충돌이 아니라 배후로서 충돌시켜 인명을 해한 것은 운전수에게 그 책임을 묻지 않을 수가 없는 데다가, 그 운전수가 졸면서 차를 몰았기 때문에 앞에 가는 사람도 보지 못한 까닭이 후면충돌의 진상이라 하니 악연(愕然)치 않을 수 없다.

또 서성리의 보통교 앞에서 유아를 역살한 것은 비록 피해자가 노상에서 유희 중이었다 하고 아직 정확히 그 책임이 규명되지 않았다 하지만, 서행을 요하는 다리 부근이요 번잡치 않은 거리이매 아마 운전수에게 우리는 그 책임을 돌리려 한다.

하물며 백주 노상에 면허 없는 운전수가 감찰도 없는 자동차를 몰고 다니며 닥치는 대로 사람과 인가를 해한 것은 새삼스러이 부민의 불안을 크게 한다. 이 현상이어서는 부민은 자동차를 타기도 무섭고 걸어다니기도 무섭다.

교통사고의 빈발은 물론 그 책임이 운전수 등에만 있을 것이 아니겠고, 그 방지책에 있어서 당국자의 일방적 주의나 당국의 일방적 감독만으로 그 목적을 달성할 바 아니라, 실로 민중의 훈련이 필요함은 췌언(贅言)을 불요(不要)한다. 하지만 당국으로서는 교통망의 발달과 아울러 심심한 주의와 주도(周到)한 감독을 게을리 못할 바라 한다.

아직 우리는 당국의 금후의 감독과 당업자들의 새로운 주의를 요구해 두고 후일을 경계하고자 한다.

평양시화 : 학생 풍기 문제 외

— 평양 일기자, 《동아일보》, 1933. 9. 30.

학생 풍기 문제

나날이 들리는 풍문에 의하면 근일에는 야경 순사에게 중등 정도의 학생들이 꾸중을 톡톡히 듣는 자가 많다고 한다. 어떤 일로 꾸중을 듣는가 하면 여자 두고 술 파는 집에서 가끔 봉변을 한다고 한다.

이런 소식을 듣는 사람으로도 너무도 섭섭한 감이 북받쳐 오른다. 학생이라고 오락이 없고 취미가 없다는 법이 없다. 그러나 오락하기 위하여 취미 붙이기 위하여서 홍등녹주를 찾는다는 것은 학생 신분으로서는 과분이라기보다 절대 금할 일이다. 학생 제군들이여, 자성자계하여 외문(外聞)에 쑥스럽지 않게 하라.

경관 걸어 고소

평남 맹산군 옥천면 유력자 이경보 외 3인이 변호사 두 사람을 대리인으로 하여 평남 맹산경찰서 관내 모 주재소 순사부장과 순사 2명을 걸어 평양지방법원 검사국에 고소를 제기하였다 한다. 그 이유로 말하면 앞의 고소인들은 도박 혐의로 검거되어 무수한 고문을 당하였고 최후는 벌금 100

원의 처분까지 받은 것이 억울하다는 것이다. 도박 혐의를 받았다는 것만 보아도 동 사람들의 소행상으로는 심히 재미없는 일인데, 설상가상으로 고문을 당하고 벌금을 바치게 되었으니 어찌 분통할 바 아니리오. 억울을 풀고 못 푸는 것은 검사국 처분에 맡겨 둘 일이다.

그리고 평남 관내에서 향자(向者)에 진남포서 고문 사건이 있고 금번 맹산서 관내 주재소 고문 사건이 생겼으니, 경찰 수뇌자는 특히 부하 감독을 엄중히 할 필요가 있는 것을 망각하여서는 안되겠다.

평양시화 : 자생원에 서광

— 평양 일기자, 《동아일보》, 1933. 10. 3.

평양 위걸구제회(痰乞救濟會)의 후신인 평양 자생원에 서광이 비친다. 동원을 위하여 박용만 노인이 희사한 현금 2천여 원과 인흥리 토지 백여 평으로 위걸을 구제 수용하는 곳을 신축하게 되었다는 것이다.

이 기관은 과거 7년 전 유지 몇 명의 주초대(酒草代) 절약에서 나온 것으로서, 이는 다른 사회기관보다도 좀 더 따뜻하고 깨끗한 인정의 발로를 보여주는 곳이다.

이 수용소를 경영한 이래 가가호호의 문턱에 매달려 한술 밥을 구걸하던 위걸은 노상에서 그림자를 감추고, 이들은 구호소에서 자기네의 손으로 자력적 생애를 힘 미치는 데까지 영위해 오는 터였다. 그 이면에 경영자들의 금력(金力)의 희생은 적지 않은 바 있었다. 이제 박 노인의 희사로 동 원이 갱생하여, 이들 부점할 곳 없는 위걸이 닥치는 엄동을 앞두고 풍설을 피하여 안주할 집을 얻은 것은 이를 어찌 위걸 몇몇의 다행으로만 볼 것이랴.

우리는 여기서 나아가 노상에서 걸인의 그림자를 일소하고 이들에게 생업을 주며 굳은 생활의식을 주기까지, 이 또한 그 민족적 건전한 생활의 중대한 의의 있음은 더 볼 것이 없다.

여기서 우리는 사람으로서만 가질 수 있는 고결한 인정을 체득할 수 있고, 그 민족의 어느 한 분자라도 서로서로의 따뜻한 사랑과 도움의 연쇄에 벗어나지 않을 것이다.

이제 자생원이 한 걸음 나아가 재단법인의 완성을 기약한다고 하니, 우리는 마땅히 이에 호응하여 그 완성을 여의(如意)케 하도록 상호의 희사를 진언하여 둔다.

평양시화 : 평양의전생 형사 사칭

— 평양 일기자, 《동아일보》, 1933. 10. 4.

　평양의학전문학교 3학년생 모(某)는 지난 27일 오전 0시 반경에 부내 수정 대로변에서 평양서 형사라 또는 평양 헌병대 형사라 사칭하고 통행인 2인에게 폭행을 감행하여, 한 사람은 소지품인 자전거를 분실케 하였고, 또한 사람은 의치 5개나 분쇄시키고 결국은 경찰의 손에 걸렸다 한다. 보통 무뢰한도 아니요 상당한 전문학교의 고급생으로 그와 같은 만행을 함에 대해서는 아무리 선의로 해석하려도 해석할 수가 없다. 그 행사를 조금도 용서할 그 무엇이 없다. 사법당국이 말하기 전에 학교에서 사회에서 먼저 제재를 가할 필요가 있다. 학생 자신으로서도 이번 만행을 크게 회오함이 있는지? 없는지?

　그렇지 않아도 근일 학생 풍기를 운운하는 이때에 있어서, 만일에 음주만취로 그런 행동이 있었다면 부내 수천 명의 학생에게 큰 악영향을 끼치는 것이니 사회, 학교, 사법관에서는 단호한 처치를 해야 할 것이다.

　그리고 이번 기회에 특히 학생층에게 바라는 것은 전철(前轍)의 복(覆)을 밟지 말라는 것이다. 학생층도 사회의 책임 있는 한 단위임을 잊지 말아야 한다.

지방논단 : 대동고무 파업 문제

— 평양 일기자,《동아일보》, 1933. 10. 13.

평양부 서성리 대동고무공장 여직공 80명 중 60명은 지난 6일에 파업을 하였고, 지난 7일에 와서는 전일에 취업하였던 20명까지 취업하지 않아 총 파업에 들어갔다. 파업의 이유는 임금 감하 반대인데, 이제 감하율을 들으면 평양에서 가장 저렴하다는 정창고무공장의 2전 8리보다 3리가 더 저렴하여 2전 5리라 한다.

물론 공장 측으로서는 여러 가지의 타산으로 보아 직공의 임금까지라도 깎아 보태어야 이익이 좀 더 붙을 터이므로 부내 10여 공장이 하지 않는 일을 솔선하여 감하하는 것이겠지만, 그러지 않아도 남직공의 임금보다 적은 여직공들의 임금을 감하함은 여직공과 그들의 가족의 생활에 위협을 보이는 것으로, 이는 노자(勞資) 간의 문제에서 인도적 문제로까지 진전된다. 공장주로서는 자아의 이익만 볼 것이 아니라, 그 반면에 생활고에 시달리는 여직공들의 참경을 살펴보는 아량을 가져야 할 것이다. 공장 이익이 결코 임금 감하에 있을 것이 아니라 판로를 확장하고 생산 능률을 증진함에 있다는 것을 알아야 할 것이다.

안동현 세관의 관세가 올라 이에서 받는 손해를 오직 여직공들의 임금에서 보충하고자 하지 말 것이다.

지방논단 : 대동고무에 여(與)함

— 평양 일기자,《동아일보》, 1933. 11. 2.

원인을 임금 인하에 두고 일어난 파업을 경찰 권력에 의하여 거우 해결을 보았던 대동고무에 또 파업이 일어나 우리의 시청(視聽)을 끌고 있다.

이번에는 또 전번 파업에 손을 덴 고주(雇主) 측이 부리기 힘들고 임금이 비싼(!) 구 청공(聽工)을 정리하고, 임금 싸고 유순한 신 직공을 모집하고자 기도함에 있다고 한다.

원래 대동고무는 현재의 평양 각 고무공업자 가운데 뛰어난 현가(顯價)의 임금을 지불하고자 고무화 한 켤레에 3전 3리의 임금을 2전 5리로 하려다가 경찰의 권력 있는 조정에 의하여 3전으로 해결을 보았으나, 현재 동 회사의 책임자 장 씨는 임금을 2전 5리로 인하한다는 것을 조건으로 취임하여 이를 강행코자 하는 만큼 첫손에는 실패하였으나 기어코 이를 실시하고자 구 직공을 해고하고 신 직공을 열등한 조건 아래 고용하는 거조(擧措)에 나아가는 것임을 볼 수 있다.

여기서 우리는 동 공장의 공업자가 거의 무능함에 웃지 않을 수 없고, 용감하고 그 잔혹한 수단에는 끽경(喫驚)치 않을 수 없다.

왜냐하면 오늘날 십 수만 원의 투자에 의한 공업자로서 그 손실과 부진의 타개책을 달리 새로운 판매시장의 개척과 기성 지반(地盤)의 공고를 도모하고 제품의 신용을 유지하는 동시에, 좀 더 합리적 생산방법과 새로운 판매술을 강구함이 없이 덮어놓고 임금 인하에만 눈이 어두운 그 무능에는 웃기보다도 그 공장이 최근 결손 보는 원인이 여기 있음이 아닌가 의심할 만하다.

임금 인하도 정도의 문제다. 고무신 한 켤레에 2전 5리을 주고자 함은 어느 다른 고무공업자의 입을 빌려 말하게 할지라도 잔혹하기 짝이 없는 무리한 거조다. 그러나 일반의 여론을 아는 체도 하지 않고 강행하다가 결국 민간보다 더 권력 있는(!) 경찰의 질책에 겨우 그 곧은 목이 수그러든 고주들은 이제 다시 부모상으로 수일간 출근 못 해도 해고, 남의 일에 간섭하는 자에게 말대답해도 한쪽이 고주의 충복이기 때문에 반항한다는 해고 처분의 구실이 되어 찍 해도 해고 쩍 해도 해고하는 횡포에 나아가서는 후일 자신의 실업을 보장 못할 직공들이 단결함도 당연사요, 그 대책으로 파업을 일으킴은 또한 당연한 일이라 않을 수 없다.

우리는 결단코 대동고무 고주의 인간으로서의 양심에 평판할 것이 없다. 다만 착유(搾乳)를 목적하면서 목우(牧牛)에 적당한 영양을 가하지 않은 목축업자가 있을 때 대동고무 고주가 생각할지라도 어리석음을 웃을 것이매, 똑같은 이유로 "노동자도 굶어서는 고주에게 이윤을 착취당할 능률이 없다는" 지혜를 대동고무 고주에게 빌려주고자 하는 것이다.

이번 파업을 해결할 성의가 공장 측에 있다고 하면 우리는 그 해결할 수 있는 방법으로 노동자 측의 절규를 대동고무에게 전해주고자 한다.

대동고무로서는 경찰력 이상의 두려움이 없을 듯하다. 그러나 민간의 여론도 두려워할 줄 아는 것이 대동고무로서 옳은 일이라는 것을 알아두라고 권한다.

조선 현대 인물 소개 : 조신성론

—『신가정』 2권 4호, 1934. 4. 1.

내가 여걸 조신성전을 쓴 것은 아마 5년 전이라고 기억됩니다. 그러나 그때 그 글은 요새 흔히 말하는 '부득이한 사정'으로 세상에 나와보지 못하고 말았습니다.

그 후로 나는『신가정』잡지에서 조신성론을 혹은 조신성 최근 생활이라든가 그의 과거담을 써달라는 부탁을 여러 번 받았으나, 나는 종시 붓을 들지 않았습니다. 까닭을 솔직히 말하면 게으른 탓이었지마는 나로서 인물평이란 것은 지극히 외람된 일이라는 것을 깨달은 것도 그 중대한 이유의 하나가 됩니다. 그러나 마침내는 고집 센『신가정』편집자에게 졌습니다.

조신성이라 하면 우리는 얼른 근우회 말엽 시대의 중앙집행위원장인 것

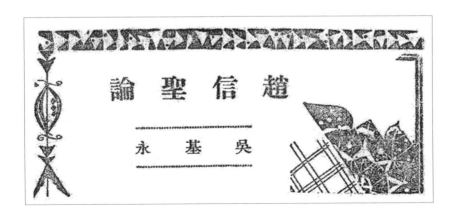

을 생각합니다. 그러나 평양 사람에게 그를 물으면 그의 과거에서 평양 진명여학교의 교장 시대를 연상합니다. 또 평남 옥지, 덕천, 영원, 맹산 등지에 가서 조신성을 물으면, 기미운동 당시 직접 운동에 투신했던 그때의 희귀한 '히사시까미'한 나이 먹은 신여성을 말해줍니다. 우리는 여기서 세 가지의 조신성 관(觀)을 발견하게 되는 것입니다.

그의 40년간의 정치적, 사회적, 교육가적 길고 굵은 과거의 생애를 통하여 그가 조선 민중에게 무엇을 보여주는가 하는 것을 써 보려는 것이 이 글의 목적입니다.

그는 갑술생(甲戌生)이므로 올해가 환갑입니다. 인생행로의 거의 전부를 걸어온 그를 우리는 늙은이로 대접하는 것은 당연합니다. □ □ □ □ (이하 검열로 삭제)

그가 의주 땅에서 조씨 문중의 유복녀로, 절대(絶代)를 면하고자 아들 잇기를 바라는 문중을 낙담시키고 태어나 9세에 모친의 횡사를 목격하고, 22세에 남편과 사별한 때 이미 인생의 괴로움과 슬픔을 남달리 맛본 것이라, 그가 예수교에 투신한 것은 그의 사생활 청산의 첫걸음이었습니다.

22세의 청상과부가 교군을 타고 서울로 뛰쳐 올라간 것은 벌써 그의 사생활에 있어서 과감한 혁명이요, 개인으로서의 과거생활에 대한 일체의 해소를 단행한 것이었습니다.

그가 서울에서 서양인의 교원양성소를 마치고 월급 7원짜리 교원 생활로 나왔을 때부터 그의 공적 생활은 시작되었습니다.

그의 하숙은 도산 안창호[36]와 그의 동지 등 우국정치가들이 세계의 정세를 토론하고 조선의 시국을 살펴 의논하는 곳이었고, 부인회를 거쳐 그의 정치적 수완은 나타나기 시작한 것으로 볼 수 있습니다.

그가 서울에서 10년 만에 이화학당의 사감을 시작하고, 현해탄 건너로 유학의 길을 떠난 것도 그의 나이 30세로서 이미 40을 바라보는 중년 과부로되 날로 향상하는 조선의 신문명과 병진(竝進)하겠다는 포부였다 하지만, 귀국하여 변동된 조선 시국에 과도한 실망이 그를 일시 주저하게 하였으나, 그가 평양에서 도산이 설립한 진명여학교의 교장으로 취임한 때 다시 그의 놀라운 활동력은 불운에 신음하던 진명학교를 크게 부흥시킨 것으로 알 수 있습니다.

기미운동 이후 덕천, 맹산, 영원 등지를 중심으로 ○○운동 직접파에 가담하여 5년간의 옥중생활을 거쳐, 52세의 노구를 한천에 한때 은거하여 있는 동안에 그의 손에서 다시 개량 서당이 생겨나고, 그 후로 그가 대동군 대평에 있는 취명학교가 경영난으로 당국에 반환하려는 학교 인가를 가로맡아 지금도 그의 손에서 이 학교가 경영되고 있고, 그는 또 평양에다 조선교육원을 설립 경영하고 근우회 평양지회 2층에서도 야학을 경영하고 있습니다.

---

36) 안창호(安昌浩, 1878-1938) : 독립운동가, 교육자. 서북 출신 독립운동가들의 구심점과 같은 존재였다. 신학문을 수학하고 기독교도가 되었으며, 1897년 독립협회 활동을 하였다. 1902년 미국으로 가서 교민들을 교육하고 귀국하여 1907년 양기탁, 신채호 등과 신민회를 조직했으며 평양 대성학교를 설립했다. 1913년 미국에서 흥사단을 창설했고, 1919년 상해임시정부 내무총장 겸 국무총리 대리로 활동했다. 국민대표회의 결렬 이후 각지를 순행, 1930년 상해에서 한국독립당 결성에 참여했다. 윤봉길의 상해 홍커우공원 폭탄사건으로 체포되어 복역하였고, 1937년 동우회사건으로 다시 투옥되어 복역하던 중 지병이 악화되어 사망했다.

취명학교

조선교육원

나는 이상에서 조신성론을 쓰기 위한 전제로서 그의 지금까지의 생활을 대체로 돌아보았습니다. 여기서 조신성의 22세 이후 40년간을 일관한 가장 굵고 뚜렷한 자취가 교육가로서 걸어온 길입니다.

　현재 조선에는 수많은 교육 공로자가 있고 그들의 손에 이루어진 크고 훌륭한 교육기관을 볼 수 있지만, 조신성 여사가 크고 튼튼하게 만들어 놓은 교육기관이 없다 할지라도 그는 잠시라도 조선의 딸을 가르치지 않고는 견디지 못하는 정성과, 과거의 진명학교나 현재 경영하는 취명학교가 경영난으로 거의 마지막 숨을 모으려 할 때 그의 용기와 성의가 그를 끌어안았음을 봅니다. 여기서 나는 닦아 온 터 위에서의 일꾼 조신성보다 스스로 터를 닦기에 용감한 조선 여성을 하나 발견합니다.

　평양 숭인통 거리에 위풍을 보이는 벽돌 2층의 근우회 평양지회관! 이는 평양에서보다도 조선에서 경제권 없는 여자의 손에 이루어진 유일한 회관이고, 이 모든 것이 일을 시작해 놓으면 만들어 놓고야 풀리는 그의 직성을 알려줍니다.

　그는 이미 늙었습니다. 얼굴에 주름살도 해마다 늘어가고, 그의 가진 병 신경쇠약증도 더 심해진다 합니다.

　그래도 그는 가만히 앉아서는 못 견딥니다. 대평에 있는 취명학교를 돌보고 평양 부외에 있는 교육원을 돌아보아야 되고, 평양성 안에 있는 근우회 지회관과 그 2층의 야학을 밤마다 살펴야 합니다. 그러면서도 그는 진명 시대 이래 당신 손으로 길러낸 딸들의(이제는 남의 어머니, 할머니까지 된) 사정을 골고루 돌아보고….

　그는 오로지 그의 전 생애를 조선에 바쳤습니다. 아마 그가 얼마 후에 세상을 떠날지 모르지마는, 그는 숨이 넘는 그 마지막까지 조선을 생각할 뿐,

그가 두고 가는 친척, 자손은 한 사람도 없습니다.

물론 그는 죽기까지 용서 못하는 일이 있습니다. 알면서 조선을 걱정하지 않는 조선 사람, 의롭지 못한 일을 행하는 자는 그에게 있어서 모두가 죽기까지 용서할 수 없는 것입니다. 그러나 내가 그를 위하여 슬퍼하는 것은 그를 따르는 사람이 얼마나 있느냐 하는 것입니다. 여기 그의 티가 있는 것입니다. 그의 말을 빌리면 신경쇠약증세가 가끔 사람의 마음을 자기에게서 떠나게 하는 수가 많다고 합니다.

그러나 내가 보기에 그는 자기의 정성, 자기의 진심을 누구에게 알릴 줄 모르는 병통이 있습니다. 그는 자기를 자랑할 줄 모르고, 자기 공로를 추켜세울 줄 모릅니다. 공을 위해서는 사를 돌보지 않고 사를 좋아할 줄 모르는 지나친 결벽이 사람을 설복시킬 줄 알지마는 감읍시키는 농을 피울 줄 모르기 때문에, 이는 매양 당을 짓고자 하지 않기 때문에 그는 옳으면서도 그를 위하여 충성을 들이는 사람이 적은 까닭인가 합니다. 그러나 아마 모르겠지만 그는 영영 이 몇 가지 점에 있어서 다른 술수를 부리지 못하고 말 것입니다.

나는 이만큼으로 조신성론을 끝막으려 합니다. 그가 이제 얼마 동안을 더 세상에 있어서 조선을 붙잡은 일꾼으로 계실지 모르지만, 그가 가는 때 조선 민족은 어떻게 후한 예로써 그를 보낼지도 나의 알 바가 못 되고, 금년이 갑술년, 오는 음력 10월 3일이 그의 환갑이라 하니 그의 일생을 받은 민중은 아마 그를 위로함이 있어야 될 것입니다. (끝)

어린 때 첫 번 본 서울 인상기 :
전차 비강(飛降)타가 무릎 깬 이야기

—『신가정』 2권 5호, 1934. 5. 1.

내가 서울을 처음 간 것은 열세 살 적입니다. 고향에서 소학교를 졸업하고 고등학교 입학하러 떠났습니다.

조그만 시골에서 곱게 자라 단 10리 길도 걸어보지 못한 터에, 알지도 못하는 길을 도망질을 쳐서 40리를 나와서 차를 탔습니다. 기차를 타기도 처음이었습니다. 어찌나 신통했던지 두 시간 반이나 타고 오는 것을 내내 창밖에 얼굴을 내놓고는 석탄 가루가 눈에 들어가 눈물이 질질 흘러도 아픈 줄을 몰랐습니다.

나와 처음 대면한 경성의 관문은 남대문역이었습니다. 그 많은 사람, 더구나 나는 우리 고향에서 조선 사람 말고는 헌병대 상등병, 우편소장, 보통학교 교장밖에 못 보고 살았는데, 대체 웬 딴사람이 서

어린 때 첫 번 본 서울 印象記

電車飛降타가
무릎깬이야기

吳永基

기사 표제 및 저자 사진

울에는 이리도 많을까 하는 것이 놀랍고 궁금했던 일입니다. 오는 날로 버선과 짚신을 벗어 버리고 양말에 정구화를 사 신었습니다. 그 경쾌스러움과 발가락이 쫙 퍼지는 편안함은 발가락이 오그라드는 가죽신만 신고 자란 나에게는 큰 기쁨이 아닐 수 없었습니다.

이튿날 형님에게 인도되어 종로 구경을 나갔습니다. 어제부터 타 보고 싶던 전차를 비로소 탔습니다.

"땡땡땡땡" 치는 소리가 어디서 나는지 몰라 찾아다니다가 차장이 표 찍으러 자리를 떠난 틈에 승강대 밑바닥 동그스름한 쇳조각에서 조화의 소리가 나는 것을 발견했습니다. 쭈그리고 앉아서 자꾸 손으로 꼭꼭 찌르는 대로 땡땡 소리는 얼마든지 나왔습니다. 나는 그것이 왜 전차에 필요한지는 몰랐습니다. 그저 신기해서 꼭꼭 누르고 있다가 차장에게 핀잔을 받고 무료해서 일어섰습니다.

전차에서 내릴 때 먼저 웬 청년이 채 멎지도 않았을 때 껑충 뛰어 내리기로 나도 본을 받았다가 그만 엎어지고 말았습니다. 손바닥이 벗겨지고 정강이가 아파도 형님 앞에 아프단 말도 못했습니다.

그리고 지금도 우스운 것은 서울서 내내 알지도 못하고 말았던 것이 '이 해 박는 집'이었습니다. 시뻘겋게 무엇을 그리고 그 밑에 이빨처럼 그린 간판 밑에 '이 해 박는 집'이라는 것이 대체 무엇인가 영영 몰랐던 것이, 치과 의사의 남편이 된 다음에야 아내가 '틀니'를 만드느라고 고무로 모형을 뜨는 것을 보고 비로소 '이 해 박는 집'과 그 알 수 없던 그림을 깨달았습니다.

신추만필(新秋漫筆) 7 : 명일(明日)에의 돌진

―《동아일보》, 1934. 9. 9.

가을이다. 그렇게도 지루하던 장마가 이 땅에 무수한 비극을 빚어내는 동안에 태양도 겹겹이 둘러싼 비 실은 구름 속에서 무더운 진땀을 흘렸음인가, 첫 가을 아침 햇살은 몹시도 명랑하다.

가을 날씨는 명랑한 것이다. 하늘은 높을 대로 높아지고, 구름은 필 대로 피어오르고…. 이제, 옛날과 같이 이 땅 위에서 함포고복의 노래만이 농부의 입에서 읊어져 나오면 이 가을은 더욱 유쾌할 것이다.

그러나 웬일인가.

생산자로서 이제까지 피와 기름을 있는 대로 흘리던 그들은, 오히려 그 채색 띤 얼굴에 기름기가 들 나위도 없이 냉혹하게도 빈궁한 소비자로의 전락을 재촉 받고 있음이여! 그렇구나! 이들 농민의 채색 띤 얼굴 그것이 바로 조선의 얼굴이요, 그들이 뽑아내는 호박잎 담배 연기 속에 서린 우수

그것이 바로 조선의 신음이구나!

가을 날씨는 명랑한 것이다. 그러나, 아아 그러나 우리의 마음도 명랑한가.

나? 나는 무엇인가.

농촌의 피와 기름을 긁어다가 소위 인텔리라는 영예(!)와 바꾸어 가지고 이들 농민을 개[犬]꼴을 만들고, 나는 도시라는 울타리 위로 달아난 녀석이 아닌가.

도시! 농촌의 피와 기름을 우리에게서 빨아먹은 도시는 이제 와서 나에게 약간의 봉급을 반추시키면서, 소시민의 근성을 비료로 삼은 의지의 노예를 강제하고 있지 않나.

조선이라는, 일찍 그 찬연한 문화로써 태양과 같이 빛나던 조선인이라는 민족이, 한번 잠들어 500년 동안을 당쟁으로 파적(破寂)이나 하다가 자멸의 위기에서 다시 깬 때, 우리는 후진자였다.

이 후진자로서 문명에 대한 추종은 얼마나 많은 비극과 희생을 내었는가.

배워야 산다! 문명에 대한 충실한 추종은 배워야 할 것이었다.

논을 팔고 밭을 팔고, 그래서 우리는 배웠다. 그러나 배운 자여! 너희는 무엇으로 팔아먹은 늙은 아비의 농토를 찾으려느냐.

흥? 우습다고? 옳다! 농토는 못 찾으나마 너는 그러면 문명의 균점(均霑)에서 얻은 바 혜택이 무엇이냐?

아아, 통곡할 너의 의지의 노예화여!

조선의 산천은 아름답다. 이 산천을 찾아드는 가을 날씨는 명랑한 것이다.

그러나 우리 가슴에도 명랑한 것이었나? 이 주체할 길이 없이 흘러넘치는 우울이여!

그러나 이번 장마가 끼치고 간 크나큰 비극이 있으므로 그 눈물 속에서 맞는 이 가을에는 '부흥에의' 새 목표가 더욱 뚜렷이 우리 앞에 나서는 것이다.

주체할 길이 없는 우울이 있으매 우리는 거기서 벗어져 나오려는 노력이 더욱 크고, 가을이로되 명랑하지 못하니 우리는 명랑한 가을에 대한 희구가 더욱 간절한 것이다.

이것이 바로 우리의 위대한 야심이 살았다는 증거이다.

어떤 무력이, 어떤 강제가 없앨래야 없앨 수 없는 우리의 위대한 야심은 또한 그 지극히 무거운 생명을 지속하고 있는 까닭이다.

그렇다! 우리는 자아반성의 현명함과 자아인식의 철저함이 있으면 있을수록 우리의 야심은 더욱 내일에 대한 돌진에 용감할 것이다.

그렇다! 다음 번 오는 가을을 명랑하게 맞기 위하여 우리는 이 가을의 우울함을 비탄할 촌음의 여유도 가질 수는 없는 것이다.(끝)

국제외교 비화, 구주대전(歐洲大戰) 전야

— 『개벽』 신간 2호, 1934. 12. 1.

1.

올해는 세계대전이 일어난 지 꼭 20년이다.(1914년부터) 특히 8월과 9월은 각국이 긴장하여 때를 기다리는 형세에서 연속하여 선전포고하고 군사 행동을 개시하던 때이다. 그런데 오늘날의 정세는 '무솔리니'의 말을 빌릴 것도 없이 1914년 당시의 정세와 흡사한 감이 있다. 지금 역사는 20년 전과 마찬가지의 사실을 되풀이할 것인가 않을 것인가의 결정적 순간에서 방황하고 있다. 만약 이것이 되풀이할 것이라면 1914-1918년 대전의 말기에 발발한 국내 동란도 되풀이될지도 모른다. 그것은 한 사실만이 그리 되고 다른 사실이 다르게 되는 예가 없는 까닭이다. 만일 다르다고 한다면 그것은 적이 되는 것과 자기 편이 되는 것뿐일 것이다.

이와 같이 비슷한 정세에서 볼 것 같으면, 20년 전의 오늘을 다시 생각하게 하는 것이 결코 노인의 회고담과는 다를 것이다.

1914년 세르비아에는 노국(露國; 러시아)의 사주도 큰 영향을 주었지만 대세르비아주의를 강령으로 한 국민운동이 창궐하였던 때이다. 그 주권을 잡을 단체는 '오(墺)·홍(洪)제국(오스트리아-헝가리 제국)'과는 비상한 적의를 가진 국민방위협회(國民防衛協會)[37]라는 국민주의 단체였다. 이러한 기운 속에서 1914년 6월 18일 세르비아 국민주의 청년은 '사라예보'에서 '오태리(墺太利)' 황태자 '프란츠 페르디난트(Franz Ferdinand)'를 암살하였으니, 이것이 동기가 되어 서로 벼르고 있던 유럽 제국(諸國)은 속히 태도를 결정하고 전광석화와 같이 전쟁에 돌진하였다. 즉 7월 23일 '오태리·홍아리(洪牙利)' 제국은 세르비아에 대하여 그 독립을 침해할 듯한 과대한 요구를 가지고 최후통첩을 던졌다. 지정한 48시간의 기한 중에서 세르비아는 최후통첩에 대하여 회답을 하였다.

그러나 세르비아 주차(駐劄) 오태리 공사는 그 회답을 일축해 버리고 세르비아의 수도 '베오그라드'를 떠나 버렸다. 이와 동시에 세르비아 오태리 양국은 동원을 개시하였다.

이 형세를 본 노국은 7월 25일 4개 군단과 흑해 및 발틱 함대의 동원을 결정하였다. 그리하여 7월 28일 오태리·홍아리 제국은 점차 세르비아에 대하여 선전포고를 하고 곧 군사 행동에 착수하였다. 7월 30일 노국에서는 총동원령을 내리고 다음날 7월 31일 독일은 노국에 대하여 동원 중지 요구의 최후통첩을 보냈다. 그리하여 8월 1일 독일은 노국에 대하여 선전포고하고 이날에 불란서에서도 군대를 동원하였다. 8월 2일 독일은 '벨기에'에

---

37) 세르비아의 나로드나 오드브라나(Narodna Odbrana)로 보인다. 나로드나 오드브라나는 중부 유럽의 강대국 오스트리아-헝가리제국이 1908년 10월 남부유럽 발칸반도 서쪽에 있던 보스니아-헤르체고비나를 병합하려 하자, 이에 대응해 인접 세르비아에서 조직된 민족주의적 비밀결사 조직. '민족방어전선'이라는 뜻이다. 세르비아 정부의 지원을 받아 반(反)오스트리아 테러 훈련 및 선전 활동을 수행했다. 그러나 오스트리아의 압력으로 세르비아 정부의 지원이 끊기며 민족주의 교육문화 단체로 변신했다. 1914년 오스트리아의 황태자가 사라예보에서 암살되자, 오스트리아 정부는 그 배후로 세르비아 민족주의자들의 비밀결사인 나로드나 오드브라나를 지목했다.

대하여 독일 군대의 벨기에 영토 통과에 동의하라는 최후통첩을 제출하였다. 벨기에가 그것을 거절하자 독일은 8월 3일 그 군대를 벨기에 영토 내로 들여보내면서 그때 프랑스에 대하여는 선전포고를 하였다.

그러자 8월 4일에 가만히 형세를 관망하고 있던 늙은 여우[老狐] 영국은 독일에 대하여 벨기에의 중립 침범을 정지하라는 최후통첩을 발하고 곧 선전포고하였다. 영국의 선전포고에 이어서 8월 6일 오태리·홍아리 등은 노국에 대하여 또 선전포고하고 8월 11일 영국과 불란서가 오태리·홍아리에 선전포고하고 8월 23일에는 일본이 연합국 측에 가담하여 독일에 선전포고하였다.

그리고 10월 말에는 토이기(土耳其; 터키)가 중유럽 협상국[38]에 가담하였다. 10월 14일에 불가리아가 연합국[39] 측에 가맹하였다. 이와 같이 20년 전 오늘 이때는 최후통첩과 선전포고가 화살과 같이 연발하였던 것이다.

그 사이에 각국의 외교공작에는 실로 고심참담한 것이 있었으니, 각국의 대사, 공사는 그 주재하는 나라의 최고정책을 탐정(探偵)하는 데 고심하여 암중비약을 하였던 것이다.

이 외교공작을 명료히 한 자료는 오늘에 와서 넉넉히 볼 수 있으니, 최초에 '소비에트 러시아'가 제정시대의 비밀교환문서와 비밀조약의 일부를 공표하였고, 여기에 자극되어 독일, 오태리, 불란서 기타에서도 당시의 밀서 문서를 발표하였으며, 이어서 당시에 활약하던 각국의 정계 거두가 회상록을 출판하는 등 지금 와서는 거대한 문헌이 있는 것이다.

---

38) 독일·오스트리아·이탈리아. 이른바 '삼국동맹'이라고 불린다.
39) 삼국동맹에 불가리아가 가맹한 뜻이지, 제1차 세계대전의 연합국과는 다르다.

그 가운데에서 전쟁 준비 외교공작의 중추에 참여한 사람들의 언동과 각국 정부의 밀실에서 행해진 사실을 기록해 보기로 한다.

2. 오홍국(墺洪國)의 전쟁 결정

이 비밀 전쟁 준비 공작 중의 중요한 것은 무엇보다도 사라예보 사건으로부터 오태리·홍아리의 세르비아에 대한 선전포고까지이니, 시간으로 따진다면 6월 28일로부터 7월 28일까지다. 이 1개월 동안은 각국의 정부와 소문이 "비냐 바람이냐?" 하여 다 귀(耳)가 되어서 애를 쓰고 의혹에 넘치는 긴장을 계속하였다.

전술한 바와 같이 1914년 6월 28일 오태리 황태자가 세르비아 청년에게 암살된 순간으로부터 세계의 이목은 오태리·홍아리 정부가 어떻게 나갈 것인가 하여 '빈(Vien)'에 집중하기 시작하였다. 이 상황에 오태리 내각은 물 샐 틈도 없는 엄중한 경계와 비밀리에 어디로 보든지 수락할 수 없는 최후통첩을 세르비아 정부에 보내기로 결정하였던 것이다. 오태리와 홍아리는 오늘에 와서는 두 나라를 합하더라도 겨우 면적이 17만 6,800평방킬로미터, 인구가 1,500만 명에 지나지 않는 간판으로는 국가의 잔해인 것이나, 당시에는 막강막대의 오·홍 제국으로서 면적이 670,606평방킬로미터, 인구 5,100만 명을 가진, 유럽에 다시 없는 대 왕조 '합스부르크 가'를 모시고 위풍이 당당하게 사방을 흘겨보고 있었다. 따라서 그 일거수일투족은 인접 제국에 절대적인 파문을 일으키지 않을 수 없었던 것이다.

1914년 7월 7일 아침 오태리 수상 겸 외상(外相)인 '베르히톨드'[40] 백작의 의뢰를 받아가지고 독일정부의 내용을 정찰하려고 가 있던 '호이오스'[41] 백작이 백림(伯林)으로부터 돌아왔다. 호이오스 백작은 우물쭈물하는 태도로 빛 좋은 대답을 얻어가지고 왔던 것이었다. 오태리 참모총장 콘라드[42] 원수는 호이오스 백작이 귀환하였다는 소식을 듣자 만사를 제치고 수상관저로 뛰어들어갔다. 수상은 참모총장과 악수하면서 미소를 띠어 가며 "독일은 반드시 우리 편이 될 것이다. 우리의 세르비아에 대한 행동이 대전쟁이 될지라도 우리의 편에 가담할 것이다. 독일은 출동을 권고하고 있다."고 분명히 말하였다. 이것을 듣고 난 참모총장은 점차 일에 착수하였으니 그는 곧 참모본부에 가서 그 본부에서 유명한 '메즈가'[43] 대좌와 동원하기 전에 취할 방책을 논의하였던 것이다.

참모총장이 물러가자 곧 중대한 각료회의가 열렸으니 그 의제는 사라예보 사건과 세르비아에 대한 외교수단이었다.

수상 겸 외상 베르히톨드 백작은 서서히 개회를 선언한 뒤 각료 일동을 돌아보면서 하는 말이 "백림과의 교섭은 원만히 되었다. '카이저(Kaiser)'도 독일 재상 '폰 베트만-홀베그'[44]도 세르비아와 전쟁이 일어나게 되면 독일

---

40) 레오폴트 베르히톨드(Leopold Berchtold, 1863~1942) : 오스트리아의 외무장관

41) 알렉산더 호이오스(Alexander Hoyos, 1876~1937) : 오스트리아의 외교관이자 내각상임관료(chef de cabinet)

42) 프란츠 콘라드 폰 회첸도르프(Franz Conrad von Hötzendorf, 1852~1925) : 오스트리아의 참모총장(1912~1918)

43) 헝가리 육군 대령 데조 라슬로(Dezső László, 1894~1949)로 추정됨.

44) 테오볼트 폰 베트만-홀베그(Theobald von Bethmann-Hollweg, 1856~1921) : 독일 수상

은 무조건 오태리를 지지하겠다고 확언하였다.”고 하여 일동을 안심시킨 뒤에 다시 말을 이어 가로되 “그리고 세르비아의 무장충돌이 일어난다면 그 결과로써 대로(對露) 전쟁으로 될 것은 명백한 일이니, 그러므로 무엇보다도 빨리 세르비아를 응징해서 사태의 확대를 방지하지 않으면 안 된다. 이 기회를 놓치면 다시 할 수 없는 일이다.” 하고 말하였던 것이다.

이 각료회의는 오태리와 홍아리와의 합동 각료회의이므로 홍아리 수상 ‘티서’[45]도 참석해 있었다. 동 수상은 일본 재등(齋藤) 내각의 오상회의(五相會議)에서와 같은 태도를 표명하면서 “베르히톨드 백작의 강경한 의견에 대하여 나는 외교 준비 공작을 하지 않고 돌연히 세르비아를 공격한다면 구라파로부터 오해를 받을 것이고, 또한 발칸으로부터 반감을 초래할 염려가 있으므로 갑자기 찬동할 수는 없다고 생각한다. 그러나 이런 곤란한 경우에 당면하여 또한 우리의 경제계에 올 장기공황을 구제하기 위한 수단을 취하는 것이 급선무이다.”고 말하였다.

홍아리 수상도 예외로 외교공작이 성공한다고 하더라도 결코 사태는 개선되는 것이 아니라고 확신하고 있었다. 그러므로 세르비아에 대하여 외교수단을 강구한다 하더라도 그 수단은 반드시 전쟁을 하고 말게 된다는 것이라는 확신을 가지고 임하지 않으면 안 된다고 하는 것이었다.

여기에서 행동에 옮길 것인가 않을 것인가의 원칙적 문제는 해결되었으므로 이번에는 세르비아에 대한 군사행동의 목적, 즉 전쟁의 목적에 대하여 심의를 진행하였던 것이다. 심의의 결과 “세르비아의 영토를 축소할

---

45) 이스트반 티서(István Tisza, 1861~1918) : 헝가리 수상

것, 그러나 노국을 고려하지 않으면 안 되겠으므로 세르비아를 지도로부터 말살하는 것같이 하여서는 안 된다. 지금의 세르비아 왕가를 폐하고 구라파 제후의 한 사람을 옹립하여 그 축소된 세르비아 왕국을 군사상 오·홍 제국에 예속하게 하자."고 결정하였다.

그리고 당면한 전쟁에 대하여 장기간 협의한 결과 (1) 출석 각료원 전부는 될 수 있는 대로 세르비아 문제를 평화수단으로든가 전쟁수단을 가지고 해결하기를 바라며 (2) 그것을 위하여 최초 동원을 행하고 이어서 세르비아에 대하여 최후통첩으로써 구체적 요구를 제시하기로 결정되었던 것이다.

그러나 각료회의는 외교수단으로는 아무리 그것이 완전히 세르비아를 설복시킨다 하더라도 별로 효과는 없으나, 세르비아에 대한 요구는 그 거절할 것을 예상하고 군사간섭에 의하여 문제를 근본적으로 해결할 수 있는 과대한 것을 제출하자고 하는 의견에 낙착(落着)이 되었다.

말하자면 너무 적극적이나 요컨대 외교공작으로는 안 될 것이므로 전쟁공작으로 세르비아를 정복하여야만 된다고 결정한 셈이다.

3. 노국(露國) 대사 한밥막히워

이 각료회의가 끝나자 오태리·홍아리의 참모총장과 육군대장은 정부가 바야흐로 전쟁을 결정하였다는 것을 은폐하기 위하여 고의로 여름휴가를 얻어 유유히 별장으로 나가 버렸다. 각국의 대사와 공사는 여우에게 홀린 모양으로 멍하니 있었다. 그중에도 빈 주재 노국 대사 '세베코'[46]는 그들의 수단에 감쪽같이 넘어가서 다음날 7월 8일에 본국 외무대신 '사조노프'[47]에게 다음과 같은 비밀전보를 쳤던 것이다.

"나는 베르히톨드 백작과 만난 결과 오태리·홍아리 정부는 세르비아 정부에 대하여 인접국의 위신에 상용(相容)되지 않을 것 같은 요구는 제출할 의향이 없는 인상을 얻었다."

그 후에 지내보니 얼마나 혼 빠진 대사였던가. 그 ㅁㅁ하고도 비상시의 외교관 노릇을 지낼 수가 있었던지 생각하게 한다.

그뿐이랴. 러시아 대사 세베코는 영국 주재 ㅁㅁㅁ '분젠'[48]과 7월 5일에 회견했는데 그 회견 ㅁㅁㅁㅁ 세베코는 말하되 "러시아는 무기를 가지고 ㅁㅁㅁ지는 않겠다. 오태리·홍아리와 세르비아뿐만의 고립된 전쟁은 불가능할 것이다. 그러므로 오태리·홍아리가 전쟁한다고 결정하였다는 것이 아무래도 의심된다고" 하였던 것이다.

4. 그레이 경(卿)이 노국(露國)을 구설(口說)했다

당시 영국에는 유명하던 '그레이'[49] 경이 외상(外相)이었다. 빈 주재 대사로부터 노국의 형편이 이러하다는 보고를 받은 후 사태가 이러하니 속히

---

46) 니콜라이 셰베코(Nikolai N. Schebeko, 1867~?) : 러시아 외교관
47) 세르게이 사조노프(Sergei D. Sazonov, 1860~1927) : 러시아 외무장관
48) 마우리스 드 분젠(Maurice de Bunsen, 1852~1932) : 영국 외교관
49) 에드워드 그레이(Sir Edward Grey, 1862~1933) : 영국 외무장관

노국에 전쟁할 결심을 일으키도록 하지 않으면 안 되겠다고 생각하여, 7월 8일 런던 주재 대사 '벤켄도르프'⁵⁰를 청하여 극비리에 회담하였다. 이 회담 내용에 대하여 벤켄도르프 대사는 7월 9일 부로 본국 외상 사조노프에게로 보내는 서한에 다음과 같이 썼다.

"나는 어제 그레이 경과 회견하였다. 그레이 경은 그 회담을 매우 중요시한 것 같았다. 회담은 약 1시간에 미쳐 그는 혹은 말하고 혹은 묵상하였다. 그레이는 자기 손에 들어온 빈으로부터의 정보가 마음에 들지 않는다는 것과 그 쪽의 인심은 매우 작열하여 그 격앙은 종래보다 매우 크다는 것, 세르비아 정부의 태도 표명이 문제인 것, 세르비아는 어떻게든지 오태리 · 홍아리 정부를 자극하여 행동에 나오게 하였으면 하고 있다는 것을 나에게 고하였다. 나는 오태리의 '프란츠 요제프'⁵¹ 황제는 편족(片足)으로 묘장(墓場)에 들어박혀 있으므로, 지금은 전쟁하려고 하지 않을 것을 확신한다. 귀하는 황제의 평화애호적인 기분을 기대하지 않는가, 하고 질문하였다. 그레이는 위신이—오태리 황제의 위신—그렇게까지 높았던 일이 일찍이 없었던 것이라고, 권력을 구별하지 않으면 안 된다고 대답하였다. 그는 노령이 되면 황제뿐만 아니라 정치가들까지도 권력의 방면에서 잃어버린 것을 위신으로 보강시키려고 하는 것이라고 대답하였다. 나는 만약 오태리가 인접 국민의 암살행위로부터 무슨 이점을 바란다면 노국의 여론은 그냥 냉정할 수 없는 일이고 따라서 내가 귀하로부터 청취한 것은 사태

---

50) 알렉산더 벤켄도르프(Alexander Graf von Benckendorff, 1849~1917) : 러시아 외교관
51) 프란츠 요제프 1세(Franz Joseph I, 1830~1916) : 오스트리아 황제

가 극히 중대한 것이라고 대답하였다. 여기에 대하여 그레이는 그렇다면 사태는 비상히 중대한 것이라고 말하였다. 나는 그러나 독일은 아직도 그 태도를 표명하지 않는다, 빌헬름[52] 황제가 전쟁을 바라고 있는지는 확신할 수 없다고 말하였다. 그레이도 나와 같은 생각이나, 백림의 의향에 관한 인상은 그다지 좋지 않다고 대답하고 '백림에서는 노국은 침략적 야심을 가지고 군비를 정돈하면서 루마니아 및 영국과 군사협약 체결을 위하여 교섭을 진행하고 있다. 적어도 노국은 전쟁에 관한 것을 고려하고 있다고 생각하는 것이다. 그러므로 독일에 대하여 작년과 같은 정도의 기대를 걸고 있다는 것은 청명(聽明)하지 못하다, 라고 그레이는 말했다. 그리고 귀하는 어떻게 할 수 없는가, 라고 나에게 질문하였다. 나는 독일 대사에게 우리들의 평화애호적 의향을 설문시킨다면 어떤 결과가 될 것이냐, 라고 질문하였다. 그레이는 그런 일을 한대야 별로 신통치 못할 것이라고 답하였다. 독일은 군사행동의 중심이 서부로부터 동부를 향하여 신속히 이동하고 있다고 보는 모양이었다. 수년 전까지는 독일의 주요 적은 불란서였고 러일전쟁에서 약해진 노국에 대하여서는 독일도 그렇게까지 국방준비의 필요를 생각하지 않던 것이다. 그러나 오늘은 정세가 전혀 일변하여 노국은 점차 독일의 중요한 적국으로 되어 있다고 설명하였다. 나는 귀하는 사태를 중대하게 보는가 하고 질문하였다. 그레이는 그것에 답하였다. '우리들은 작년에 전쟁 회피를 위하여 다대한 노력을 경주하였다. 그리하여 한때는 조정이 될 듯이 생각되었다. 그러나 오늘날은 저 무서운 범행으로부터

---

52) 빌헬름 2세(Wilhelm II, 1859~1941) : 독일 황제

대 동란과 대 전쟁이 발발될 듯하다. 그것을 생각하면 전율을 금할 수가 없다. 이러한 사태를 보며 나는 미리부터 귀하에게 경고하려고 생각하고 있었다는 것을 깊이 고려하지 않을 수 없다'고 말하였다."

이상은 영국 외상 그레이 경과 런던 주재 노국 대사 벤켄도르프 사이에 중요한 회담의 내용이다.

이것을 보면 영 외교 당국이 한층 더 빈과 백림의 정세에 정통하고 있었던 것을 알 수 있다.

그런데다가 노국을 설복시켜 자기보다도 먼저 참전시킨 영국 외교의 수단은 훌륭한 것이었다.

5. 밀전팔방(密電八方)에

이때부터 독일 외무성의 암약은 날로 볼 만하게 되었으니, 7월 18일 독일 외상 야고프[53]는 오태리 주재 대사에게 "만약 오태리가 세르비아 편에 가담하게 되면 그것은 움죽거리고 있는 노국에다가 불을 지르는 셈이 된다. 오태리 제국이 붕괴될 것 같으면 이태리는 이것을 다행으로 여겨 다년간 숙망이던 영토 획득을 기대할 것이다. 나는 그런고로 빈은 로마 내각과 교섭을 개시하는 것이 중요하다고 생각한다. 극비로서 통지하는데 이태리는 트렌토[54]의 획득을 귀중한 보상으로 생각할 것이다. 이 토지는 비상히

---

53) 고틀리에프 폰 야고프(Gottlieb von Jagow, 1863~1935) : 독일 외무장관
54) 이탈리아의 현 트렌티노(Trentino) 자치구

풍요하여 이태리가 탐내던 곳이다. 어쨌든 이태리의 태도는 세르비아 전쟁에 대하여 노국의 태도에 영향을 줄 것이다. 만약 이 분쟁이 대폭발이 되면 우리나라에 있어서는 중대한 군사적 의의를 가지게 된다."라는 비밀 전보를 발하고, 그와 동시에 독일 외상은 로마 주재 대사에게 "이태리 신문에 활동을 하려면 금전을 요하는가? 또는 금액은 얼마나 요하는가? 즉시 회전(廻電)하라."라는 비밀 전보를 발하였다.

독일이 이태리를 끌어들이기 위하여 어떻게 노력하였는지는 위의 전보를 보아도 명백할 것이니 이런 것 저런 것으로 말미암아 이태리는 대전이 발발한 지 10개월 간이나 형세관망의 태세를 버리지 않았던 것이다.

그리고 독일 외상이 런던 주재 대사에게로 보낸 비밀 전보에는 "오늘날의 문제는 고등 정책의 문제다. '대세르비아주의운동'에 최후의 치명상을 줄 것인가 아닌가의 문제다. 오태리가 이 기회를 놓치면 동 나라는 위신을 상실하고 우리들의 그룹 중에 비상히 약한 요소가 되어 버릴 것이다. 우리들은 동맹국 오태리가 그 세계적 위치를 보지(保持)하지 못하는 데 생명적 이해관계를 가지고 있다. 귀하가 아는 바와 같이 영국의 입장은 분쟁 이후의 발전에 절대한 의의를 가지고 있는 것이다."라고 쓰여 있었다. 영국은 노국보다도 이상 독일과 전쟁하고 싶었으나, 그것을 은폐하고 노국을 먼저 내보낸 강자인 만큼 독일의 외교도 여기에는 실패하지 않을 수 없었다.

6. 점차 최후통첩

이와 같이 사태가 중대화되어 있음에도 불구하고 노국 외교당국은 그렇게까지 급박하다는 것을 생각하지 않았다. 베를린 주재 러시아 대리대사

브로네프스키[55]는 7월 22일 사조노프 외상에게 비밀 전보로 "독일 외상 야고프는 오태리의 요구가 어떠한 내용인가를 알지 못하는 것 같다. 불란서 대사 캄봉[56]은 무서운 비관적 기분이 되어 있다. 동 대사는 이태리에서 예비병 6만을 소집한 것과 오태리에서 약 10만을 소집하고 독일에서 대연습을 위한 것이라고 칭하여 평시 편성을 45만 증원한 것은 경계할 것이라"고 단순히 보고하였다.

외교의 밀실에 있는 외교관도 이렇거든 아무리 제 육감을 과장하는 신문기자라도 용히 진상을 붙잡을 수는 없었다.

독일 《디 알게마이네 차이퉁》[57] 지의 부다페스트 특파원은 7월 22일 홍아리 수상 티서가 의회의 지금까지 대외상태는 중대한 전환을 기대할 수 없다는 성명을 그대로 보도하였던 것이다. 그리고 영국의 《웨스트민스터 가제트》[58] 지는 "오태리·홍아리의 통첩은 아직도 세르비아에 수교되지 않았다. 그러나 위의 통첩이 최후통첩의 성질을 띠지 않은 것은 명료하다."라는 틀린 견해를 썼던 것이다. 그러나 독일 외상 야고프는 7월 22일 빈 주재 독일 대사에게 푸탈레스[59](러시아 주재 독일 대사)는 불란서 대통령 푸엥카레[60]가 목요일(7월 23일) 오후 11시 '크론시타트[61]'를 출발한다고 통

55) 보그단 브로네프스키(Bogdan Bronewski, ?~?) : 러시아 외교관

56) 쥘 캄봉(Jules Cambon, 1845~1935) : 프랑스 외교관

57) 디 알게마이네 자이퉁(die Allgemeine Zeitung) : 독일 신문

58) 웨스트민스터 가제트(The Westminster Gazette) : 영국 신문

59) 프리드리히 폰 푸탈레스(Friedrich von Pourtalès, 1853~1928) : 독일 외교관

60) 레이몽드 푸엥카레(Raymond Poincaré, 1860~1934) : 프랑스 대통령

61) 크론시타트(Kronshtadt) : 러시아 상트페테르부르크 근교 항구. 해군기지. 러시아혁명 당시 '크론시타트 반란'으로 유명하다. 푸엥카레는 1914년 7월 20일~23일 러시아를 방문했다.

보하였다.

이것을 중유럽 시간으로 고치면 9시 30분이 된다. 만약 최후통첩이 다음 날 오후 6시 베오그라드에서 수교된다면 '페테르부르크'에서 그것을 안 것은 푸엥카레의 체재 중의 일일 것이다.

이것은 극히 중요한 전보였다. 그 당시 불란서에서는 오늘날에 있어 외상 바르투[62]가 폴란드와 체코슬로바키아와 유고슬로바키아와 영국을 방문하고 그 진영을 견고히 한 것과 같이, 대통령 자신이 의회에서 협찬을 요구하여 금 40만 프랑을 여비로써 주머니에 넣고 노국, 서전(瑞典; 스웨덴), 정말(丁抹; 덴마크), 낙위(諾威; 노르웨이)와 북구(北歐) 나라들을 구설(口說)하기 위하여 움직이고 있었던 것이다. 그리하여 각국의 예민한 안목은 그의 뛰어난 자태를 주목하였던 것이다. 지방에서는 이 7월 22일까지에 연합 측과 중유럽 측의 양 진영은 대체 결정되어 오태리의 세르비아에 대한 최후통첩은 발하였고 그 세부에 대하여 독일정부의 동의를 얻고 있었던 것이다.

백림에서는 불란서 대통령 푸엥카레의 노국 출발 시일을 몇 시 몇 분까지를 중유럽 시간으로 고쳐가지고 '빈' 주재 대사에 급보하여 오태리 정부에 알렸던 것이니, 그럴듯한 독일식의 정밀한 방법이었다.

이에 독일은 중대한 의의를 발견하였던 것이다. 즉 베오그라드에 있어서의 최후통첩의 평교(平交)를 푸엥카레가 크론시타트를 출발한 사이에 하기로 하고 불란서를 골려주려는 것이었다. 7월 22일에 푸엥카레가 아직 페테르부르크에 체재하던 중 러시아 외상 사조노프는 오태리에 대하여 불란

---

62) 장 바르투(Jean Louis Barthou, 1862~1934) : 프랑스의 정치가. 1913년 프랑스 총리. 1934년 프랑스 외무장관

서도 노국도 세르비아에 대한 멸망을 허용하지 않는다고 경고하였다. 노국 황제 니콜라이 2세[63]는 푸엥카레를 만나서 영국과 같이 일어나기를 결정하였다. 그 사실을 즉시 백림에 보고하였는지 어찌 되었는지는 모르는 것이나, 어쨌든 백림에서는 푸엥카레가 귀국해서 그 일을 실행할 준비에 들어가기 전에 오태리로 하여금 손대게 하자는 것이었다.

그 후 7월 19일 빈에서는 베르히톨드 백작의 사회 하에 중신 각료회의가 열렸다. 그 의정서에는 '의제 세르비아에 대한 금후 외교행동'이라 하였고 이하에 각료회의의 경과와 결론이 기재되어 있었다. 각료회의를 열자 베르히톨드 백작은 7월 23일 오후 6시에 세르비아 정부에 최후통첩을 수교하고 싶다고 제안하였고, 그리고 25일 오후 6시 회답 기한 48시간이 경과하게 되자 그 밤으로 동원령을 내리자고 하였다.

수상은 "외교상 이유로 보아 벌써 유예할 수도 없다. 백림에서 동원을 급급해하며 오태리의 의향은 벌써 이태리에서도 알고 있다. 우물우물 하고 있다가는 의외의 돌발사건이 일어날지도 모른다."고 각료를 촉구하였다. 각료회의에 참석한 참모총장도 군사상의 이유로 보아 될 수 있는 대로 속히 출동을 결정하기를 희망하였다.

이것을 듣고 있던 홍아리 수상 티서는 세르비아에 대한 행동은 오태리·홍아리의 침략계획과는 하등의 관계 없는 것과 제국은 군사적 필요로부터 발생할 국경의 개정을 제외하고 세르비아의 영토는 한 조각이라도 합병할 의향이 없다는 것을 각료회의가 만장일치로 성명할 것이라고 역설

---

63) 니콜라이 2세(Nicholas II, 1868~1918) : 러시아 황제

하였다.

　오태리 수상은 어떤 유보를 부쳐 여기에 동의하였다. 그리고 세르비아에게 전승한 아침 오태리는 무엇을 합병하기 위한 것은 아니나, 불가리아, 그리스, 알바니아, 루마니아에게 세르비아의 영토를 떼 주어 세르비아를 아주 위험한 것이 되지 않을 정도까지 축소하지 않으면 안 된다고 하였다. 여기에 대하여 흥아리 수상은 세르비아를 완전히 파괴해 버리면 노국은 죽을힘을 다해서라도 싸울 것이 틀림없으니, 전술한 자기의 견지를 만장일치로 가결하기를 주장하였다.

　흥아리 수상의 제안에 의하여 각료회의는 전쟁 개시와 함께 외부에 대하여 오태리·흥아리 제국은 결코 침략적 전쟁을 하기 위한 것이 아닌 것, 세르비아를 합병하기 위한 것이 아니라는 것을 선언하기로 결정하였다.

　각료회의에서 결정한 최후통첩은 미리 독일정부와 상의해 둔 바와 같이 세르비아 수도 베오그라드에서 7월 23일 오후 6시 오태리 공사로부터 정부에 수교하였다. 최후통첩은 반 오태리 선전을 일체 금지하라든가, 국수단체를 즉시 폐쇄하라든가, 그러한 선전에 종사한 군인 관리를 전부 파면하라든가, 세르비아에 있어서의 국수혁명운동 탄압에 오태리 정부의 협력을 용인하라든가, 음모 연루에 대한 법정심의를 7월 28일까지에 행할 것이고 또한 그 심사로부터 발생하는 수사에 오태리·흥아리 정부가 파견하는 관리를 참가시키라든가의 전 8개조에 미치는 준엄을 극한 것이었다. 그리하여 7월 23일 오후 6시로부터 48시간의 숨찬 시간은 계속되었다.

7. 노도(露都)의 전수고무(轉手古舞)

이태리가 최후통첩을 발하였다는 전보는 7월 24일 아침 노국 외무성에 닿았다.

전화로 그 통지를 받은 외상 사조노프는 오전 10시 귀족의 별장지인 '잘스고에세로-로'[64]부터 뛰어들어왔다. 외무성의 현관에 들어서자 그의 입에서 제일 먼저 쏟아지는 말은 "이것이 구라파 전쟁이다!" 하였다.

10시 오태리 수상이 왔다. 그와 회견한 외상은 오태리·홍아리는 세르비아와의 전쟁을 요구하고 있었다. 도저히 이행할 수 없는 요구를 들어 세르비아와의 교량을 파괴하려고 한다. "이러한 행동은 구라파의 전쟁을 초래한다."라고 무서운, 좋지 못한 기분을 가진 안색으로 말하였다.

오후에 노국 외상과 영국 대사 뷰캐넌[65]은 불란서 대사관에 모여들었다. 이 3자 회견에서 불란서 대사 팔레올로그[66]는 노국과의 동맹에 의하여 부담할 의무는 무엇이든지 이행한다고 명확히 언명하여 단호한 정책을 주장하였다. 영국 대사는 영국은 중립을 지킬 것인가, 라고 아주 의지할 수 없다는 투로 말하였다.

그러나 사조노프 외상은 "금일의 사태에서 영국이 중립을 지킨다는 것은 자살과 마찬가지다."라고 부르짖었다. 여기에서 겁을 낸 영국 대사는 "우선 최후통첩의 기한 48시간을 오태리에게 연기시키는 것이 제일 긴요

---

64) 차르스코예셀로(Цáрское Селó) : 상트페테르부르크 근교. '황제의 마을'이라는 뜻으로 현재 지명은 푸슈킨 시이다.

65) 조지 뷰캐넌(Sir George William Buchanan, 1854~1924) : 영국 외교관

66) 마우리스 팔레올로그(Maurice Paléologue, 1859~1944) : 프랑스 외교관

하다."라고 하였다. 사조노프는 여기에 동의하였다. 영국 대사는 최후에 "오태리의 세르비아 공격이 노국의 출동을 야기한 이상 그 출동은 불란서 와 독일을 분쟁의 도중에 끌어넣을 것이고, 종래에는 영국도 대전의 밖에 머물러 있을 수 없게 될 것이다. 이런 사실을 영국정부는 독일정부와 오태 리 정부에게 전할 것이다."라고 하였다.

사조노프는 그러한 일에는 만족할 수가 없었다. 그러나 그 이상의 말을 영국 대사로부터 얻어들을 수가 없었다.

오후 3시 사조노프는 불란서 대사관을 나와 각료회의에 출석하였다. 각 료회의는 크게 분규하였으나 결국 오태리·홍아리에 대하여 타국과 같이 세르비아의 회답 기한을 연장할 □을 요구하고 오태리 정부가 제출해도 좋다고 하는 세르비아 흉변(兇變) 관계문서를 각국 정부와 같이 연구하여 세르비아에서는 오태리가 무장 침입하지 말고 그 운명을 열국(列國)의 결정 에 일임할 것을 권고하고, 그리고 급히 군대의 식량, 병기보충을 촉진하고 독일과 오태리에 보관해 둔 대장성(大藏省)의 금 80만 루블을 가져 오기로 결정하였다.

그리고 각료회의는 의정서에는 없으나 국민은 대외 정치 분쟁을 냉정히 보고 있을 것인가, 정부에 대하여 불온행동에 나가지는 않을까 하는 내정 문제를 장시간에 걸쳐 협의하였다.

각료의 다수는 "문제 없다. 그런 근심은 없다."는 의견을 피력하였다. 각 료회의 종료 후 사조노프 외상은 세르비아 공사를 만나서 노국은 오태리의 세르비아의 공격을 결단코 용인하지 않는다고 큰 강조를 하였다.

그다음은 독일 대사 푸탈레스와의 회견이었으니, 활기가 보이는 회견이 었으나 전혀 결과 없음에 그치고 말았다. '그렇다면'이라고 하자, 푸탈레스의 편에서 회견을 끊었다. 외상의 방에서 나온 푸탈레스의 안목은 이상하게도 번쩍거리며 안색은 빨개졌던 것이다.

8. 오국(墺國) 공사의 새도철거(塞都撤去)

최후통첩 수교로부터 회답까지의 지정기한 48시간은 시시각각으로 지나가 버린다. 이런 때에는 타임의 속도가 특히 빨라지는 것이었다. 노국 각료회의의 결정 같은 것은 하나도 실행하지 못한 사이에 7월 25일 오후 6시가 절박하였다. 점차 정하여 놓은 6시가 되자 세르비아 정부는 베오그라드 주재 오태리 공사 히슬[67]에게 회답을 수교하였다. 세르비아는 오태리가 제출한 8개조의 요구 중 2개조를 제외하고는 전부 수락할 용의가 있다고 회답하였다.

거절한 2개조 중의 하나는 반 오태리 운동 진압에 당하여 오태리 정부의 협력을 용인하라는 요구였다. 즉 사라예보 사건과 같은 국수 반 오태리 운동은 '우리'의 군대로써 진압한다는 것이었다.

여기에 대하여 세르비아는 그것이 국제법과 형사소송법의 규준에 합치되고 양국의 친선관계에 대응하는 협력이면 허용한다는 회피적 언변으로 위의 요구를 일축하였다. 또 하나는 사라예보 사건의 법정 심리에 오태리인을 참가시키라는 요구인데, 이것은 헌법과 형사소송법의 유린이므로 용인할 수 없다는 것이었다.

---

67) 블라디미르 히슬 폰 히슬링언(Wladimir Giesl von Gieslingen, 1860~1936) : 오스트리아 외교관

그러나 오태리 공사관에서는 만약 세르비아가 무조건으로 최후통첩을 수락하지 않으면 즉시 철퇴하라는 훈령이 와 있었으므로, 위의 회답을 받자마자 공사 히슬 남작은 관원 전부와 함께 잠시도 유예할 것 없이 베오그라드를 철퇴하였다. 그것은 시계와 같이 정확했으니 1914년 7월 25일 오후 6시를 지나는 30분이었다.

그날 밤 노국에서는 니콜라이 2세 황제 참석 하에 '구라-스노세로'[68]에서 어전 각료회의가 열려 "7월 26일 이후 제국 전토에 대하여 전쟁 준비를 실시한다."고 결정하고 오태리에 대하여 4개 군단과 흑해 및 발틱 함대를 동원시켰으며, 또한 독일에 대하여 비밀 군사수단을 취하게 되었다.

9. 카이젤의 방탁(傍託)

오태리 정부는 어떻게 된 셈인지, 독일 정부에게 세르비아의 회답에 대한 내용을 급히 통보하지 않았다. 백림에서 그것을 안 것은 겨우 27일이었다. 외무대신으로부터 세르비아 회답의 본문을 받은 빌헬름 2세는 본문 아래에 다음과 같은 문구를 써 넣었다.

"겨우 48시간밖에 안 되는 사이에 훌륭한 달성이다. 이것은 내가 예상한 이상이다. 빈에 있어 정신상의 대성공이다. 그러나 이것으로 말미암아 전쟁의 동기는 없어졌다. 히슬 공사는 유연히 베오그라드에 눌러 있었을 것이다. 이러한 정세에서는 나는(개인으로) 동원령을 내리지 않겠다."

---

68) 크라스노예셀로(Красное Село) : 상트페테르부르크 근교로 연례 군사 기동의 장소였다.

그러나 이렇게 쓴 후에 '외무대신 야고프에게'라고 하여 다음과 같이 썼다. "이 편지와 내용에 대해서는 그것이 실행에 옮겨가지 않는 한 상대적 가치에 지나지 않는다. 세르비아인은 동방 민족에게 허위를 고하는 것을 아무렇게도 생각하지 않는 것이며 사건을 끌어내는 명인이다. 그 훌륭한 약속을 실행시키기 위해서는 '미묘한 강압'을 가하지 않으면 안 된다. 그러나 강압을 실행하려면 담보로써 수도 베오그라드를 점령하고 요구를 이행하기까지 이것을 눌러 두지 않으면 안 된다."

10. 노도(露都)의 비희극(悲喜劇)

그러자 페테르부르크에는 한 가지 재미있는 극이 연출되었으니 7월 29일 빌헬름 2세는 니콜라이 2세에게 전보를 해서 오-로(墺-露) 간에 중개의 노력을 취하라고 제안하였다.

"노국 측의 전쟁준비는 파국을 촉진할 것이다."라고 부언하였다. 니콜라이 2세는 아주 당황했다.

여기에서 총동원령은 벌써 중앙 전신국에 회부되어 있음에도 불구하고 급급히 이것을 차압해 버렸다. 29일부터 30일 밤까지에 총동원령은 부분적 동원으로 변경되었다. 30일 아침 니콜라이 황제는 뒤늦은 의심[遲疑]에 휩싸여 신경을 번뇌하였다. 육상(陸相) 스홀리노프[69]와 참모총장 야누시케비치[70]는 황제에 대하여 전일의 결정에 돌아가 총동원의 착수를 허락해 달

---

69) 블라디미르 스홀리노프(Vladimir Sukhomlinov, 1848~1926) : 러시아 육군수상
70) 니콜라이 야누시케비치(Nikolai Yanushkevich, 1868~1918) : 러시아 육군참모총장

라고 전화로 애원하였다. 각료회의실로부터 사조노프 외상이 황제 앞에서 아뢰려고 할 때에, 참모총장은 그를 붙잡고 "만약 각하가 차르를 설득시키는 데 성공을 한다면 나는 직접 전화를 파괴하고 재차 총동원령을 철회할 듯한 명령을 내리지 않겠다고 어떻게 하든지 나를 탐색하지 않게 할 것이다."라고 하였다.

그것을 가슴에 품고 외상은 차르를 알현하였다. 그러자 차르는 오늘의 사태에서 불가피하게 전쟁을 준비하지 않은 것은 위험하기 짝이 없다는 데 동의하고, 즉시 총동원에 착수하라고 재도전의 허가를 주었다. 거기에서 사조노프 외상은 궁전의 한 층계에 있는 전화실로 뛰어 들어가, 자기를 초조하게 기다리고 있는 참모총장 야누시케비치에게 차르의 명령을 전하면서 "이제는 당신이 전화를 파괴할 것까지는 없다."고 전화를 끊었다.

이것은 7월 28일 오태리·홍아리가 점차 세르비아에 대하여 선전을 포고한 2일 후의 일이었다.

차화실(茶話室) : 의지의 모약자(耗弱者)

— 『신가정』 2권 12호, 1934. 12. 1.

8년 동안을 벙어리 행세를 하노라고 말을 하지 않았기 때문에 진짜 벙어리가 된 사람이 있다고 부산 통신에 의한 신문기사가 있다.

당자가 중죄의 혐의자로 공판 기피와 무죄 석방을 바라는 의뭉스런 꾀에서 8년 동안을 짐짓 벙어리 노릇을 하였다는 것인데, 8년씩이나 두고 보아야 암만해도 벙어리 같지를 않아서 재판소에서는 의학박사의 감정을 빌렸더니, 그때는 벌써 성대의 신경계통이 퇴화해 버린 심신 모약자(耗弱者)로 정말 벙어리가 된 뒤였다고 한다.

"원, 그럴 수가 있을 것인가." 하고 처음에 나는 놀라기도 하고, 의심스럽게도 생각하여 보았다.

그러나 내가 중학교에서 배운 생리학의 쥐꼬리만한 상식으로, 사람도 원래는 꼬리가 있었더니라 함을 생각하여 퇴화의 법칙을 시인하고 나서는, 세상에 둘도 없을 이 신기한 사실도 수긍치 않을 수 없었다.

나는 다시 생각하여 본다. 오랜 시간을 두고 쓰지 않는 중에 퇴화되는 것은 하필 사람에게 있어서 유형한 생리 조직에만 국한될 것이 아니라, 우리의 정신생활에 있어서도 마찬가지일 수밖에 없을 것이 아닐까. 요새 우리는 흔히 모든 것을 한탄하고 호소하던 나머지 그것도 지쳐서, 이제는 가만히 들어앉아 있는 사람들의 꼴을 볼 수 있다.

다행히 선조가 벼슬낮이나 살아서 선정비나 몇 개 시골 가문 앞에 세워 두는 동안에, 어두운 구석으로 토색질로 모아놓은 재산의 물려줌을 받았거나 소작인을 착취하고 고리대금업을 하는 자의 '후손으로서의 영예'를 가진 덕분에 시재 먹을 것이 궁할 바 없고, 또 놀거리 삼아 배워 둔 공부가 있어 바깥출입에 두드러지게 무식하지 않은지라 입만 벙긋하거나 발걸음 한 번 까딱하다가 옥창에서 찬 잠을 자는 것보다는, 낮에는 행세하면서 조선의 불운을 걱정하고(이것은 '하는 체'하는 것이고) 밤에는 미기(美妓)와 더불어 비단 이부자리에 무르익은 살냄새에 홀로 취할 수 있음을 만족으로 삼는 따위의 겨울 아궁이에 장작개비 구실도 못 되는 종류는 이야기할 것도 없지만, '그래도'라는 관사(冠詞)를 치달을 수 있었던 이들에게서도 이즈음의 행셋거리는 짐짓 모르는 체 아무 생각이 없는 체 함으로써 그날그날의 현실기피를 일삼는 수효가 늘어감을 보게 된다. 이래서 아는 체 일하는 체 따위의 '체병'이 모르는 체 일하지 않는 체로의 전향이 바야흐로 선명해지려 하는 때다.

"원, 그럴 수가 있을까?"

의심도 해 보는 곳에 이를 감정하여 볼 적에 의리는 공판 기피의 수단으로 가짜 벙어리 노릇이 정말 벙어리가 되기까지의 심신 모약자를 만든 것처럼, 현실기피의 수단으로서 모르는 체 일 아니한 체가, 정말 모르는 일할 수 없는 의지의 모약자가 되어 버린 것을 발견하는 것이다.

나는 한 번 더 다시 생각하여 본다.

8년 동안을 쓰지 않기 때문에 성대가 퇴화해 버린 그 벙어리가 만일 8년 동안을 일심전력으로 성대를 훈련하면서 음악공부를 했다면 그는 벙어리가 되는 반대로 훌륭한 성악가가 될 수 있을 것이다. 아니다! 아마, 모르겠지만 그는 8년 동안에 일심전력으로 발분망식하고서 혹은 음악가로서의 어느 정도의 진취는 있었을 것이로되, '벙어리가 되었다는 세계 무류의 사실'에 정반대 될 만한 세계적 성악가가 될 수까지는 없으리라고 우선 단정할지라도 무리는 아닐 듯한다.

여기서 나는 촌진(寸進)이 척퇴(尺退)보다도 어떻게 힘든 일임을 통감하는 자이지만, 그렇다 하더라도 우리는 물러간다는 쉬운 길보다는 나아간다는 험한 고개를 넘어야 한다는 것이 우리가 가진 인간으로 보아서의 본능적 임무요, 민족적으로 보아서의 역사적 숙명이 아닐까 하는 것이다.

나는 이제, 가짜 벙어리 노릇에서 진짜 벙어리가 된 그 중죄수에게 주저 없이 감사와 동정을 보내려 한다. 이는 그의 공판 기피의 수단 그것이 어떻게 졸렬한 것인가 함을 교훈으로 제시하되, 현실기피에 급급한 이들에게 그 비참한 결과로서 경종을 두들겨 주었기 때문이다.

의지의 모약이라는 이 병이, 이 무서운 전염병이 만일 사회를 뒤덮는다면 우리의 다음날이 얼마나 근심스럽게 될지 상상과 형용으로도 다할 길이 없고, 이 병을 퇴치하자는 데 있어서도 기다란 이론의 필요가 있을 리만무하다.

나부터 자아반성과 자아인식의 '현명한 철저'로서 방역진을 풀어놓아야 할 것이다.

극동 노령(露領)에 유대국(猶太國) 신건설

— 『개벽』 신간 3호, 1935. 1. 1.

1. 유대국 창건의 목적

극동 노령(露領)에 유대국을 건설하는 것은 소련의 극동정책에 크게 중요성을 가진 것이다. 만주사변이 발생하기 바로 3년 전 소지(蘇支; 소련-중국) 분쟁 발생의 1년 전, 즉 1928년 3월 28일에 소련 정부가 그 극동 이민에 깊이 살펴본 바가 있어서 극동 노령의 한쪽에 유대인의 이민지 창설을 선언한 것은 다만 소련 국내에 있는 유대인뿐만 아니라 전 세계의 동 민족에게 큰 센세이션을 일으켰다. 이 유대 이민의 지역은 머지않은 장래에 1개 사회주의공화국으로 성장하여 대노서아(露西亞)민족이나 '우크라이나' 민족과 동등으로 소련 공화국의 한 연방을 구성하는 하나의 중요 민족의 단위가 될 것을 기약하고 있다.

조국을 잃고 2,000년 동안을 남의 나라의 유랑민이 되어 갖은 박해와 압박을 받으며 자국 건설을 갈망하던 그들에게는 그것을 하늘이 준 일대 복음으로 보이게 되었다. 그러나 예외로 유대인의 유력 단체인 '맛손' 등은 도리어 그것을 반대하여 소련의 유대공화국 건설선언[71]에 맹렬한 반대운동을 일으켰으니 그 이유는 다른 까닭이 아니라 소련은 그 선언에 유대민족의 '시오니즘' 운동 내지 팔레스타인 건설운동은 영국 제국주의의 주구라 지칭하고, 거기에 대립을 노골적으로 표시한 까닭이다. 그리하여 와이즈먼[72] 박사 등이 주창하는 소위 시오니스트 일파는 아직까지 이 극동 노령의 유대민족지 건설을 냉소적으로 보고 팔레스타인 성지에 순수한 유대 조국건설운동을 모독하는 것이라 반대하고 있다.

그러면 소련 정부가 이 극동유대공화국을 건설하는 목적은 어디에 있는가 이것을 요약하면 (1) 자국 내 유대민족의 치열한 국가 창설 열기를 한 곳으로 집중시키는 것 (2) 전 세계 유대인의 이민을 환영함에 의하여 저들의 소련에 대한 호의와 적극적 지원을 얻고자 함이요 (3) 인구가 희박하여 산업적 또는 문화적으로 현저하게 뒤떨어진 극동 노령을 재건설에 의하여 향상 발전시키고자 함이요 (4) 흑룡강을 사이에 두고 근접한 지나(현 만주국)에 중요 근거지를 확립코자 함이다.

이상 중 (1)과 (3)은 특히 소련이 그 주요한 목적을 삼는 것이요, (2)와 (4)는 만주국 건설 후 일소만(일본-소련-만주) 관계가 중요화한 오늘날에 소련으로서 의의를 매우 중요하게 평가하고 있는 터이다.

어찌하였든 극동 노령의 미개 불모의 땅에 돌연히 유대민족공화국을 건

---

71) 1930년대 초반 아무르 강 중류 지역의 개발 목적에서 추진된 유대인 자치 공화국(Jewish Autonomous Oblast) 건설 시도를 의미. 현 예브레이스카야 자치주.

72) 시오니스트이자 훗날 이스라엘 초대 대통령이 되는 카임 와이즈먼(Chaim Weizmann, 1874~1952).

설하는 소련의 계획은 상상 이외의 일로 일반이 생각할 것이다. 일석으로 이조 삼조를 따려는 상당히 교묘한 입안이라 하겠다.

2. 유대민족 자치주의 지리 개황

소만(소련-만주) 국경의 중요 부분으로 형성된 대흑룡강은 대소 다수의 지파가 있으니 그중에 큰 것은 연장 300킬로미터의 비라[73] 하(河)가 있고, 또 200킬로미터의 비드잔[74] 하가 있다. 소위 비로비잔[75]이란 명칭은 유대어가 아니요, 실은 이 두 큰 강을 중심으로 한 지역의 명칭이다.

그 지역의 총면적은 약 80,000평방킬로미터에 달하는 대 지역으로 팔레스타인의 3배, 홍아리, 오태리에 필적할 만하고, 백이의(白耳義; 벨기에), 화란(和蘭)보다는 훨씬 커서 전 세계 총계 1,550만 되는 유대인에 비하여 지리적으로 그다지 좁다고는 할 수 없고, 소련 내 유대인 160만 인구는 더 넉넉하게 수용할 수 있는 것이다. 서백이아(西伯爾亞; 시베리아) 선(線)의 치흔가 역이 그곳 중심이 되어 있으니, 이 역은 최근 비로비잔 역이라 개칭하고 철도의 교통도 그다지 불편치는 않다. 지방이 만주국과 근접한 만큼 소흥안령과 부레아 산맥이 서로 접해 하천도 있고 작은 산도 있다. 여름에는 하천이 흔히 범람하고 그것이 또 작은 호수를 이루어서 경치도 상당하고 시베리아 특유의 대삼림도 간간이 있으므로 임업이 일종의 주요산업이 되었

---

73) Bira
74) Bidzhan
75) Birobidzhan

다. 1934년 8월 전로(全露) 중앙집행위원회 간부회에서는 극동 노령의 행정구역의 변경을 결정한 결과로 이 지방은 유대민족자치주라 부르게 되고, 그중에는 비로비잔 관구, 삐루스키 관구, 스탈린 관구, 뿌리유쓰헬 관구, 스미도삐쓰지[76] 관구 5구로 나뉘었으니, 관명을 스탈린이라든지 극동 군사령관 뿌리유쓰헬이라 붙인 것은 소련의 영웅주의에서 반영된 것이다.

3. 유대민족의 이민 상황

소련의 유대인 이민지 건설 선언은 소련 내외의 전 유대족에게 막대한 반향을 주었으나, 그렇다고 하여 즉석에 전 세계의 유대인이 그곳으로 쇄도하지 않을 것은 물론이다. 어떤 이유로 극동 시베리아라 하면 제정시대의 유적지요 구주 철도로 2, 3주를 요하고, 또 서구문명과 완전히 격리된 원시 미개의 땅이므로 거기에 식민지를 하는 데는 최대의 인내와 노력이 필요한 까닭이다. 그러한 인상이 저들의 이민에 냉수를 끼얹어 준 것이다. 그러나 선언을 발한 1928년 3월 28일부터 1개월을 지난 5월 1일에는 정부의 장려에 의하여 먼저 600명의 선구 유대인이 구주와 노국 각지로부터 달려왔다. 이 비로비잔 지방의 토착민족은 러시아인 외에 조선인, 유대인 등 약 30,000인이 있다. 제1년도의 이민은 동년에 극동 노령을 습격한 미증유의 대홍수와 전염병 등으로 인하여 참담한 비운을 당하였으나, 다음 해경부터는 소련 국내에서는 유대근로민 토지건설위원회와 유대근로

---

76) 현 스미도비치스키(Смидовичский) 군

민 토지건설협회 등이 주로 이민 장려를 하고, 이민 사업에 대한 지식보급에 노력하며, 또 국외에서는 전날에 러시아로서 유입한 유대인을 포용한 미국의 동 민족 단체와 독일, 파란(波蘭), 오태리, 불란서, 팔레스타인 등 각 관계 단체가 후원회를 조직하여 극동 노령 이민을 장려하게 된 까닭으로, 이 땅으로 몰려 오는 이민의 수는 놀랄 만하게 해마다 증가하여 1928-32년 간에 13,000인, 33년에 7,000인, 현재에는 20,000인 이상에 달하였다. 특히 작년경부터는 독일 히틀러 정부의 탄압이 혹독함에 따라 재독 다수 유대인이 이 땅으로 도래하고, 또 370만의 유대인을 포용하고 실업지옥에 빠져 헐떡거리는 파란에서도 그들의 구제할 길을 이곳에서 찾는 경향이 농후하게 되었으므로, 소련 정부의 대책이 적당하게 처리된다면 그 목표한 30만의 계획도 그다지 몽상의 일로는 보이지 않을 것이다.

이제 비교적 최근 통계에 의하여 전 세계 유대인의 분포상태를 보면(단위 1,000) △파란 3,700인 △아불리가(阿弗利加; 아프리카) 400인 △남북미 3,200인 △오태리 350인 △소련 2,600인 △호주 300인 △라마니(羅馬尼; 루마니아) 950인 △체코슬로바키아 300인 △아세아 650인 △영국 300인 △독일 540인 △리투아니아 160인 △홍아리 500인 △화란 110인.

즉 소련만으로도 260만에 달하는 고로 비로비잔 이민이 예비군은 실로 무한하다고 해도 무방하다. 물론 그들 중에는 팔레스타인의 성지 이외에 다른 지방으로 가는 것은 불결 부정한 것으로 생각하는 다수의 시오니스트도 있을 것이요, 빈한한 극동 노령으로 이주할 필요를 느끼지 못하는 부르주아 유대인도 또한 적지 않겠지만, 세계의 천민으로 갖은 냉대와 천시를 받고 정신적 물질적 고통에 신음하는 무산 유대인이 그 이상의 다수를 점령하여, 저들에게는 민족적 편견과 박해가 없는 제2의 조국이라 할 만한 자치국의 창설이 커다란 유혹을 주고 기기(期企)를 줄 것은 물론이고, 유산 (有産) 유대인으로도 비록 자기 자신은 이민을 하지 않을지라도 혹은 다수 의 금품을 기부한다든지 또는 트랙터 수 대를 기증하여 이 극동유대국 건 설에 조력을 하는 일이 간혹 있다.

최근 신문보도에 의하면 아메리카계의 유대 재벌가는 비로비잔 대농장 및 공업자금으로 100만원을 기부하였다 하고, 또 남로(南露) 오데사[77] 지방 은 올해가 흉작이므로 그 지방에 사는 유대인들이 갱생의 신천지를 구하 여 특별 이민열차로 비로비잔으로 이주한다고 한다.

4. 산업 건설의 실황

비로비잔의 산업은 농업 및 공업이 주요한 지위를 점하였으니 동 지방의 경지면적은 200만 헥타르, 보리, 밀, 귀리, 면화, 아마, 대두, 쌀 등의 재배가 가장 유망하다고 한다. 소련 정부는 소프호스,[78] 콜호스[79] 등 사회주의적 농업경영에 특히 주력을 가하여 이미 동 지방 전 농가의 80 내지 90퍼센트 까지 사회화하게 되었다. 농업 사회화의 무기는 소련의 타지방과 동일하 게 트랙터 배급소의 증설을 하였다. 최근 통계에는 20의 콜호스에 대하여 5개의 기계 트랙터 배급소가 설치되어 활동하고 있는데 가까운 장래에 2, 3배를 증가할 예정이라 한다. 목축은 주로 국영이니 즉 소프호스의 조직에

---

77) 현 우크라이나 오데사(Одесса) 주

78) 소프호스(совхóз) : 국영 농장

79) 콜호스(колхóз) : 집단 농장

속하고 소는 약 13,000마리, 돼지 12,500마리, 말 11,000마리, 그 외 양계 양봉 등이 있다. 농민의 대부업(大副業)은 동 지방의 방대한 삼림지대의 삼림 벌채업이니 그중 중요한 것은 건축재료로 1년 약 30만원 내지 35만 입방미터의 목재를 벌채한다. 그다음은 공업이요, 또 그다음은 광업이니 광업은 모두 국영에 속하여 종업원만 현재 1,000인을 초과하고, 광물의 중요한 것은 소흥안령 특산의 갈철(褐鐵), 석탄, 흑연, 석면, 대리석, 벽옥, 운모 등이다. 그리고 수공업은 총 생산액이 매년 수백만 루블에 달한다고 한다.

5. 사회문화의 시설

소련은 비로비잔의 산업 개발에 힘쓰는 한편 문화시설 방면에도 여러 노력을 하였으니 예를 들면 흥안령산악연구소, 삐로푸일드 농사시험장, 인스카야 지방개선시험소 등의 학술조사기관 이외의 농업종합전문학교, 건축기술학교 및 다수 유대인 학교시설이 그것이다. 극동의 중요 도시인 하바롭스크와는 전화까지 가설하기로 하고, 또 이번 여름부터 아무르 방면 간에 부정기적이나마 항공 연락편이 있으며, 비라 하(河)의 가교공사가 또한 진척되어 있다. 최근 정보에 의하면 동 지방의 중심도시를 비라 하의 제2 연안 치훙카야 대구로 옮기게 되어 서서(瑞西; 스위스)의 건축학자 한네스 메이엘 박사를 초빙하였는데, 내년 봄부터 신도시에 착수한다고 하며 그와 동시에 비로비잔 시(구 치호카역)도 대 개조를 할 예정이다. 그것은 소련 국립도시계획연구소의 입안에 든 것이다. 주요 도시 비르비잔 시는 전날의 한 한촌(寒村)에 불과하였으나 현재는 동 지방의 기관 각종 문화시설, 공장 등을 보유한 신흥도시로 면목이 일신하게 되었다.

6. 비로비잔의 장래

이상은 개괄적으로 비로비잔 유대인 자치주 소개를 한 것이다. 금후 동 지방은 과연 어찌 될 것인가? 소련은 동 지방에 대하여 5개년 계획을 세우고 현재는 제2차 계획을 수행하는 시기에 있다. 동 계획에 의하면 최종년도, 즉 1937년 말에는 동 주의 인구를 30만에 달하게 하고 산업문화도 또한 이에 응하여 약진하기를 기대하고 있다. 1937년은 지금부터 겨우 3년이 남았으니 이 기간에 현재의 4, 5배의 인구를 증식할까 함이 다소 의문이다.

그러나 필요만 하다면 어떠한 희생을 할지라도 달성하지 않으면 마지않는 소련인 즉 또한 그렇게 크게 의심할 것은 없을 것이다. 특히 최대의 강점을 가진 계획 경제, 바꾸어 말하면 중점 집중이 가능한 조직과 독자적 국민성을 이용하여 유대국 자치주의 발전 강화에 전력을 한다면 상당한 효과를 얻지 못하리라고는 말할 수 없다.

만주국 건설 후의 극동 형세는 소 연방 최대의 관심처이다. 그러나 비로비잔의 건설완성은 일만(日滿) 양국에 대한 일종의 방한의 역할을 수행하고, 또 극동 노령 공업화의 중심지 창설을 가진 1928년의 선언 발표 당시와 비교할 때의 소련보다는 이것을 중시하는 터이다. 그러므로 그 장래는 극히 주목할 만한 가치가 있는 것이다.

팔로춘색(八路春色) : 옛 생각은 잊어야 할까

—《동아일보》, 1935. 5. 1.

낡아가는 패성(浿城)의 봄빛이여!

봄.

봄의 대동강.

그 고즈넉이 흐르는 물결 따라 이는 생각.

춘추 반만년 이 땅의 흥망이 이 물결을 따랐고, 이 땅 사람들이 가진 정서와 느낌이 이 물결을 따랐다. 말없이 그저 흘러가는 대로 흐르는 듯한 이 강물이 지난 날 이 땅에 의지해 살아온 이들의 온갖 영화와 온갖 기쁨을 빚어낸 것이요, 또 흘러간 것이다.

오늘 그 영화, 그 기쁨을 잃어버린 죄 많은 후손들이 부서진 옛 꿈의 조

각이나마 주워 보려면 찾아올 곳도 여기뿐이요, 추억의 피눈물을 받아줄 곳도 여기뿐이다.

그러기에 대성산에 상서로운 기운 걷힌 지 오래고, 그 휘황찬란하던 궁성이 이제 나물 뜯는 아낙네의 발길에 기왓장이 채일 뿐이요, 50만 호 200만 명의 호대(浩大)한 살림살이 터가 닦였던 옛 평양이 초토로 돌아간 채나마, 이제도 그 흩어지다 남은 후손이 차마 떠나지 못하여 고구려 왕도를 굽이돌던 대동강이 그 흐르던 골짜기를 변하여 빈단봉 밑으로 흐르건만, 그 물결을 따라 함께 옮겨온 것이다.

아마 모르거니와 대동강이 두 번 다시 그 자리를 옮겨가면 이 자손은 또 다시 그 물결을 따라서 자리를 옮기리라. 대동강을 떠나서 평양 사람이 어디서 울고 어느 자리에서 선인의 옛 얼굴을 그려보기나마 할 것인가.

雨歇長堤草色多 (비 그친 긴 둑에 풀빛은 짙푸른데)
送君南浦動悲歌 (남포에서 임 보내니 슬픈 노래 나오네)
大同江水何時盡 (대동강 물은 언제나 다 마를 것인가)
別淚年年添綠波 (이별 눈물 해마다 푸른 물결을 보태는데)

얼마나 많은 사람이 이 강가에서 가는 님을 차마 못 보내 흐느껴 울었을 것이랴. 갈 사람은 가야 하건만 차마 두고 가지 못해 얼마나 눈물을 뿌렸을 것인가. 그 눈물, 그것만으로도 대동강은 마르지 않으리라. 마르지 아니하매 해마다 더하는 눈물이 있으리라.

이색이 남긴 이 노래가 얼마나 평양 사람의 심금을 울렸는가.[80] 얼마나 많이 이 노래를 읊었는가. 그러나 이 대동강을 따라서 일으켰던 선인의 대업이 깨어진 기왓장 몇 조각, 옛 무덤에서 나오는 쪼개진 거울 조각으로는 그 웅대한 모습이나마 똑바로 알아 모시지 못하는 아픔과 눈물에 비하면 그까짓 잠시 임과의 이별이 무슨 슬픔일까.

그것보다도 나는 이 대동강의 변한 모양을 이 노래에서 한 번 더 느끼는 것이다.

雨歌長提草色多!

그 긴 둑의 풀빛을 지금의 대동강 어디서 찾을까. 그때는 40리 긴 숲, 늘어진 수양버들이 있었다고 하지만 시멘트 호안(護岸) 공사가 무뚝뚝하게 서 있는 오늘의 대동강에서는 그 자취를 찾을 길이 없다.

저 이색의 노래와 함께 대동강에 남은 또 한 수의 시.

大野東頭點點山
長城一面溶溶水[81]

이 작자 그 다음 구를 얻지 못하여 울고 돌아갔다고 하는데, 그 장성일면 용용수에 고운 그림자를 던지는 것은 이색의 시구에 남았을 뿐인 40리 긴 제방의 풀빛만이 아니라, 대성산 성지에서 저버림 받은 채 대동강을 따라

---

80) 고려시대 정지상(鄭知常)이 지은 한시 '송인(送人)'으로, 서술에 착오가 있었던 것으로 보인다.

81) 고려시대 김황원(金黃元)의 한시로 "큰 들 동쪽 끝에는 점점이 산이로다! / 긴 성 한쪽에는 굽이굽이 물이로다!" 라는 내용이다.

모란봉 밑으로 옮겨 앉은 평양 사람의 최대 유물로 부벽루, 연광정, 대동문의 우아함이 있다.

비록 한때는 탐관오리의 학정으로 얻은 고혈의 잔치 터로 욕보았다고 할지라도 이는 한때 겪은 사나운 꿈자리요, 이 유물이 대동강을 따라 사는 평양 사람이 가진 가장 큰 자랑이었으니, 그것은 오늘에 어찌되었는가.

몇 해 전 전금문이 무너져 앞니가 빠진 부벽루도, 1년 전 그 한쪽 끝이 무너져서 기진맥진하여 널브러진 듯이 엎드려 있는 연광정의 늙은 꼴이며, 넘어질 날이 머지않다고 걱정된다는 대동문의 처연히 서 있는 꼴을 보라.

그뿐인가. 길이 있을 봄. 길이 웃어, 뒤에 오는 자손은 대성산에서 쫓기듯 다시 모란봉에서 쫓기지 말고 길이 봄을 즐기라고, 이 일대에 옛 어른들이 심으신 살구꽃들은 그 뿌리조차 묻혔던 곳을 알 길이 없으니, 봄이로되 무엇으로 즐길 것인가.

그래도 사람들은 봄을 울어서만 보낼 수는 없는가 싶어, 살구꽃나무 섰던 흔적도 없어진 곳에 가지런히 사꾸라가 만발했다고 이리로 몰려든다.

한참, 서울 창경원이 향객(鄕客)을 몰아가더니, 다음 차례가 내 차례라고 평양의 을밀대가 분칠을 하고 나섰다. 설마 을밀대야 당하고픈 일이랴마는, 이 일대를 자진하여 전식(電飾)하는 의협적 미용사 평전(平電)이 실은 이 통에 일년지계를 세우느라 못 당할 일을 당했을 것이다. 평철(平鐵)은 임시 열차를 굴려 주머니를 불리고 있다.

이래서 예전의 공진회 보따리가 사꾸라 보따리로 명예롭게 개명되었는데, 이 사꾸라 보따리가 해마다 늘어갈수록 이를 가리켜 평양의 봄은 볼 만한 것이라고 한다. 서글픈 일인 대로 지금이 한창, 이 사꾸라 보따리의 물결이 반기는지 비웃는지 모르는 사꾸라꽃 밑에서 출렁거린다.

대동강변 40리 긴 숲의 풀빛을 뿌리까지 짓밟은 청일, 러일 두 싸움 통에 총상을 입은 채 서있는 기림의 늙은 소나무 밑에는 '봄놀이'도 한창이다. 소고기를 굽는 것이다. 야유회의 맑은 운치도 있음직하거니와, 모진 뿌리가 죽지 않아 살아남은 노송들이 그 진저리나는 고기 굽는 냄새에 푸른빛조차 잃은 것 같다. 다음 오는 자손에게는 여기서도 봄을 맛볼 길을 스스로 끊고 있음이 아닌가.

사람은 흔히 제 늙음만을 아쉽게 여겨 산천은 의구하다고 하였다. 그러나 그것도 헛소리! 고구려 왕도를 굽이돌던 이 대동강 이 모란봉 밑으로 오기까지는 얼마나 변했는가. 모란봉 또한 그러하여 살구꽃에서 사꾸라로 갈아입은 옷 모양은 어떠한가.

나는 지금 청류벽 위에 서서 대동강을 내려다본다.

정녕 오늘밤, 대동강은 내게 지난 50년 제 변해 온 모양을 말해줄 듯하여 소리 있는 듯 귀를 기울이면, 안길 듯이 품에 스며드는 봄바람의 솔잎을 타고 온 발자취뿐이다.

대동강! 왜 말이 없는가. 옛 봄의 자취를 더듬고 있는 내게, 옛 어른들의 그 즐기던 봄을 왜 말해주지 않는가.

이것이 다 부질없는 생각일까?

옛 생각은 잊어야 할까?

別淚年年添綠波!

아니다. 나는 헤어지기 아쉬운 님은 없으니, 이제 옛 봄을 그치고 대동강 푸른 물결에 눈물을 붙이리라. 낡아가는 패성(浿城)의 봄, 슬픈 추억밖에 없는 봄을 조상(弔喪)하는 눈물을 더 가지리라.

아아, 그만 옛 생각은 다 잊어야 할까. (끝)

류경(柳京) 8년(1~6)

―《동아일보》, 1935. 5. 31.~6. 6.

〈1〉 1935. 5. 31.

평양을 떠나온 지 벌써 한 이레.

처음에는 써야만 될 것 같아서 회고 8
년이라 제목을 붙이고 쉽게 붓을 잡았다
가 맥없이 놓고 말았다.

무슨 쑥스러운 짓인가. 유구한 시간,
함께 유구한 역사가 있다면, 8년쯤이 무
슨 그다지 긴 세월이어서 가장 다감(多
感)한 듯이 붓을 들 것인가 함이었다.

그러나 그것이 까닭의 전부는 아니다.

역사가 비록 유구하다고 치더라도 그
것이 예부터 70을 못 넘기는 사람의 손
에 쌓아진 탑이고 보면 한 사람에게 고
작 길어 70을 헤아릴 일생에서 그 10분
의 1을 떼어놓는 8년이란 허술치 않을
것이요, 하물며 내가 이제 돌아보는 8년

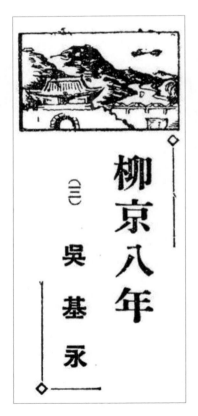

이 20에서 30을 맞잡아매는 인생의 꽃이라는 그 시절이고 보면 가슴에 이는 물결을 상정(常情)만이라 할 수 없으니, 내 붓재주가 가령 이 가슴에 이는 물결의 어느 한 모양만이라도 그려낼 수만 있으면 주저할 바가 아니라고도 생각되었기 때문이다.

이 붓대가 주저하지 않을 수 없는 좀 더 큰 까닭은 '내가 평양을 떠났다' 하는 생각부터 하고 싶지 않은 그것이다. 무슨 어리석은 관념이리오만은 그 전처럼 잠시 서울에 온 것이라 어서 돌아가야겠거니 하는 일종의 객고(客苦)의 초조까지가 아무래도 길게 잡고 서울에 살러 왔다고 생각되지 않는 것이다. 그러나 누가 이 관념을 어리석다고만 비웃을까. 내 지금 당장에 이 귀여운 관념이 엄연한 현실에 부딪혀 하루에도 몇 번씩 조각조각 부서질 때마다 우울의 습격을 느끼면서도, 잠시 막대기에 갈라졌던 물결이 다시 모이듯이 어느 틈에 또다시 이 관념이 나를 평양으로 이끌어가는 것을 어떡하겠는가!

옳거니, 내가 몸만 왔구나. 마음을 그대로 평양에 둔 채 몸만 온 것이로구나.

웃을 일도 아니요, 탄식할 일도 아닌 듯 싶다. 내 몸은 그렇게 쉽사리 기차에 실려 서울에 와서 여관 한구석에 내던질 수 있었지만은, 차마 그 마음까지는 그렇게 쉽사리 떠날 수는 없는 것을.

"그러게 뭐라던? 떠난다는 것이 부끄러운 일이라고 하지 않던?"

달빛 빗긴 대동강 백은탄 물결 소리에 오히려 황홀하면서, 반월도, 능라도로 헤매는 내 마음이 이렇게 나를 비웃는다.

잠을 이루지 못하고 있으니 빈대잡이라도 하는 것이요, 결코 빈대가 물까봐 잠 못 잘 위인이 아닌 나는 이 심경에 마음을 따라서 생각을 평양에 보내고 있는 것이다.

"대동강을 두고 어찌 가겠는가?"

이것은 떠날 무렵 하도 많이 친구에게 들은 말이다.

"대동강을 두고 어찌 가나!"

하는 것은 친구들에게 이 말을 듣기 전 내가 이미 떠나야 할 것을 작정한 때부터 일어난 비애였다.

내가 고결을 가식하여 속되지 않은 척 하려는 것은 아니나, 돈 없는지라 술 싣고 기생 실은 대동강의 유람에 미련을 둘 바도 아니고, 재주 없고 취미에도 가난한지라 낚시질의 유흥도 가져본 일이 없으니, 이 '몸'이 대동강에 남긴 미련은 없음과 같다 하려니와, 실로 이 강의 굽이굽이에 얽힌 옛 조선의 모습, 이 강을 줄거리로 삼아 군데군데서 엿볼 옛 어른들이 남긴 자취로 대동강은 이 땅이 이룩되면서 왕검에서부터 그 최후의 자손에까지 오랜 사랑일 것이 분명하여 의심할 바 없으니, 이 강가에 내 넋을 고삐에 매어두어 당연할 것이면 비록 그 몸이 떠난다고 그 마음조차 떠나올 수 없는 것도 옳지 않은가.

하물며 '나는 조선 사람'이라는 것뿐을 알고 간 내게, 조선 사람이 가야 할 길을 가르쳐주고 해야 할 일을 일러주고 가져야 할 생각을 물려준 평양이니, 내가 거기서 무엇을 배우고 어떤 유산을 받아들고 왔노라는 것을 써볼 만하지 않은가.

이 붓을 드는 의도가 여기 있는 것이다.

〈2〉1935. 6. 1.

앞으로 내다보는 8년은 까마득한데 뒤로 돌아보는 8년은 어찌 그리 짧은가. 정말 꿈같이 지나간 8년이다.

1928년, 잊어지지도 않는 3월 17일 아침 6시 20분. 봄이라 하지만 아직 새벽 찬바람이 제법 매워 옷깃을 여미게 하는 때, 맞아줄 이 하나 없는 평양역 머리에 내려 첫발을 내디뎠다.

그때 겨우 20살 고개를 넘겼을 뿐인, 약관이란 말도 당치 않다고 할 어린 몸이었다. 오죽하면 김동원[82] 씨가 첫눈에 "원, 이 어린 것이!" 하는 마음이 일어나 얼마 후 서울에 왔던 길에 송 사장[83]에게 "평양을 어디로 알고 그런 아이를 보냈느냐"고 했노라는 것이 김동원 선생이 내게 누차 웃음 섞어 들려준 말씀이다.

여기 웃지 않을 수 없는 기억이 하나 있다. 그것이 바로 평양 갔던 첫 해

---

82) 김동원(金東元, 1882-?) : 민족운동가. 평양의 대표적인 민족주의계 인사이다. 1911년 105인사건에 연루되어 옥고를 치렀고, 상업계에 진출하여 1924년 평안고무공업사를 설립했다. 1910년대 숭실학교, 대성학교 등에서 교편을 잡으며 안창호와 교유하고 신민회(新民會)와 흥사단에서 활동하면서 1922년 동우구락부를 조직했고 이를 수양동우회로 개편했으며 1939년 동우회 사건으로 투옥되었다. 해방 이후 제헌의회 국회의원에 당선되어 국회부의장에 선임되었으며 6·25전쟁 때 납북되었다. 소설가 김동인의 형이기도 하다.

83) 송진우(宋鎭禹, 1887-1945) : 정치가, 언론인. 메이지대학을 졸업하고, 귀국 후 김성수와 함께 중앙학교를 인수, 교장으로서 학생들에게 민족의식을 불어넣었다. 3·1운동에 가담하여 옥고를 치렀다. 1921년 동아일보사 사장에 취임한 후 민립대학 설립운동(1922), 충무공유적보존운동(1931) 등을 전개했다. 해방 직후 여운형이 주축이 된 건국준비위원회에 맞서 충칭[重慶]에 있는 대한민국 임시정부를 절대 지지한다는 기치를 내걸고 국민대회준비회를 결성하고 위원장에 취임했다. 이후 한국민주당의 수석 총무가 되어 우익세력 결집에 앞장섰다. 1945년 12월, 신탁통치안에 대한 첨예한 찬반양론의 소용돌이 속에서 신중론을 피력하다가 한현우 등의 극우 청년들에게 암살당했다.

여름이었는데, 휴가로 고향에 갔다가 가는 길로 모 회의 설립대회에 출석
했다가 축사를 이유로 해주감옥을 구경하였다.

하루는 목욕 칸에 갔는데 감옥에 들어가면서 머리까지 빡빡 깎아 버렸
으므로 당연히 더 어려보이기도 했겠지만, 같이 목욕하던 한 늙은 죄수가
내 머리를 쓱 문지르면서 "너 몇 살이냐?" 묻더니 내 입에서 대답도 나오기
전에 저 혼자 한숨을 지으면서 하는 말이 장관이다.

"아이고! 법은 무섭기도 하다. 저 어린 것이 부모와 떨어져서 여기를 오
다니!"

이 늙은 죄수의 탄식이 독방에 갇혀 하루 종일 사람 구경도 못하는 나를
가끔 싱거운 줄도 모르고 혼자 웃을 수 있는 소재를 만들어준 것이었다.

출옥 후 다시 평양에 갔을 때의 꼴이란 정말 내가 생각해도 짐작이 갈 만
한 사뭇 어린애여서 처음 보는 사람마다 "《동아일보》에는 아이 기자를 두
었다."는 뒷얘기를 하는 형편이었다.

그런 속에서 내가 견뎌온 데는 물론 대담스러움과 꾸준한 노력이 한 밑
천이 되지 않는 것은 아니나, 실로 여기 평양 사회의 관대한 후원이 있는
것이다. 제아무리 부지런한 농부라서 김 잘 매고 거름 잘 주어도 가물어서
묘판이 깨어지는 판은 별 수 없는 것이다. 비록 나 딴에는 노력했다고 해도
그 사회가 용납하지 않았다면 별 수가 있겠는가.

이번 떠남을 고하려고 오윤선[84] 선생을 만나 뵈었을 때 "왜! 이젠 평양이

---

84) 오윤선(吳潤善, 1893-1960) : 민족운동가. 평양의 유지로 포목상 등 사업을 경영했고, 조선물산장
려회에 참여했다. 조만식 · 김동원과는 절친한 사이로 함께 평양 산정현교회 장로를 맡았으며, 여러
민족운동가들과 두루 인맥을 지녔던 것으로 보인다. 극작가 오영진은 오윤선의 막내아들이다.

좁다고 가?" 하시는 그 말씀은 지극히 온정으로 가득하였으나 "길러주었더니 이제는 가느냐?"는 책망이 섞인 것을 못 알아차리도록 차라리 순진함이 못 되었던가 하고 탄식하였다. 등에 흐르는 식은땀을 주체할 수 없었기 때문이다.

'다행히 큰 잘못 없었으니!' 하는 것이 이제 와서 큰 짐을 벗어 놓은 경쾌함을 느끼는 것이나, 어디까지를 작은 허물이라고 하고 어디서부터를 큰 허물이라고 할 것이겠는가. 스스로 칭찬하고 자만하느냐고 누가 물으면 대답할 말은 궁하다. 그러나 천무불복(天無不覆) 지무부재(地無不載)란 말이 있듯, 포용과 관대한 후원은 허물을 덮어주는 것이며 내가 큰 잘못 없었다고 하는 것도 허물이 감춰졌다고 하는 것으로 들어주면 그뿐이니, 나서서 책망할 이까지는 있을까 싶지 않다. 이번 떠나오는 날 역까지 나와 준 여러 선배와 친구들 틈에서 누구의 입에선지 먼저 "어린애가 왔다 커서 간다."는 말이 나왔다. 농담이지만 그 말 속에는 가장 분명히 내가 평양에 처음 갔을 때의 첫인상들이 저마다 그 말에 솟아난 모양이었다.

"이렇게 평양 와서는 장가 들고 아이 낳아 가지고 달아나 버리니 안 됐는 걸! 처녀 수출을 금지할 방도는 없나?" 하는 것은 조만식 선생이 "오 군은 평양 사람이 되었느니라 했더니" 하시면서 여러 사람을 웃기신 말씀이다.

그렇다. 평양은 나를 사위로 맞아준 곳, 아비가 되게 해준 곳이다.

어느새 한 사람의 아비가 되었다는 것이 자랑할 것인지 부끄러워할 것인지는 캐 볼 것 없고, '어린 사람'이 가던 때와 달라 한 남편이 되어 세 자식을 거느리고 네 식구가 여러분의 아껴줌을 받으면서 떠나오게 된 것을 생각하니, 비로소 8년이란 햇수도 짧은 시간이 아닌 것을 깨닫게 된다.

〈3〉1935. 6. 2.

내가 평양에서 가지고 온 기억의 주머니를 털어놓으면, 물론 그 속에서는 진주처럼 빛나는 귀한 것도 있고 기왓장처럼 멋없이 크고 값싼 것도 있다.

그러나 진주는 숨겨 놓을 보배라 함부로 내어 보일 바가 되지 못하고, 그렇다고 옛날의 청기와도 못 되는 그까짓 허술한 기왓장을 내어놓고 봐달라는 것은 경우없는 짓이다 보니, 결국 늘어놓는 말이 평범할 수밖에 없을 것은 자명한 일이다. 그렇지만 기왕 들었던 붓이니 몇 가지 기억을 되풀이해보자.

그것이 벌써 5년이나 지나갔던가. 흉년이 들어야 못사는 법이지 풍년만 들면 좋아라고 하던 이 땅 백성에게, 풍년기근이라는 처음 듣는 말과 함께 처음 당하는 괴변이 생겼다. 풍년, 대풍년이 들었기 때문에 농민이 밥을 굶게 된 일이다.

아직 봉건적 농촌 기구에서 해탈도 못한 채 말기 자본주의의 모순이라는 폭탄이 터지면서, 그 파편이 빚어낸 어처구니없고 비극인지 희극인지 채 구분이 서지 않는 괴변이라고나 할 일이었다.

무슨 일이든지 그 어떤 순간에 벌써 과반의 운명을 결정하는 것이라고 생각한다. 전에나 다름없이 얼굴 맞대고 동아일보 지국에 앉았던 조종완 씨와 나, 화제가 우연찮게 이 풍년기근과 농촌 실정에 미치자 바늘에 실처럼 수리조합 몽리구역 내에 든 토지들은 수리조합비 때문에 눈 위에 서리를 맞게 된 데 이르러서, 수리조합령에 경우에 따라서는 수리조합비는 제할 수 있다는 데 다다라 수세 연납(延納) 운동을 한번 일으킬 것이라고 말끝을 맺었다. 이것이 그 해 전 조선에 일어난 수세연납운동의 봉화를 든 미림수리조합 제일성의 근본이다. 미림수조에는 오윤선 씨도 지주요 조종완 씨도 토지를 가지고 있었으므로, 그 당장에 오윤선 씨의 동의를 구한 조종완 씨가 지주에게 격문을 날리고《동아일보》에 제1보가 실리고 여기에 관한 사설이 실리자, 벌떼처럼 여기저기서 이 운동이 일어나 며칠 새에 조선 농촌 당면의 최대 문제가 되었다.

불과 반 달 후에 평남도청에는 미림, 평안, 망일 세 수리조합원 2천 명의 진정서 쇄도가 생기고, 총독부에 가서 토지개량과장을 냉소적 평으로 흘리게 한 조종완 씨도 기고가 만장하였다. 총독부의 수조구제, 정리도 이 운동이 비료적인 효과를 낸 듯하다.

그 조종완 씨도 이제는 평양을 떠나 혹은 함흥에서 이 글을 읽어 줄지는 모르겠다. 그다음 소화수리조합이 지주들의 열망대로 유산(流産)된 데에도 잊지 못할 기억이 있다.

동양 제일이라는 소화수리조합이 7년이나 두고 문제와 파란이 거듭하던 끝에 그 최후의 창립위원회가 소집되던 날, 회의 도중에 당시 등원(藤原) 평남지사는 창립위원장 김인오 옹을 지사실에 감금하다시피 해놓고 원안 통과를 시켰다는 사실을 적발하였더니, 여기 지주들의 반대 운동이 촉진되어 의회에서까지 문제화되어 영정척상(永井拓相)은 소화수리조합 불인가를 의회에서 언명하기까지 이르렀다.

이리하여 태어난 지 7년 만에 유산된 소화수리조합은 아직도 그 태반 처치라 할 뒷수습이 끝나지 못하여 총독부의 두통거리로 되어 있는 모양이다. 작년 여름, 맹랑하게도 사형(솜兄)에 관련되었다고 하여 평양경찰서 유치장에서 보름 동안 휴식할 수 있었던 것도 그 먼 이유가 미림수리조합과 소화수리조합에 있다고 생각했다.

그것은 작년의 일이다. 총독부에서는 축구 통제를 할 것이라는 말이 났다. 누구나 알다시피 평양은 축구의 도시다. 여기는 관서체육회가 있어 이 축구도시 평양의 체육 단체로 중추요, 이미 올해까지 11회의 전조선축구대회를 열고 있다. 관서체육회, 요즈음에 파란도 많았고 오류도 많았으나 내가 평양에 가던 첫 해, 동아일보 지국장 주요한 씨를 중심으로 개혁된 후 지금은 조만식 씨를 회장으로 하여 그 권위는 날로 신장되고 있다.

그런데 만일 축구 통제가 발포된다고 하면 관서체육회는 치명적 타격이요, 평양에서 축구대회의 성사라는 것은 역사책에나 적어 두고 말게 될 형편이라 반대 운동을 일으켰는데, 총독부 학무국의 요구에 의하여 관서체육회는 그 반대 이유를 각서로 제출하기로 했다. 나는 그때 관서체육회 상무이사의 자리를 갖고 있었으므로 사무 분담으로 보아서 이 각서 집필의 광영을 입었다.

작년으로 실시된다고 전하던 축구통제령은 수년 동안 무사히 축구대회를 할 수 있게 되었는데, 글쎄 원 총독부에서는 이젠 아주 단식했는지 모르겠다. 그랬으면 적이나 좋은 일이요, 적이나 증명할 일이랴마는.

나는 올해 대회를 마지막으로 보고 떠나왔다. 그것도 귀사의 명령은 대회보다 20일 전에 받았으나, 그때 벌써 사명(社命)은 이번 축구 대회까지를 보고 올라오라는 것이었다. 물론 이 대회를 동아일보가 후원하는 것이므로 그리한 것이지만, 동아일보가 관서체육회에 얼마나 성의를 가졌다는 한 증좌(證左)라 할 것이다.

〈4〉 1935. 6. 4.

처음 어떤 지방이든 가서 그 지방의 인물, 풍습 등을 알게 되는 것은 실로 쉬운 일이 아니다. 내가 처음 평양에 가서도 하루에 수십 명씩 명함 교환을 했는데 누가 누군지 알 재주가 없었다.

더구나 그때만 해도 사회주의 계통의 노동운동이 활발했는데, 누가 화요계, 누가 서울계, 누가 북풍계 하는 것은 시급히 가려내지 않으면 안될 것이오, 알기는 힘든 일이었다. 이름 따로 알고 얼굴 따로 알게 되는 수가 많았다.

나는 이 점에 퍽 고심하던 끝에 퍽 좋은 기회를 얻었다. 그것이 바로 ML 당 사건 후 이영 등을 중심으로 한 제4차 공산당사건을 평양경찰서에서 검거했는데, 그때 서울계와 화요계를 분명히 갈라놓을 수 있었고 그들의 내면까지 어느 정도까지는 파 볼 기회가 되었던 것이다.

여기서 퍽 유효한 재료를 얻은 나는 민족주의자 측과 상공업자들의 '인터뷰'를 할 기회를 만들기로 했다. 그것은 '건설 도상의 대평양'이란 제목 아래 그들의 의견을 발표하기로 하고, 의견은 꼭 내가 방문하여 듣고 속기하였다.

바로 그 후에 평양상공협회가 조직되었다. 그때가 평양 상공계를 인식할 좋은 기회가 되어 나는 그때 '상공계의 통일 기관 조직론'이라고 하여 일주일가량 소론을 시험하였다. 그 문장이 지금 보니 얼마나 유치하고 관찰한 범위가 얼마나 좁았다는 것을 느끼고 혼자 얼굴을 붉히지만, 이 몇 가지 기회로 나는 한 신문기자로서 평양 사회에 알려질 수 있었다. 나는 비로소 신문기자로서 평양에 내 활동무대가 전개된 것을 인식할 수 있었다.

그러나 나는 비로소 활동할 터를 닦았을 뿐으로 평양을 떠나게 되었다. 신의주 특파원으로 전임된 것이다. 이 신의주로의 전임은 내게 두 가지의 잠재의식을 발현시키는 중대한 기회가 되었다.

첫째로 나는 평양에 대한 연모를 비로소 나 스스로 깨닫게 되었다. 신의주에 부임한 날 그때 편집국장이던 주요한 씨에게 도착했다는 서한을 띄웠는데, 그 서한에 나는 최단기간 내에 도로 평양으로 가게 해달라는 것을 쓸 지경이었다.

둘째로는, 이것도 써야 될까? 아니다. 먼저 말한 대로 이 기억이 바로 함부로 내어 놓을 수 없는 여러 개의 진주 중에도 가장 귀한 산호주다. 만져는 못 봐도 빛이나마, 보자고? 글쎄, 그 정도면 써도 좋다. 서로 만나는 것으로만 좋은 친구이니 했던 것이, '신의주지국 근무를 명함'이라는 사무적인 1매의 사령장(辭令狀) 앞에서 서로 떨어져야 할 비애를 느끼고 마침내는 사랑을 고백하고 일생의 반려되기를 약속하고….

이만하면 알 일이니 더 쓸 것은 없지. 몇십 년 지나서 늙기 전에는 남에게는 말하지 말자고 약속이 굳었으니, 이쯤 하고 이 이야기는 도로 주머니 속에 넣어 둠이 마땅하겠다.

"흥! 평양이 뭐가 그리웠단 말이냐. 애인을 두고 갔으니 그랬겠지." 할 사람이 있다. 그러나 아니다. 그때 나의 평양에 대한 연모는 애인과의 관련은 물론 한 가닥 줄거리가 된다. 애인이 없었어도 나는 평양을 떠난 비애는 비애대로 있었을 것이다. 젊은 야심, 일터를 닦은 채 떠나온 슬픔은 새로 닦아야 할 신의주 무대가 황량할수록 더했던 것이다. 어쨌든 10개월 만에 나는 다시 평양으로 돌아갈 수 있었다.

그때는 벌써 신의주 근무의 사령장이 중매상의 부작용으로서 주효하여 우리는 결혼한 후였다. 처음처럼 아는 이 하나 없는 평양이 아니라 오기를 기다려주던 여러분이 반겨주는 평양이었다. 그때는 하숙방에서 꼬부랑 잠을 잘 처지가 아니라, 셋방일망정 천국을 이루고 내일에 대해 야심을 가득 품은 젊은 부부가 닦아 놨던 일터에서 새 출발을 한 것이었다.

〈5〉 1935. 6. 5.

꿀맛 같은 1년이 지나갔다. 어느 틈에 2년이 지나갔다.

조만식 선생이, 우리 결혼식에서 빌어 주신 대로 첫 아들을 낳았다. 막내 아들을 잃고서 두고두고 슬퍼하시는 부모님의 심정을 어느 정도까지는 알았지만, 동생에 대한 책임이 줄어진 데 내심으로 얻은 경쾌까지 느끼던 나는 자식을 얻은 후에 비로소 부모님의 막내아들 잃은 슬픔을 속속들이 이해할 수 있었다.

'가난은 인정까지 좀먹는구나!' 하는 것이 이때껏 내가 동생에 대한 책임이 적어진 데서 느끼던 경쾌 뒤 끝에 다다른 뼈저린 탄식이요, 뉘우침이었다.

더구나, 나는 두 살에 홍역 뒤끝이 나빠서 꼭 1년을 죽을 고비에서 방황했다고 한다. '썩은 아이', '송장 내 나는 아이'라고 나를 업고 나가면 동네 사람이 코를 쥐고 피할 지경이었다고 한다. 그 자식을 오늘이 있도록 길러 주신 부모의 은혜가 얼마나 큰지 처음으로 알았다.

역시, 부모의 은혜는 부모가 된 후에 안다는 평범한 말은 진리요 철칙이라고 생각한다. 그러나 나는 역시 평범한 한 인간이었다. 내 아내가 나를 본 것처럼 세상에 똑똑하고 앞길 있는 사람도 못 되고, 또 내가 나 자신에게 속아온 것처럼 그렇게 우월감을 가질 만한 인간도 못 되었다. 평범 이하란 말까지는 차마 나도 하기 싫으니 높이 보아 평범한 인간이었다. 어느새 '그날'에 만족하는 인간이 되어 버린 것이다.

내 과거에 얼마나 노력했는지도 잊었다. 부모님이 내게 얼마나 큰 기대를 가지고 늙으실 때까지 스스로 위로를 받고 있는지도 잊었다. 형님이 '지하'에 그 고달픔을 맛보고 있는지도 잊는 때가 많았다. 내가 벌써 무엇으로 남의 아비가 되고, 내가 채 한 사람으로 완성하기도 전에 무엇으로 아비답게 보여주고 일러줄 것이 있는가 하던 생각도 잊었다. 평양 사회가 나를 벌써 한 3면 기자로만 대접하지 않았다면, 이것이 자만일지 모르지만 나는 믿기를 이것이 자만이라고 하지 않았다. 그러나 그 대우에 대한 송구스러움, 감격스러움도 잊었다.

그날에의 만족, 얼마나 쉬운 일인가. 1촌의 나아감이 힘들지언정 1척의 물러남은 쉬운 일이었다.

마작만 몇 차례 하면 긴긴 겨울밤도 어느 틈에 밝아 버렸다. 시간은 왜 이리 빠른 것인가를 느낄 정도였다.

서책을 장식 삼아 책장에 간직하는 것도 성의 있을 때 일이다. 선반 위에서 골방 구석에서 먼지 묻은 책들이 '주인 작자가 고물상이라도 차렸으면 딴사람의 손에라도 넘어갈 수 있지 않나!' 하고 주인 잘못 만난 신세를 한탄할 지경이 되었다.

서책과의 절연, 사색의 남용 그 속에서 '그날'에 만족하였다.

'이래서는 안 되겠다' 하고 그래도 가끔 제정신이 날 때면(흔히 이 제정신이라는 것은 마작에 돈이나 때여야 후회를 앞세우고 돌아오는 것이었지만) 곰곰이 생각해 보았다. 그 결과로 나는 시간을 좀 유용하게 이용해 보기로 했다.

좀 바쁘게 살아서 이런 잡된 생활을 벗어 보려고 한 것이다. 그래서 조그만 장사를 하나 차렸다. 나의 신문사에 쓰고 남는 시간과 아내의 치과에 쓰고 남는 시간을 이용하기로 한 것이었다. 오윤선 씨와 김동원 씨의 두 분은 여기 적극적 원조를 해주셨으나 불과 1년 만에 실패하고 말았다.

계산으로 실패했다기보다 계획으로의 실패였다.

형님이 상해에서 잡혀서 쇠고랑을 차고 고토(故土)를 밟던 작년 5월 8일. 바로 내 둘째 딸이 세상에 나오던 날 나는 이 장사를 집어치웠는데, 그때 나는 경외하는 벗 아사(餓士) 학형에게 이런 서한을 띄운 기억이 난다.

"오늘 오기만[85] 형님께서 쇠고랑을 차고 조선 땅을 밟는 날, 나는 아버지의 업을 이루려고 차려놓았던 장사를 걷어치웁니다. 실로 통쾌한 청산입니다. 내가 깨달은 것은 나는 주판을 따라갈 사람이 아니라는 것입니다. 이제 새삼스럽게 내가 주판과 원고지를 평가하려고는 하지 않습니다만,

---

85) 오기만(吳基萬, 1905-1937) : 사회주의계열의 독립운동가. 오기영의 형이다. 서울 배재고등보통학교 재학 중 수차례 중국을 왕래하면서 독립운동가들과 교류했다. 1928년 4월 16일 신간회 배천지회 설립대회에서 격문을 배포하려다가 체포되어 옥고를 치렀다. 출옥 후 상해로 망명하여 1929년 1월 유일독립당상해촉성회(唯一獨立黨上海促成會)에 가입했다. 동년 겨울 홍남표(洪南杓), 김형선(金炯善) 등과 함께 유일독립당상해촉성회를 해체하고 유호한인독립운동자동맹(留滬韓人獨立運動者同盟)을 결성하여 민족운동을 전개했다. 또한 구연흠(具然欽), 조봉암(曺奉岩) 등과 사회주의운동에 참여하여 청년반제상해한인청년동맹(靑年反帝上海韓人靑年同盟)을 결성하고 집행위원장으로 활동했다. 1931년 6월 상해에서 김단야(金丹冶)로부터 국내의 김형선과 협력하여 적색노동조합과 조선공산당을 재건할 것을 명령 받고 귀국했다. 1932년 1월 진남포에서 적색노동조합부두위원회(赤色勞動組合埠頭委員會)를 조직하고 활동했다. 1933년 상하이로 가서 코민테른 원동부(遠東部)에 상황을 보고했다. 1934년 4월 일경에 체포되어 국내로 압송되었다. 같은 해 12월 경성지방법원에서 치안유지법 위반으로 징역 5년형을 선고받고 서대문형무소에서 옥고를 치르다가 중병으로 1936년 6월 출옥했다. 1937년 8월 23일 감옥에서 얻은 병으로 결국 순국했다. 2003년 대한민국 건국훈장 애국장을 받았다.

주판은 어쩐지 나를 비웃고 원고지는 나를 비웃지 않습니다. 문(文)은 궁(窮)이라 하지만, 내게 있어서는 이 길밖에 갈 길 없다면 나는 불가불 그렇게 즐겨 갈 수밖에 없습니다."라고.

나는 장사꾼은 아니었다. '옳고 그름의 판단과 이해 손해의 판단'은 엄격히 구분되어 있는 것을 절실히 깨달았다.

옳다, 나는 역시 갈 길이 따로 있다. 가야 할 길을 가야 성공은 없어도 실패라도 흔적을 남길 것이다. 실패의 흔적이나마 남긴다는 것은 성공에의 야심이 있었다고 하는 표시는 되는 것이니까.

〈완〉 1935. 6. 6.

나는 평양을 떠나기로 했다. 8년이나 살던 곳, 주제넘은 소리지만 그래도 제법 닦아 놨던 터에서 나 스스로 나 자신을 내쫓기로 한 것이다.

가난한 내가 제아무리 방종했다고 하더라도 없앨 재산은 있을 이유가 없지만, 그럴수록 내게는 유일한 재산이자 최후의 재산인 신념과 야심까지는 파산을 당하지 않으려는 것이니, 생각하면 서러운 노력이지만 또 한편으로는 지금까지 걸어온 잡스러운 생활의 혁명적 청산인지라, 무자비하지만 현명한 행동이라고 할까.

사람은 속아 살게 마련인 모양이어서 그래도 나를 예쁘게 여기고 떠나보내면서 여러분이 진정으로 섭섭해 하고 아껴줌을 받을 때, 나는 유배자의 심경을 상상하면서 속으로 얼마나 울었던가.

나를 어린 싹에 비하면 평양 사회는 온실이었다. 이 온실이 아니었다면 나는 어디서 이만큼 자랐을까. 이 보잘 것 없는 것을 길러주고 더구나 한 3

면 기자인 나에게 어느 정도까지는 사회적 지위를 허락한 평양의 관대함을 느낄수록, 내 어찌하여 한때라고 한들 제 주제를 생각 못해 원인을 짓고 그 결과를 제 손으로 거두어 파산의 위기에 직면한 자아를 채찍질하여 끌고 나왔는가를 참회하고 눈물짓는 것이다.

더구나 공무와 사생활을 통해서 8년 동안을 하루같이 셈이 못 든 자식처럼 걱정을 끼친 것을 돌이켜 보면서, 김성업[86] 선생께 나는 무엇으로 갚을 수 있을까 생각할수록 등에 식은땀이 흐를 뿐이다.

"일개 3면 기자가 왔다가 지나친 우대를 이 사회에서 받고 갑니다." 하는 것이 마지막으로 내가 내놓고 온 말이다. 요 며칠 동안 밤늦게 여관에 돌아와서 잠잘 시간을 쪼개 이 졸고를 쓸 때마다 회상에 잠겼다가 자리에 누워서는 '화려하던 꿈은 깨졌구나!' 하는 탄식을 무릇 몇 번이나 한숨에 섞어 내놓았는지 모른다.

그러나 지나가기를 꿈처럼 지나갔을 뿐이요, 꿈이라고 할 수 없는 엄연한 현실, 나에게 사회교육을 베푼 곳도 그곳이요, 사상을 갖게 한 곳도 그곳이요, 인생관을 세우게 한 곳도 그곳이다.

실천을 하고 못하고 그 인과는 오로지 내게 달렸다고 할 것이지만, 인격 완성에 대한 진로 방향을 밝혀 보여준 곳도 거기다. 떠나기 바로 며칠 전, "평양에서 지내던 감상이 어떠하오?" 하고 물으시는 안 도산 선생께 "제가 이만큼이라도 되어서 가는 것은 평양에 있었기 때문에 입은 덕입니다." 라

---

86) 김성업(金性業, 1886-1965) : 언론인. 동아일보사 평양지국장을 지냈다. 대성학교를 졸업하고 안창호의 영향을 많이 받았다. 조선물산장려회를 발기하고 동우구락부를 조직했으며 신간회 평양지회에도 참여했다. 1937년 동우회 사건으로 옥고를 치렀다.

고 대답한 일이 있었다.

지금의 내가 몇 푼짜리나 되는지 모르고 또 앞으로 몇 푼어치나 값을 더 얻게 될 수 있을지도 모를 일이다. 이 말은 매우 외람되지만 만일 후일 나도 이 땅에 세울 집의 어느 한 모퉁이에서 주춧돌을 고이는 자갈돌의 구실이라도 하게 된다면, 이것은 애오라지 평양에서 물려받은 '힘'이라는 것을 미리 맹세한다.

사람은 흔히 오래 가서 살던 곳을 떠날 때에는 제2의 고향이라는 말을 쓴다. 자기가 사는 동안, 그곳에서 느낀 모든 유쾌한 일, 고마운 일의 기억만을 추려 모은 데서, 이 말을 빚어내어 바치는 최후의 예의로서, 사람과 사람끼리만 통할 수 있는 아름다운 인정이 섞인 말이다.

나도 이제 평양을 두 번째 고향이라고 말하기를 주저하지 않는다. 이쯤으로 두서없이 며칠을 거듭하던 이 글을 끝내려 한다.

가슴에 이는 물결이 하도 질서 없이 출렁거린지라 이 붓대가 또한 갈팡질팡하고 두서없는 것도 어쩔 수 없는 것이었지만, 그런대로 나는 이 변변치 못한 것을 쓰는 일주일 동안 평양의 여러 친구들의 편지를 받아보았다. 일일이 답을 드리지 못하는 대신 여기서 감사를 표한다.

(6월 5일 새벽 2시)

동인각제(同人各題) : 우울한 회열

—《동아일보》, 1935. 6. 20.

늘 머리가 띵하고 아픈 원인을 알아보
려고 나는 한번 의사를 찾아가 본 일이
있다.

우선 코를 검사해 보고 암실(暗室)에 들
어가 콩알 만한 전구를 입에 물게 한 뒤
에 축농증의 유무를 검사한 다음 다시 눈
검사로 옮겼다.

눈에 약을 넣어 동공을 크게 한 후 면
밀한 검사를 마치고, 또다시 암실에 들어
가 재검사를 하고 나서 눈에 맞는 안경을
이것저것 골라 씌워보기를 한 시간이나
하고서, 의사는 내게 1매의 처방전을 써
준다. 안경을 쓰라는 말이다. 난시이고
근시인데다가 눈도 서로 짝짝이라고 한
다. 보통 눈도 안경을 쓰는 것이 보안상
유효한데, 나 같은 사람은 안경을 쓰지
않으면 눈을 버릴 것이라고 한다. 그리고

안경만 쓰면 머리 아픈 증세도 없어질 것이요, 독서 능률도 퍽 증진되리라고 한다. 그 설명을 들으면서 처방전을 받아가지고 돌아온 나는 끝없이 마음이 바늘 끝으로 찔리는 듯한 아픔을 느꼈다.

말하자면 이것은 마치 '노형(老兄)의 손톱이 곪았구려!' 하고 일러주는 바람에 비로소 제 염통이 곪은 것을 황연히 깨달은 데서 오는 아픔이었다.

나는 그 의사가 내 코와 눈을 검사하던 것처럼 가장 냉정히 또 면밀히 내 자신을 검토해 보았다.

그러나 그 결과는 결정지어야 할 자아평가에 이르러서는 나보고 안경을 쓰라고 처방전을 써주던 의사와 같이 냉정하고 평범할 수는 없었다.

얼마나 어리석었는가.

자기를 과대평가하고 남도 그렇게 평가해줄 것으로 믿고 홀로 만족하던 내가 아니었나. 안경을 쓰지 않으면 눈을 버린다고 의사도 내게 경고해 주었다. 그러나 이 자아의 과대평가도 자부와 자만에서 그대로 안도하고 있는 동안 나는 당연히 받아야 할 업보로서 자기파산에까지 이르고야 말 것이었다는 것을 생각할 때에, 나는 진실로 벼랑 끝에까지 거침없이 나가고 있던 몽유병자와 같은 '나'였음을 똑바로 볼 수 있었다.

아슬아슬한 고비에서 꿈을 깨우친 때 시원하고 거뜬함을 느끼는 것처럼 나는 내 정신을 도로 찾은 듯한 점에는 기쁨도 있었다. 그러나 이것은 우울한 희열이었다. 우울 그것이 평소 과대평가의 반발적 작용이 가져오는 과소평가의 부작용이 아니라는 것을 분명히 알고 나니 해탈할 수도 없는 우울이었다.

말하자면 자기라는 것을 분명히 인식한 것만은 기쁜 일이지만, 그것이 지금까지 제 자신까지 속여 온 것보다도 의외에 '적음'을 깨닫는데 서글픔이 있는 것이었다.

그래도 다행스러운 일이라고 나는 우울보다는 희열에 좀 더 만족하려고 자위한다. 함부로 날뛰던 송아지에게 고삐를 매어놓을 수 있는 것은 길이 그 송아지를 제 뜻에 맞춰 키워보리라는 희망이 섞였기 때문이다. 죽으면 썩어빠질 육안을 위하여 안경 치레를 하는 것보다는 자아를 인식하고 검토하고 부단히 경계하기 위하여 지금까지 내 육안보다도 더 혹심하게 난시요 근시요 짝짝이였던 내 속눈을 먼저 분명히 관찰할 수 있도록 고쳐야 할 필요도 절실히 깨달은 것이다.

세상에는 안경을 쓴 사람이 얼마든지 많다.

과연 그들은 다 자기네의 속눈까지도 똑바르게 교정을 하였을까.

더구나 길에 나서면 흔히 볼 수 있는 우리 젊은이들의 멋쟁이 대모테 평면 안경을 바라보면서, 나는 늘 이렇게 궁금증을 일으키면서 제 자신을 돌아보고 우울한 희열을 맛본다.(1935. 6. 14.)

동인각제 : 체병(病)의 신(新)증상

—《동아일보》, 1935. 7. 24.

자중과 겸허의 타락

일전에 바로 이 학예란에 '정찰기' 보고의 한 구절.

인류의 문화가 진전되면 될수록 미개 시대에 없던 병이 자꾸 생겨난다는 것을 전제하고, 소위 '아는 체', '있는 체' 등의 체병이 만연하고 있음을 말하였다. 특히 이 정찰기는 조선 문단의 상공을 돌면서 찾아본 탓인 모양으로 '리얼리즘'에 대한 확고한 의식, 뚜렷한 이해가 없으면서 막연한 기분과 분위기만으로 그것을 전적으로 이해하는 체 자기를 속이고 남에게 내세우는 병세를 알아내었다.

그러나 생각건대 이 병은 조선에 있어서 문단만의 특유한 병상이 아님은, 차라리 온 동리에 퍼진 유행성 독감을 전반적으로 말하게 될 때에 구태여 김 가네, 이 가네의 집안 병으로만 말할 수 없음과 같지 않을까.

실로 이 '체병'은 한때 조선 사회를 휩쓴 독와사적(毒瓦斯的) 악성인데다가 전광적(電光的) 유행성을 가진 질병이었었다.

'근대사상 16강'의 서론 한 행만 읽고 나면 일약 수천 청중 앞에서 사자후를 외치던 시대, 사쿠라 몽둥이만 들고 나서면 사회주의자가 되던 시대 등등….

그러나 질병이란 그렇게 급성으로만 진전되는 것이 아니라 만성화하는데, 표면에는 평범함을 보이면서 속살을 곯게 하니, 이 아는 체, 있는 체 병은 이미 조선 사회에서는 신기할 나위도 없는 숙병이라고 보게 된 것이다.

이런 부류의 체병은 다시금 새로운 증상을 나타내고 있으니, 이것이 소위 '모르는 체', '없는 체'의 체병이다.

처음 있는 체, 아는 체 병만 걸렸을 때는 우리는 그들 경박환자(輕薄患者)의 치료법으로서 자중과 겸허라는 두 가지 처방책을 필요로 하였다.

그러나 슬픈 현상이 나타났다. 이 자중과 겸허는 사실상 치료를 필요로 하는 환자에게는 복용되지 않고, 의외에도 '유사(有事)가 불여무사주의자(不如無事主義者)'들에게 마치 중국 부호들에게 아편 흡연과 같은 효용을 내었을 뿐이다.

정상적으로 발전하는 사회에는 움직일 수 없는 공론이 있어야 하고, 변질할 수 없는 공의가 있어야 하고, 생명도 극히 가볍게 밖에 평가되지 않을 공분이 있어야 할 것이다.

이 공론, 공분, 정의의 기치 아래서 정당한 지도 원리를 굳게 가진 자가 있어야 하고, 그를 신뢰하는 민중의 존경이 있어야 하고, 여기 피로 엉킨 여론이 있어야 할 것이다.

그러나 오늘의 사회는 어떠한가? 내 비록 참람하지마는 이 체병의 새로운 증상을 진단한 것이다.

불의가 있어도 모르는 체, 속으로는 공분이 끓어도 그것이 불행히 침 뱉는 틈에라도 함께 튀어나올까봐 조심하면서 모르는 체, 공론이 있어도 못 들은 체.

"돈을 내라!" 그래야 학교를 하지 않느냐." "돈을 내라!" 그래야 재민을 구하지 않느냐 하면 여기는 또 그렇게 나는 재력이 있노라 하던 옛날의 자부심은 어디로 유배시키고 '없는 체'가 나온다. 이 위에 허장성세의 있는 체, 아는 체의 낮도깨비가 지게꾼의 버팀목처럼 공론을 들고 날뛰고 위대(胃袋)를 위한 인간들이 식기화(食器化)한 정의를 들고 춤춘다. 이 무슨 한심한 현상인가.

조선에는 조선 민족을 이끌고 나갈 지도자가 없는가? 조선 민중은 과연 한결같이 모두가 공론도 공분도 포기했는가?

자중과 겸허의 타락! 이 없는 체, 모르는 체의 체병은 있는 체, 아는 체의 체병보다 더욱 악성인 것이다. 아는 체, 있는 체란 원래 정말 아는 사람, 정말 있는 사람 앞에서는 꼼짝을 못하는 법이지만 이 없는 체, 모르는 체는 정말 없는 사람, 정말 모르는 사람을 건져낼 도리가 없기 때문이다.

자중과 겸허를 필요로 하던 시대는 자중과 겸허를 거부해야 할 지경이 된 요즘의 대조. 허허, 이것도 무슨 변증법적 발전의 결과인가?(1935. 7. 23.)

대동강에 남긴 추억 : 모래찜과 어죽놀이

— 『신가정』 3권 8호, 1935. 8. 1.

홍! 대동강이면 제일이야?

서울의 한강이며 남쪽으로 낙동강
이며 백마강이며, '내 운치도 이만하
면!' 하는 허다한 강들이 하필 대동강
예찬에 분주하는 나를 밉게 여길지 모
를 일이다. 하긴, 내 원래 내 붓재주
대단치 못함도 아는지라 대동강을 들
어 어느 강보다도 더 나음을 뛰어나게
그려낼 도리 없어, 이 강 특유의 한 모
양만을 그리려 함이니, 이곳 모래찜과
어죽놀이다.

누구나 처음 대동강에 가보면 우선

강에 널린 편주(片舟)를 무수히 발견하리라. 이르되 '매생이'라 하여 대동강
에서만 볼 수 있는 자그마한 배다.

큰 매생이라야 사람 네다섯쯤 탈까말까 한데, 만일 대동강이라는 비단
바탕에 이 매생이라는 꽃무늬를 놓지 아니하였다면 어떻게 무색한 일이
있을지 모를 것이다.

자아 모처럼 오셨으니 우리 매생이나 한번 타 봅시다.

닭이 두 마리, 쌀 두어 되, 소고기 서너 근, 파며 마늘이며 고추장이며 기름이며 간장이며 이루 헤아릴 것 없이 갖춰 고명을 마련하고, 냄비 씻고 싸리 한뭇 얹은 후에 매생이에 오른다. 배는 누가 젓느냐고? 평양에 살면서 매생이를 못 저으면 그야 어디 사람 값을 놓게 되나!

매생이가 강 한복판에 이르면 그때는 북쪽을 쳐다보라!

사람은 흔히 제 쥐꼬리 만한 재주를 믿는 외람됨이 있는 법이다. 언감, 대자연의 우아함에 마주서서 한 폭의 그림이란 말을 하지만, 사람의 시초로부터 지금까지 어느 누가 자연의 아리따움 혹은 웅장함을 그대로 그려 보았더냐. 그러니 아예 '그림 같도다!' 하는 보잘 것 없는 찬사를 내놓을 생각 말고, 오직 조용히 모란봉에서부터 부벽루, 을밀대, 청류관, 능라도를 쳐다보면서 자연의 신비에 법열(法悅)을 느끼라.

이거, 어느 틈에 배가 맞은편 강 언덕에 닿았네! 자 다들 내려, 그 먼지와 땀에 젖은 몸을 강물에 씻고 나서는 '어죽'을 쑤어야지. 닭을 잡아넣고 소고기 썰어 넣고 쌀을 일어서 냄비 걸고 죽을 쑤는 동안, 혹 여인끼리만 가셨거든 몰라도 단 한 사람이라도 사내가 끼었다 하면 집안에서는 아무리 남편을 쥐었다 폈다 하는 여왕님이라도 이날만은 특히 삶아 놓은 닭뼈를 안주 삼아 남편에게 한 잔 술을 허락해야 한다.

그새 죽이 끓었어? 그럼 냄비째 들어다 놔라. 저마다 퍼먹지. 고추장 찍고 마늘, 오이를 반찬 삼아 한 공기 두 공기 세 공기…. 아따 그 친구 웬 배가 그리도 큰고.

저녁에 끓일 죽거리는 개미가 못 붙게 냄비 뚜껑을 잘 씌워두고 나서, 모래판 위에서 하루 해를 뒹굴어본다. 원래 모래찜이라는 이 일광욕은 보건상 특효 있다 하는데 가령 몸에 이익은커녕 해롭다 한들 누가 이걸 마다할 꼬. 그 시원한 강바람에 벌거벗고 뒹구는 그날 하루에 저 아담과 이브, 비록 금단의 과실을 따지 않았다 한들 여기서 더 자연을 향락했을까 모를 일이다.

이제 아시겠소? 여름철 대동강 저쪽 언덕에 웬 벌거숭이가 그리도 많았느냐고 물으시더니. 다 그게 이제 말한 아담과 이브가 누리던 복락을 이마에 땀 흘리며 사는 이 백성들도 하루쯤 맛보는 기회를 지은 것이거든.

아, 그야 매생이를 강 한복판에 띄워 놓고 낚시를 던지면 얼마든지 고기가 나오지! 그 취미 또한 해본 장단 아니고야 알 재주 없는 것이지만, 능라도 기슭에 매생이를 대놓고 수양버들 그늘 밑에서 늘어진 한잠을 자는 것도 선경에 있을 만한 노릇이 아닐 수 없지! 저녁까지 어죽을 쑤어 배부르고 또 혹은 네댓 잔 술도 얼큰했거든 동녘에 달 뜨기를 기다려 배를 띄워 반월도 코숭이에 대라.

백은탄의 물소리! 여기 빗긴 달그림자! 낚시를 던지면 물 밑에 잠긴 달을 건져낼 것도 같다.

아아, 모기 있고 빈대 있고 바람 한 점 없는 그 좁은 방구석으로 어찌 돌아가나!

여기까지 쓰다 보니 나도 모르게 눈물이 맺힌다.

내 몸이 대동강과는 얼마나 멀리 떨어져 와 있다는 것을 깨달은 것이다. 대동강! 그 매생이에 매어둔 어죽놀이와 모래찜의 추억!

그 강가 굽이굽이마다 얽힌 지나간 8년 동안의 꿈처럼 슬어진 가지가지의 추억이 되살아 나를 울리노라.

법창비화(法窓悲話) : 어떤 살인죄수

—『신동아』 6권 1호, 1936. 1. 1.

내가 여기 쓰고자 하는 슬픈 이야기의 주인공 김문경이란 금년 30세의 청년 죄수는 지금 경성형무소에서 무기징역을 살고 있다.

아마 모르겠지만 그는 앞으로 얼마를 살지, 유기수로 감형되어 세상에 다시 나올 희망은 전혀 없다고 보아 마땅할 것이다.

대개 사람을 죽이면 사형을 받는다는 것은 가장 통속적인 상식이지만 실상 살인죄라는 것은 그것이 상해치사 또는 과실치사와 엄격히 구분되어 '살의를 품은 계획적인 살인 행위'만을 살인죄라 하여 그 범죄자에게 3년 이상 무기징역이나 또는 사형에 처하는 것이다. 물론 이 살인죄에도 재판관이 범죄자의 정상을 작량(酌量)할 만한 점이 있으면 3년 징역을 2년 이하로 감할 수도 있고, 2년 이하로 내려가서는 그 형의 집행을 유예할 수도 있다.

그러나 대개 존속 특히 직계존속, 즉 자기 부

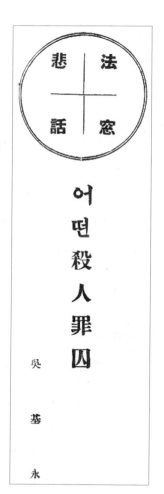

悲 | 法
話 | 窓

어떤 殺人罪四

吳

基

永

모 또는 조부모 등을 살해한 자에 대하여는 동양인의 윤리도덕상으로 보아서도 그 정상을 참작할 여지가 없어서, 대개는 범죄가 애매하면 증거불충분으로 무죄요, 증거가 확실하면 사형을 면하지 못한다.

이러한 범죄 사실 중에서 1심, 2심에 모두 사형 판결을 받았다가 3심 즉 고등법원에서 무죄 판결을 받은 이수탁을 우리는 기억하지만, 이렇게 부모살해의 범죄혐의자에 있어서는 무죄냐 사형이냐 하는 양극의 판단이 범례임에 불구하고, 친아비와 친어미를 일시에 돌로 쳐죽인 김문경이 사형을 받지 않고 무기징역에 처단되었다는 것은 예에 드문 일이라 아니할 수 없다.

더욱이 그 범행만을 볼 때에 잔인무도한 것은 더 말할 여지가 없어서 어디까지나 검사는 사형을 주장하는 논고(論告)에 비기어, 피고에게 생명형(生命刑)을 내리지 않기까지의 1심, 2심, 3심의 재판관들의 판결문은 실로 동정의 눈물로 엮은 것이어서, 이 재판관들이 판결문을 쓸 때 그 초고는 필시 피고를 동정하는 눈물로 젖었으리라는 것을 짐작하기에 어렵지 않다.

내가 신문기자로 일찍 법정에 나선 많은 피고를 보았지만 정치적 또는 사상적 관계를 떠나서 단순히 인간적으로 이 사건처럼 나를 울린 것은 없다. 그러면 이 문제의 김문경이 빚어놓은 비극, 아니 그로 하여금 이 비극을 연출하게 한 것은 무엇이었는가를 쓰고자 한다.

김문경이 제주도경찰서에 체포되어 취조 경관과 또 목포검사국이며 예심정 재판정에서 공술한 범행까지의 전 사실을 들어보면 이러하다.

김문경은 제주도 서중면 하례리 김원백의 장자로 태어나서 어려서는 서당에서 한문을 공부하였고 그곳 보통학교까지 졸업하였다. 그때는 벌써 해녀 생활을 해 오던 그 모친 김백하도 차츰 늙어 가는 터에, 대전은 돈벌

이가 좋다는 말을 듣고 김문경은 양친을 그 아내 마내순에게 봉양을 부탁하고 그는 19살 때에 대전으로 건너갔다.

그때 생각에는 대전에 가서 몇 해 고생을 겪으면 한 밑천 잡아가지고 돌아와서 부모와 처자를 거느리고 넉넉한 살림살이를 할 줄로 알았던 것이, 그가 결국 대전에 가서는 이리저리 손에 닿는 대로 노동살이를 헤매고 돌아다녔으나 제 입에 풀칠하기에 급급하고 한 푼의 저축도 할 길이 없었다.

그래도 어떻게 단 몇 푼씩이라도 저축하리라고 30전으로 살던 생활을 20전으로 줄여 보고 먹던 담배를 끊어보고 별짓을 다했으나, 전전유랑 10년에 는 것은 나이뿐이요, 역시 주머니에는 한 푼의 여유를 남기지 못하였다.

그러한 중에 그가 받은 고향 소식은 진실로 놀라운 것이었다. 그 부친 김원백은 15년 동안이나 앓고 있는 해소병이 덧나서 움직이지 못하는 형편이요, 그 모친 김백하는 눈병이 났던 끝에 그만 실명이 되어 버려 워낙 해녀 생활도 할 수 없이 되고, 구중에 위병까지 겹쳐서 드러눕고 말았다.

이제는 결국 며느리 되는 마내순이 홀로 시부모를 위하여 품팔이와 해녀 생활로 견뎌 오던 모양이나, 공규(空閨)의 고독함과 늙고 병든 시아비와 눈까지 멀어 버린 시어미를 봉양하다 못해 그대로 달아나버렸다. 지금은 이 늙고 병든 부부가 그대로 앉아서 굶어죽을 수는 없어서 김문경의 누이 되는 김갑순의 집에 와서 있는 중이다. 흔히 출가외인이라 하지만 딸은 육친이라 친정부모를 홀대함이 아니나, 워낙 그 사위도 하루 벌어 하루 먹는 처지에 장인장모까지 모시고는 있을 수도 없어 귀찮아하는 터여서, 딸과 사위의 눈칫밥을 먹고 살기에 지레 죽을 지경이니 돈이야 벌었거나 못 벌었거나 시급히 돌아오라는 것이었다. 이 놀라운 소식을 듣고 허겁지겁 김문경이 고향으로 돌아온 것은 소화 8년 봄이었다.

매부의 집에서 눈칫밥을 얻어먹고 있는 양친을 찾아보니, 그가 대전으로 갈 때와 달라 양친은 다시 갱신할 수 없게 늙고 병든 중에, 더구나 그 모친은 눈조차 멀어 10년을 그리던 자식을 만났으나 소리를 들어 귀로 반갑고 손으로 더듬어 자식을 부둥킬 뿐이요, 얼굴조차 보지 못하는 처지에 서로 붙들고 울음을 터져 놓는 것밖에 없었다.

가난에 지쳐서 달아난 아내를 원망하면 무엇하랴. 이제는 이 젊은 홀아비에게 걸머지운 양친 봉양의 책임, 그것이 원망과 울분보다도 앞서서 해결할 크고 무거운 짐이었다.

문경은 우선 매부집에서 눈칫밥을 얻어먹는 양친을 끌고 허물어지고 찌그러진 제 집으로 돌아가니, 당장 그 저녁부터도 끼니 걱정에 가로질린 것이었다. 갑자기 일자리를 얻을 도리가 없어 하루 먹고 사흘 굶는 고생살이를 하면서 어떻게 그날그날을 끌어나가 여름 가을을 지내기는 하였다.

그러나 엄동을 닥치고 보니 더 다시 어찌할 도리가 없어서, 그들은 다소 일자리라도 좀 나을까 하는 희망으로 고향인 하례리를 떠나서 제주도 읍으로 이사하기로 작정하였다.

가장집물과 유일한 재산이라 할 집까지를 팔고 나니 손 안에 들어온 돈이 모두 합해 31원 70전이었다.

소화 8년 12월 13일 아침, 세 식구는 제주읍을 향해서 길을 떠났다.

그러나 눈멀고 위병에 배를 움켜쥐고 애쓰는 어미를 업고 또는 부둥켜안다시피 부축하고 한 옆으로는 간단없이 기침을 하는 늙은 아비를 이끌고 길을 걷는다는 것은, 아무리 그 아들 문경이 장정이라 하더라도 제주읍까지 70리 길을 해가 짧고 추운 겨울의 하루 만에 갈 작정한 것은 애초에 오계(誤計)였던 것이다.

결국 절반도 가지 못한 한라산 동쪽 서중면 한남리 가죽천 장류 한천이라는 연못 부근에 와서 해는 벌써 떨어져 땅어스름이 되어 버렸다.

아비와 어미는 발이 부르트고 시장하다고 아들을 조르는데, 게다가 날조차 이날은 춥던 중에도 더 추워서 촌보를 더 옮길 수 없이 되었다.

딱한 것은 부근에는 인가조차 없어서 하룻밤 지샐 곳도 없으므로, 아들은 양친을 연못가에 눕혀 놓고 언덕으로 기어올라 산골짜기 바위 밑에 굴하나를 발견하고 이리로 양친을 이끌어다가 앉히고, 아들이 중간에 앉아 세 목숨이 이불로 둘러싸고 저녁을 굶은 채 하룻밤을 지내게 되었다.

눈보라와 바람이 맵게 부는 그 밤 산골짜기에서 끼니조차 굶은 늙은 두 어버이는 기진맥진하여 어떻게 그 밤을 밝히기는 했으나, 아침이 되고 보니 몸을 일으키기조차 못하여 제주읍까지 남은 40리를 간다는 것은 말도 말고 당장에 한 걸음도 더 나아갈 수 없는 지경에 빠졌다.

이 마당에 이르러서 김문경은 마침내 무서운 생각을 일으키게 된 것이다. 50평생을 가난과 병에 쌓여 고생을 치르고는 또 새 고생을 당해 온 부모. 지금은 눈이 멀고 병이 깊어 폐인이 된 부모. 가난이 죄라고 생홀아비가 되어버린 자신.

저는 혹시 아직 젊은 몸이라 제 몸만은 그래서 앞으로 고생을 겪으면서도 내일 또는 내년을 믿고 속아 살아도 보겠지만 저 늙고 병 깊은 부모가 더 살아서 무엇을 바랄 것인가. 자식은 부모에게 효로써 대하라 할진대 이 경우에 부모에게 효를 다한다면 차라리 부모에게 오늘의 이 고생을 하루 한때라도 면하게 함이 어딘가.

이제 이 마당에서야 이 고생을 면케 하려 할진대 그에게는 저승길을 인도하는, 이 지긋지긋한 고생살이를 면하는 오직 한길 죽음을 드리는 것밖에 없지 않을까. 이 무서운 생각, 일종의 착각이라면 착각이겠지만 이 자포자기의 효행심이 빚어낸 행동은 얼마나 무서운 것이었던가.

하룻밤 동안에 이렇게 두렵고 끔찍한 참극이요 차마 바로 들을 수 없는 비극이 빚어진 것도 알 바가 아니라는 듯이 아침 햇살이 퍼져 올라와, 오늘 떠나면 다시 찾아올 길도 없는 이 자리 무덤 아닌 무덤 앞에 기절한 듯이 엎드려 흐느끼는 김문경의 잔등에는 빛이었다.

어둠을 타서 저지른 그 두려운 행동이 해가 퍼져 밝은 천지가 드러난 것을 깨달은 문경은 오직 가슴 가득 두려움이 차게 되어 정신이 있었는지 없었는지 허둥지둥 이 자리를 떠나 버린 것이다.

피고 김문경의 범죄 사실은 사법경찰관의 심문조서, 범죄 현장의 검증조서, 예심판사의 심문조서 및 피고 자신이 이 법정에서 공술하는 자백에 의하여 그 증거는 지극히 명백하다. 피고는 이 범죄 사실에 대하여 부모의 비참한 최후를 단축시키려 한 것이라는, 일종 효행심의 발로인 듯이 괴변을 주장하나 이는 첫째 인간으로서 그 육친을 존귀하게 여길 줄 모르는 아귀와 같은 자요, 더욱이 그 범행 수단의 잔인무도한 것은 이 자리에서 한 번 더 되풀이할 필요가 없는 바이다.

피고는 원래 나태하고 방탕하여 양친을 고향에 남기고자 젊은 몸으로 대판 등지로 다니며 상당히 노동임금을 10년이나 받았으나 한 푼의 저축이 없는 것으로 보아도 명백한 것이요, 고향에 돌아와서도 여전히 게을러서 동리사람들에게도 신용을 받지 못하던 터에, 구실을 제주읍으로 이사한다는 데 붙이고 가장집물을 방매한 것은 벌써 피고가 자기에게 부담이 되는 양친을 조처해 버리려고 전율할 범의(犯意)가 발작된 결과였다.

그렇지 않으면 어째서 구태여 양친을 인가가 없고 이런 악착한 범죄에 가장 적당한 범행 장소까지 그 양친을 데려다놓고 하필 거기서 밤을 드새었을 것이냐. 또 피고가 범행 후 가장집물을 방매한 돈 31원 70전을 들고 제주읍으로 가서 주색에 소비한 것으로만 보아도 피고의 이 행위는 추호도 동정할 여지가 없다. 법률이 사형이란 형벌을 제정한 근본정신은 실로 이러한 자를 처단키 위함이다.

이상의 준엄한 논고는 광주지방법원 목포지청에서 피고의 1심공판 때 입회 검사의 논고 요지다. 이 논고 끝에 피고는 울부짖으며 "죽기를 아끼지 않습니다. 이 더러운 목숨이 구구히 살아서 더 좋은 수가 있을 리도 만무합니다. 그러나 내가 집 판 돈 31원 70전을 제주읍에 가서 술 먹어 없앤 것은 방탕해서가 아니라 꿈마다 보이는 양친과 양심의 가책을 견디지 못하여 한때라도 고통을 잊으려 한 것뿐입니다. 죽여 주십시오. 그러지 않아도 나는 내 손으로라도 자결하려 했으나 차마 못했습니다."라고 애원하였다.

이 판결은 어떠하였던가.

범행만을 볼 때에 피고에게는 사형이 당연하였다. 그러나 과연 의외로 목포지청의 판결은 피고에게 무기징역의 판결을 언도하였다.

그리고 그에게 생명형을 피하고 징역형을 내릴 때 낭독한 재판장의 판결문은 진실로 눈물이 없이는 차마 바로 들을 수가 없는 것이어서 만정의 방청객을 울린 것이다.

그러나 검사는 어디까지나 피고를 동정할 여지가 없다 하여 끝까지 극형을 주장하고 대구 복심법원에 공소하였다.

여기 피고도 공소를 하였는데 그 공소 이유가 또한 애절하였다.

"죽음을 주시오. 만일 내 정상을 가긍타 볼진대 영구히 감옥에서 놓일

길이 없는 무기징역에서 더 좀 내려 유기징역을 주시오. 무기징역을 살면서 이 젊은 놈이 죽는 날까지 옥 속에서 이 양심의 아픔을 견디기보다는 차라리 사형을 달게 받겠습니다." 하는 것이었다.

하지만 대구 복심법원에서는 검사의 사형 주장도 물리치는 동시에 피고에게도 그 범행이 무기징역 이하로까지는 동정할 수 없다고 공소를 기각하였다. 물론 피고와 검사는 고등법원에 상고하였다. 그러나 작년 10월 고등법원에서도 희두(喜頭) 재판장은 역시 상고를 기각하였다.

이리하여 그는 영영 감형될 희망도 없는 무기징역 죄수로 서대문감옥에서 경성감옥으로 옮겨간 것이었다.

시감(時感) : 가정과 교육

—《동아일보》, 1936. 2. 8.

지난 6일부 본 신문 제2면에는 8, 9세의 유년기를 겨우 벗어난 어린아이들로 조직된 절도단이 경찰에 검거되었다는 사실을 보도하여, 가정교육이라는 케케묵고도 날마다 새로운 중대과제에 대하여 한 번 더 사회의 주의를 환기하였다.

특히 이 젖내 나는 범죄자들의 등 뒤에는 의부와 계모의 거친 매질과 욕설이 있어서, 이것이 바로 아직 어머니의 치마에 휘감겨 응석이나 피울 나이에 벌써 남의 물건을 훔치려 밤을 돌아다니다가 공원 등지에서 노숙을 했다는 믿기 어려운 사실을 들을 때 모골이 송연하지 않을 수 없다.

가정이라는 것이 성인의 평안한 휴식처로서도 물론 그 의의가 크다고 하겠지만, 그보다도 가정은 유년기에서 소년기까지의 신체발육 중에 있는 자녀를 위한 보금자리요, 또 그 인격완성으로의 출발 기초를 닦는 마당으로 보는 것이 당연하다고 생각한다.

그러나 우리는 흔히 계모의 학대, 의부의 학대로서 적서의 차별로 빚어지는 여러 모양의 사회적 비극을 보다 못해 이번에는 젖내 나는 절도단까지 보았거니와 계모나 또는 의부의 심정이 흔히 학대에 기울어지는 것은 일종의 동물성의 발휘라고 볼 수 있다.

　제 피를 섞지 않은 자식 아닌 자식을 제 자식과 똑같이 어루만지고 똑같은 사랑을 기울이지 못하는 것은 동물 사회에서는 차라리 찬란한 모성애로 빛나는 수도 있기 때문이다. 그러나 우리 사람이 사람됨이 역사를 이어가며 수천 년, 이 동물성을 청산하고 인격을 완성함에 있거늘 어떻게 이 의부와 계모의 동물성에 비길 의붓자식 학대를 묵인할 것이냐.

　물론 개중에는 아무리 의부, 계모가 과연 내 자식과 같이 의붓자식을 사랑할지라도 의붓자식으로서는 친아비, 또는 친어미를 기리는 심정에서 그 사랑을 곡해하는 예도 없지 않을 것이다. 그러나 이런 경우에 그 의부, 계모의 '참을성의 부족'을 탓할지언정 어린아이에게 수양을 쌓기 전에 그 잠재한 동물성을 규탄한다는 것은 무자비하다고 생각한다.

　특히 이런 예를 빈천과 무식에 쌓여 있는 가정에서만 보는 것이 아니라 상당한 교양과 품위 있는 가정, 자식의 장래를 볼 줄 알며 그 자식의 활동할 '장래의 사회'를 보는 이로서도 이런 일을 가끔 보게 된다.

　그리고 또 여기 강조하고 싶은 것은 이것이 구태여 의붓자식과 의붓아비, 의붓어미의 경우에만 있는 일이 아니라 같은 제 자식을 기르면서도 소위 편애의 결과 또한 다를 바 없다는 것이다.

　가령 제 젖을 먹여 기른 자식과 유모에게 내어주었던 자식에 대한 사랑의 차별, 혹은 이렇다 할 이유는 없지만 어미는 둘째 딸만 귀하게 여기고 아비는 첫 아들만 귀하게 여기는 등 은연중에 그 자식의 성격을 삐뚤게 하고 그 장래에 커다란 흑점을 찍어 놓는 결과가 된다.

우리는 하도 많은 여러 가지 범죄자의 절반 이상이 이 어미 아비의 사랑의 결핍, 교육의 태만에 말미암음을 알고 남은 것과 같이, 역사 위에 손으로 꼽을 만큼 드문 위인들의 등 뒤에는 또한 어진 어미의 고심이 있음을 아는 것이다. 한 위인을 한 민족이 가진다는 것은 결단코 한 위인의 씨가 쉽사리 한 어미의 배에 맺어지는 것이 아니다.

한 위인을 한 민족이 가지게 되는 가장 큰 조건은 그 민족의 어머니 된 이들이 몇 백 년, 몇 천 년에 미쳐 물려받아 쌓아 놓은 수양의 탑이 비로소 한 위인으로 열매 맺은 것이라고 할 것이다.

어떻게 한 자식에 대한 사랑의 결핍, 교육의 태만을 그 민족 사회와 인류에 대한 반역이라고 하지 않을 수 있겠는가.

대구(對句) 이삼(二三)

—『신가정』 4권 6호, 1936. 6. 1.

"성인에게서 선덕을 빼고 보면 남는 것은 역시 교활과 배신뿐이다." (톨스토이)

이 말은 아무리 악인이라 할지라도 교활과 배신을 빼고 나면 그에게도 역시 양심과 참회와 비록 겨자씨만한 선덕이라도 있다는 말이 아닐까?

우리는 어찌 하면 이 겨자씨만한 선덕을 길러서 그 나무에 새가 깃들이도록 할 것인가 함이 문제일 뿐이다.

"우리는 남에게 받은 친절은 흔히 잊어버린다. 그러나 우리가 남에게 바친 봉사는 결코 그 흔적도 없애지 않는다." (톨스토이)

우리는 남에게 보낸 온갖 박정(薄情)과 냉혹을 대개는 잊어버리고, 또 기억에 남을 만큼 극단의 박정이나 냉혹한 점은 이것을 합리화하려고 든다. 그러나 남에게서 받은 여간한 푸대접도 두고두고 이를 분개한다.

자기가 한 친절과 시혜, 그리고 남에게서 받은 푸대접을 용하게 두고두고 기억하는 반면에, 자기가 받은 친절과 자기가 남에게 보낸 박정을 일쑤 잘 잊어버리는 건망증이 잘못 발달된 기억력과 타락한 건망증을 고치기 전에는 양심은 언제나 우울할 것이다.

"정의의 한 시간은 기도의 70년보다 값이 높다." (존 러스킨)

조선에 예수교가 들어온 지 반백 년, 지금의 교도가 30만. 그들과 그 시간의 총화가 '예수의 3년'의 30만분의 1이나 따랐을까?

"사람이 부를 얻는 길은 세 가지밖에 없다. 즉 근로, 애원(哀顧)과 도적질이 그것이다. 만일 근로하는 자로서 그 소득이 극히 적다고 하면 그것은 너무나 많은 소득이 애원자와 도적에게 돌아갔기 때문이다." (헨리 조지)

이 말은 헨리 조지의 입을 빌려서 깨달을 것이 아니라 우리의 체험과 목도로 알고 남은 것이다. 다만 우리는 이 평범화한 기현상, 합리화한 모순을 광정(匡正)함에 있어서 양심 세척에 의할 것이냐 제도 개혁에 의할 것이냐가 문제일 뿐이다.

그러나 실상 이 두 가지 방법이란 닭과 달걀과 같아서 그 선후를 가려낸다는 것은 힘든 일이다.

우리는 여기서 각기 한 가지 길을 걸어간 예수와 마르크스를 유대인에게서 발견하였다. 그 예수의 신도와 마크르스의 후배가 오늘날 적대와 같이 되었다는 것은 예수의 신자의 타락을 의미한다. 타락이 아니라면 그들은 예수가 적발하여 경계한 그대로 양의 가죽을 쓴 무리가 아닐까?

초하(初夏) 수필 : 초하에는 폭음(爆音)을 타고

— 『신동아』 6권 6호, 1936. 6. 1.

요새는 조선에서도 '모 양, 모 군. 위 두 사람의 결혼식, 모 씨 주례 하 경성 상공에서 거행'이라는 청첩을 받게 된 시절인데, 지금 와서 새삼스레 비행기 산책쯤을 이야기한다는 것이 조선 특유의 급조 울트라 모뽀, 모걸[87]에게는 아무 신선미도 느끼지 못할지도 모를 일이다.

그러나 기실 전당포를 유일한 거래소로 출입하면서 무명 넥타이이나마 붉은 빛만 퇴색이 안 되었으면 행세를 허락하는 보잘 것 없는 모뽀모걸의 수가 의연히 대다수를 점령한 조선에 있어서, 비행기를 조선의 목동이 소를

기사 표제 및 비행기

---

87) 모뽀, 모걸 : 모던보이, 모던걸

타듯 하는 양키의 환경은 숨길 수 없는 선망의 것이요, 통곡하고 싶도록 심술나는 것일 게다.

아차! 글이란 이런 식으로 쓰면 못쓴다지? 좀 점잖게…. 하기는 비행기 산책 그것을 구하여 모(某)의 전유(專有)로 전제할 것이 아님직하기로 이에 폭음을 타고 상공을 종횡하는 시원스러움을 써 보건대.

지금 모 씨는 애처와 두 살짜리 아들을 데리고 평양냉면을 사 먹으러 여의도에서 이륙하였다. 그로 말하면 지금 그녀의 품에 안겨 있는 아들을 낳기 직전 산후에 산모에게 공양 차로 '울산 미역'을 구하러 여기서 비행기를 타 본 일이 있을 뿐 아니라, 전에 가정 쟁의가 있은 서너 번 기회에 그녀와 더불어 하이킹, 드라이브로 변애(變愛)를 향락하던 기억을 털어버리느라고 이 기상(機上) 산책을 체험한 일이 있어 솜씨 퍽 익숙하나, 그녀는 과연 탑승의 순간에는 약간 공포증이 히스테리컬하게 발작치 않은 것이 아니었다.

'이것은 현대 여성의 기질을 모독하는 독균'이라고 감연(敢然)히 공포증을 격파하고 남편을 따라 기상에 오른다.

지상 발동 수분 후 신통치 않게 자동차 흉내를 내고 있던 기체가 어느 틈에 정말 눈깜박할 동안에 이륙! 이제부터는 '두둥실'의 향락이다.

한강이 실개천이었던 것, 철교는 성냥개비 장난에 불과하고 4층, 5층의 고루거각(高樓巨閣)이 즐비한 서울 장안도 실상 이제 보니 게딱지의 연속선. 그래도 삼각산은 체면이 있는지라 제법 큰 무덤만하고, 그녀가 잠시 이렇게 황홀한 중에 기체는 벌써 신촌역을 부감(俯瞰)한다.

'노소미'가 진행하는데 그녀는 품에 안긴 아들의 장난감 기차를 연상하였다. 기체가 둥실둥실 300미터 돌파, 400미터 돌파, 한 번 더 기어올라 500미터 돌파. 눈 아래에는 옷 입은 '개미'들이 곤두서서 다니는 것이 간간히 보이며 어느 틈에 눈에 벌어진 재령의 남우리벌판….

그 전인가 그 후인가 그녀의 회고담으로 분명치 않으나 장수산을 지날 때 기체가 한 번 모로 서니 장수산은 분명히 화백청전(畫伯靑田)이 그려 놓은 산수화 병풍 한 폭에 비길 만하더라고….

어쨌든 그녀가 돌아와서 하는 말을 빌건대 그는 높은 산에 올라서서 맛보던 정복감을 맛보았고, 해안에서 대양의 저 끝을 발돋움으로도 못 보던 안타까움이 해소되었고, 교외의 드라이브는 장애물이 많고 쿠션이 암만 좋아도 흔들림이 심하니 그 성가심이 없고, 하이킹은 기껏 우이동이나 갔다 오면 다리맥이 풀리더니 이번엔 평양냉면을 먹은 지 반시간 여에 집에 돌아오고 여유작작. 이래서 그녀는 이로부터 산책은 비행기에 한할 것이란 가규(家規)를 세웠다 하는데, 모름지기 남녀와 노유(老幼)의 구별을 폐하고 초여름의 상공을 한번 정복할 것이다.

대관절 자네는 비행기를 얼마나 타보았기에 너덜대는 게냐고?

그것 봐! 비행기라곤 작년 겨울 유빙에 강화도가 유폐되었을 때 잠시 방문해 본 약 50분의 경험뿐이라고 쓸 거리가 못 된다는데, 공연히 편집자 고집을 부리더니 사람을 이 망신으로.

가을 육제(六題) 기삼(其三)

—《동아일보》, 1937. 10. 7.

가을은 짝 있는 사람에게도 서글픔을 일으키는데, 짝 잃은 이 아낙네 가신 님과 더불어 가꾼 조 이삭을 홀로 딸 때 그 얼굴에 외로움과 그리움에서 빚어진 서글픈 모양을 먼 빛으로도 알아볼 수 있지 않겠느냐.

가령 그 눈썹에 맺힌 눈물쯤은 저 혼자 떨어지기라도 하려니와 저 젊은 가슴속에 어그러진 고독의 숲을 어느 누가 헤쳐 줄 것이냐.

가을 하늘은 높다고 하는데 그래서 또 넓은 듯도 하여, 여름 내내 줄기찬 비를 쏟기만 하던 구름도 햇솜같이 피어오른 채 한가롭게 떠도는 것이 무심히 보는 중에도 어느 틈에 한 폭 경치를 이루지 않았느냐.

봄날 먼지 나는 바람도 아니요 겨울 살을 베어 내는 사나운 바람도 아니어서, 옛 사람이 금풍이라 일컬은 가을바람의 산들거림은 과연 어루만질 만하고 가슴에 스며드는 다정한 품이 사랑할 만하지 않으냐.

외로운 젊은 아낙네여,

아예, 경치에만 취하여 모진 마음 없이 가을 구름을 보지 말라.

비도 실리지 않은 저 구름을 쳐다보면서 깨닫는 새도 없이 그대의 눈썹 밑에서 빗방울이 돋지 않았느냐.

아예, 속이 답답한 것만을 아쉽다고 하여 생각 없이 가슴을 헤쳐 놓지 말라.

안길 듯 스며드는 바람결을 좇아 미처 멈출 새도 없이 한숨이 흘러나오지 않았느냐.

하물며 저녁에, 달마저 떠오르면, 눈치 없는 기러기가 저만이 외짝인 듯이 구슬픈 울음을 울고 지나가면….

오오, 외로운 사람에겐, 가을이 없으라.

그러나 그 님은 영영 못 올 님은 아니니….

이것 거두어 님의 끼니 장만하리.

렌즈에 비친 가을의 표정 9

—《동아일보》, 1937. 10. 22.

천지의 가을 풍물을 찾아 산으로 들로 강가로 다닌 끝에 여기서 인생의 가을을 투시하다.

뼈만 남은 나무와 갈퀴에 긁혀 모이는 낙엽을 보면서 섣불리 다감한 양 시들어 떨어짐을 읊기 전에, 왕년 수십 해 초목의 가을을 긁어모은 끝에 이제는 '자신의 가을'을 맞이한 저 늙은이에게 그 흰 터럭에 얹혀 있는 인생의 가을을 물어보았더니라.

초목의 가을은 나면서부터 경험한 것. 고구려, 신라, 고려와 그리고 애급(埃及), 희랍(希臘)과 로마의 쇠락은 역사에서 경험한 것. 어릴 적 이 동산 녹음 아래서 한낮의 졸음을 향락하는 할아버지의 흰 수염을 잡아끌어 보고 문득, 어버이의 가을도 깨달은 것. 아버지를 뒷동산에 장사지내던 날, 인생의 시듦도 알기는 했던 것… 허나 이 모든 것을 아는 동안에 벌써 백발, 이 빠짐과 함께 '내 가을'이 닥쳐온 것을 몰

카메라 강대석

랐으니, 인생은 분명코 저를 아는 데는 현명치 못하구나.

왕위에 있으면서 기록이 있은 이래, 호사의 극치를 자랑하던 솔로몬도 필경 인생은 헛되고 헛되고 또 헛되다고 탄식하였거든, 일생을 가난 속에 파묻혀 늙은 이 필부에게 무엇이 있겠는가.

허, 젊은 사람은 딱하기도 하이!

가을은 거두는 시절이라네, 자연이 그렇거니와 인생도 그러하이.

그대 젊은 사람도 어느 틈에 늙어 단 한 번 겪을 '그대의 가을'이 올 것이니, 그때 역사가 거두러 오거든 내어줄 유산이나 준비하소.

온천 순례 : 배천온천
— 『실생활』 11권 9호, 1939. 10. 1.

고향 자랑이나 실컷 하시구려. 이렇게 다분히 유인성을 띤 자비로서 내게 부여된 명제가 '배천온천의 감상'이다. 불쾌한 소리다. 인연이라는 실마리에다가 '자랑'이라는 구슬을 끼워서 던지는 편집자의 심사가 고약해서다. 왜냐하면 성냥개비에 하늘거리는 불꽃같은 단명적 정열을 미끼로 삼아서는 차디찬 내편을 녹여 보려는 그 엉뚱한 꿈이 무자비하게도 깨어지고 말 것이므로 하는 말이다. 삼가 수언(數言)으로써 귀하의 현미경적 관찰에서도 나는 '고향을 자랑하려' 일부러 곡필(曲筆)을 잡음이 아님을 강조하지요.

"오 형도 몸을 꽤 아끼거든!"

"왜요?"

"가만히 보면 서울 왕래에는 반드시 배천온천을 들리시니 말이야."

"하하하 몸을 위해서? 천만에, 거기가 고향이구료. 늙은 부모님이 단 두

분 남아 계시니 왕래에 들러 뵙는 것이죠. 우리 집은 온천서도 퍽이나 떨어진 산골입니다. 내게 온천 양생이 어디 당하오?"

배천온천이 생긴 이래 그 명성이 날로 높아갈수록 나는 이런 문답을 거듭하는 기회가 잦아진 것이다.

그뿐이 아니다. 이런 말끝에는 바늘에 실처럼 달리는 말로,

"배천온천이 좋다는 걸."

"암, 좋지, 온천은 제일이죠."

"어째서 좋은고."

"……."

대답에 궁한 이 물음을 한두 번 들은 것이 아니다. 자백하면 나는 온천이란 것에는 너무나 무식하다. 그럴 수밖에 없는 것도 당연하다.

거기다가 더구나 타고난 천성이 이런 일에는 기억도 잘하지 않는 솜씨라, 어느 온천에 라듐이 몇 퍼센트니 무슨 성분이 얼마가 있느니, 그래서 어느 온천은 류머티스에 효과가 있느니, 신경통이거든 어느 온천을 가라느니 하는 말은 생전 가야 못해 볼 팔자다. 그러면서 이 글을 쓰는 나도 좀 싱거운 축이 아닌가.

오후에 경성역을 떠나면 기차로 약 2시간, 토성역에서 경편(輕便) 철도를 바꿔 타고 예성강변의 낙조에 황홀하면서 30분이면 배천온천에 이른다.

북으로 치악산이 이 고을을 지키고 바로 눈앞에 남산이 아담히 좌정(坐定)한 곳. 여기에 300여 년 동안을 땅 속에서 땅 속으로 흐르던 온천이 이제는 지상으로 용출하고 있다.

이 온천은 원래부터 조선에 유명하였더니 서울 대감님들이 하도 많이 오시는 통에 군수영감이 이루 접대에 견딜 수 없어, 여름 장마 때 온천을

쓸어 덮어 버리고 탁랑(濁浪)에 휩쓸려 없어지고 말았다고 상사에 보고하였다는 300년래 전해온 전설이, 고을 사람에게 오늘의 배천온천을 캐내게 한 신념을 준 것이다.

여기에 이르면 우리는 먼저 점재(點在)한 각 여관보다도 우리의 호텔 천일각(天一閣)이 '남의 호텔'에 대등하여 뚜렷이 성립한 것을 발견한다.

누구나 천일각에 짐을 풀고 욕의(浴衣)를 바꿔 입은 다음에 탕으로 들어가서, (내외분이 가셨거든 전용탕에 드십시오) 150여 명을 담을 수 있는 타원형의 대욕조에 넘실거리는 수돗물을 끓인 듯이 맑고 냄새 없는 온천물을 상면(相面)할 것이다. 옆으로는 일광욕장, 한증탕이 따로 설비되고, 욕실 한쪽에는 끓는 새보의 자연을 그대로 보여주게 하고 있다.

목욕 후에는 2층 객실의 커튼을 젖혀 놓든지, 누각에 나와서 4면을 살피라. 옥포강 돛단배의 한가롭게 노 저음을 볼 것이요, 늦은 봄이면 남산 진달래꽃의 정열적 미소에 황홀할 것이다. 지부(地府)에서 끓어 나온 물을 겨울이면 그대로 잡아넣은 스팀 옆에 깔아 놓은 자리 속에서 초야(初夜)의 차중(車中) 피로를 떨쳤거든, 아침 일찍이 치악산 기운정에 올라가라(자동차를 타거나 걷는 것쯤이야 노형 맘대로 하구려).

'성 넘어' 개울의 구곡동천(九曲洞天). 때가 여름이거든 굽이마다 그늘을 가려앉아 발을 담그라. 물에서는 매미가 노래하고 물 위에는 물맴이가 떠놀아, 구석마다 사글거리는 수면 앞으로 옆으로 질러 앉은 바위 위에 부딪히고는 깨어지는 물. 노형은 잠시 앉아 '와전(瓦全)'의 구구함보다 옥쇄, 차라리 떳떳함을 배웠거든 속세의 먼지 묻은 생각을 아끼지 말고 털어 버리고 다시 걸어 올라가라. 기운정에 이르거든 기원천에 다시 한 번 그대의 마음을 씻고, 치악산 중턱에 올라 가슴을 풀고 시야를 넓히라. 서쪽으로 무연히 보이는 서해 구름과 맞닿았고, 동단으로 어제 저녁 낙조에 그대가 황홀하던 예성강 남면에 퍼진 일대 평야와 굽이진 옥포강 그 가운데서 그대는 지난밤을 안아주던 온천을 발견하리라.

요새 온천의 구비할 필수조건 경치라 하니, 이 고을 산천 경개명려(景槪明麗)도 온천이 있다고 해서 억지로 삼는 자랑이 아니다. 고을이 하도 묘하고 아담하되 들어앉은 규수였더니, 온천을 발견한 이후로 살 냄새에 젖은 못밭 아래 짓밟히고 이 고을을 가진 이 고을 사람만의 정조가 무참하게도 가솔린 냄새에 휩쓸려 스러진 것을 차라리 통곡할 일이다.

게 구럭을 들고 흙 묻은 발가숭이의 소년 시절을 보는 것이 어제려니, 그 자리에 내려앉은 온천을 소개하는 오늘이 있을 줄 내 어이 알았던고.

[모지전재(某誌轉載)]

부록

오기영 기고문 총목차*

* 오기영이 작성한 기고문 총목차는 일제강점기(신문, 잡지), 해방 이후(신문, 잡지) 날짜순으로 배열했습니다.
* 글 제목은 기고 매체(원 출처)에 게재된 대로 실었습니다.
* 해방 후 간행된 1-4권의 책 내용 중 일부는 신문잡지에 게재된 바 없이 단행본에서 처음 발표한 원고도 있습니다.
* 『신천지』 삼면불에는 별도 제목없이 '삼면불' 꼭지명만 있어서 단행본의 제목을 가져왔습니다.

일자	제목	저자	수록
1928-11-16	평양 유일의 시혜기관 위걸수용소(痿乞收容所)와 보육원 재단법인으로 신청하기까지 (상)		
1928-11-17	평양 유일의 시혜기관 위걸수용소(痿乞收容所)와 보육원 재단법인으로 신청하기까지 (중)		5권
1928-11-18	평양 유일의 시혜기관 위걸수용소(痿乞收容所)와 보육원 재단법인으로 신청하기까지 (하의 상)		
1928-11-19	평양 유일의 시혜기관 위걸수용소(痿乞收容所)와 보육원 재단법인으로 신청하기까지 (하의 하)		
1928-11-19	지방논단: 기림리 토지매매 문제		
1928-12-02	평양시화: 강연회를 보고		6권
1928-12-13	지방논단: 상공협회의 출현을 보고		
1928-12-15	우리의 희망하는 상공계 통일 기관 평양 상번회(商繁會) 발기를 듣고 1		
1928-12-16	우리의 희망하는 상공계 통일 기관 평양 상번회(商繁會) 발기를 듣고 2	평양 일기자	
1928-12-17	우리의 희망하는 상공계 통일 기관 평양 상번회(商繁會) 발기를 듣고 3		
1928-12-18	우리의 희망하는 상공계 통일 기관 평양 상번회(商繁會) 발기를 듣고 4		
1928-12-19	우리의 희망하는 상공계 통일 기관 평양 상번회(商繁會) 발기를 듣고 5		
1928-12-20	우리의 희망하는 상공계 통일 기관 평양 상번회(商繁會) 발기를 듣고 6		5권
1928-12-21	우리의 희망하는 상공계 통일 기관 평양 상번회(商繁會) 발기를 듣고 7		
1928-12-22	우리의 희망하는 상공계 통일 기관 평양 상번회(商繁會) 발기를 듣고 8		
1929-01-01	전 조선 모범 농촌 조사 1		
1929-01-01	방문 후 잡감(雜感)		
1929-01-10	전 조선 모범 농촌 조사 6	오기영	
1929-01-18	전 조선 모범 농촌 조사 10		
1929-01-19	전 조선 모범 농촌 조사 11		
1929-02-15	평양시화: 물산장려와 오인(吾人) 외		
1929-02-19	지방논단: 근우평양지회의 활동	평양 일기자	6권
1929-04-02	평양시화: 비밀회(秘密會)의 유행 외		
1929-04-03	평양시화: 전기 부영(府營)과 부민(府民) 외		

일자	제목	저자	수록
1929-04-07	소회: 고별에 대하여 (상)	오기영	6권
1929-04-08	소회: 고별에 대하여 (중)		
1929-04-09	소회: 고별에 대하여 (하)		
1929-04-21	평남일대의 상공업의 추세 1	평양 일기자	
1929-04-23	만여 주민 사활 불고(不顧) I 불이농장(不二農場) 직영 착수	오기영	5권
1929-04-24	평남일대의 상공업의 추세 2	평양 일기자	
1929-04-25	평남일대의 상공업의 추세 3		
1929-04-27	평남일대의 상공업의 추세 4		
1929-04-28	평남일대의 상공업의 추세 5		
1929-04-30	평남일대의 상공업의 추세 6		
1929-05-01	세간에 주목 끄는 용천쟁의(龍川爭議) 진상 1	신의주 일기자	5권
1929-05-01	평남일대의 상공업의 추세 7	평양 일기자	
1929-05-02	세간에 주목 끄는 용천쟁의(龍川爭議) 진상 2	신의주 일기자	
1929-05-03	세간에 주목 끄는 용천쟁의(龍川爭議) 진상 3		
1929-05-04	세간에 주목 끄는 용천쟁의(龍川爭議) 진상 4		
1929-05-05	세간에 주목 끄는 용천쟁의(龍川爭議) 진상 5		
1929-05-06	세간에 주목 끄는 용천쟁의(龍川爭議) 진상 6		
1929-05-07	세간에 주목 끄는 용천쟁의(龍川爭議) 진상 7		
1929-05-24	신의주서(新義州署)에서 고보생(高普生) 검거	신의주지국 전화	
1929-05-25	검거된 생도(生徒)는 평소부터 주목	평양지국	
1929-05-26	경찰과 검사가 밀의(密議) I 재학생 극도 불안		
1929-05-25	고해순례(苦海巡禮): 광부 생활조사 1	오기영	5권
1929-05-26	고해순례(苦海巡禮): 광부 생활조사 2		
1929-05-28	고해순례(苦海巡禮): 광부 생활조사 3		
1929-05-29	고해순례(苦海巡禮): 광부 생활조사 4		
1929-06-01	고해순례(苦海巡禮): 광부 생활조사 5		
1929-06-02	고해순례(苦海巡禮): 광부 생활조사 6		
1929-06-03	고해순례(苦海巡禮): 광부 생활조사 7		
1929-06-04	고해순례(苦海巡禮): 광부 생활조사 8		
1929-06-06	고해순례(苦海巡禮): 광부 생활조사 9		
1929-06-07	고해순례(苦海巡禮): 광부 생활조사 10		
1929-06-16	지방논단: 학생의 취체(取締)	신의주 일기자	6권
1929-07-02	소하(消夏)의 호문자(好文字)	오기영	5권

일자	제목	저자	수록
1929-08-15	압록강상 2천 리 1	오기영	5권
1929-08-16	압록강상 2천 리 2		
1929-08-17	압록강상 2천 리 3		
1929-08-18	압록강상 2천 리 4		
1929-08-20	압록강상 2천 리 5		
1929-08-21	압록강상 2천 리 6		
1929-08-22	압록강상 2천 리 7		
1929-08-23	압록강상 2천 리 8		
1929-08-24	압록강상 2천 리 9		
1929-08-25	압록강상 2천 리 10		
1929-08-26	압록강상 2천 리 11		
1929-08-28	압록강상 2천 리 12		
1929-08-31	압록강상 2천 리 13		
1929-09-01	압록강상 2천 리 14		
1929-11-12	눈 소식은 벌써부터 국경의 겨울 준비	신의주 오생	
1929-12-27	지방논단: 국경 여객 취체(取締)에 대하여	신의주 일기자	
1930-01-07	신문소고(新聞小考) 1	오기영	6권
1930-01-09	신문소고(新聞小考) 2		
1930-01-10	신문소고(新聞小考) 3		
1930-01-11	신문소고(新聞小考) 4		
1930-01-12	신문소고(新聞小考) 5		
1930-01-12	지방논단: 신의주의 진로	신의주 일기자	
1930-01-15	신문소고(新聞小考) 6	오기영	
1930-01-19	신문소고(新聞小考) 7		
1930-01-20	신문소고(新聞小考) 8		
1930-01-21	신문소고(新聞小考) 9		
1930-01-21	지방논단: 교육기관을 증설하라	신의주 일기자	
1930-01-23	신문소고(新聞小考) 10	오기영	
1930-02-06	지방시화: 지주와 가주들	평양 일기자	
1930-02-15	지방시화: 평양 3대 선전		
1930-02-27	평양고보에 모 격문 배부	평양 특파원	5권
1930-03-05	평양 격문사건 확대 I 학생 20여 명 검거		
1930-03-06	평남 경찰부 I 돌연 대활동		

일자	제목	저자	수록
1930-03-07	신의주 청맹(靑盟) | 금일 공판 개정	평양 특파원	5권
1930-03-20	천마대원(天摩隊員) 김성범 | 교수대의 조로(朝露)로		
1930-03-24	지방논단: 자살과 아사	평양 일기자	6권
1930-03-29	차련관(車輦舘) 사건 '진범'? | 오동진과 대질신문	평양 특파원	
1930-03-31	홀아비 유출(誘出) | 자살(刺殺) 후 투강(投江)		
1930-09-04	평양 고무쟁의 진상 1	오 특파원	5권
1930-09-05	평양 고무쟁의 진상 2		
1930-09-06	평양 고무쟁의 진상 3		
1930-09-06	평양에 대화(大火)	평양 특파원	
1930-09-07	평양 고무쟁의 진상 4	오 특파원	
1930-09-09	평양 고무쟁의 진상 5		
1930-09-10	평양 고무쟁의 진상 6		
1930-09-11	평양 고무쟁의 진상 7		
1930-09-12	평양만담: 요정(料亭)의 신축	일기자	6권
1930-09-19	주요 도시 순회 좌담: 제1 평양 편 1		5권
1930-09-20	주요 도시 순회 좌담: 제1 평양 편 2		
1930-09-21	주요 도시 순회 좌담: 제1 평양 편 3		
1930-09-22	주요 도시 순회 좌담: 제1 평양 편 4		
1930-09-23	주요 도시 순회 좌담: 제1 평양 편 5		
1930-09-24	주요 도시 순회 좌담: 제1 평양 편 6		
1930-09-28	평양만담: 근우지회관 낙성(落成)		6권
1930-10-05	숙천(肅川) 일대 박재 상보(雹災詳報)	오기영	5권
1930-10-12	평양만담: 고무직공의 공장 자립 외	평양 일기자	6권
1930-10-16	수지상(收支上)으로 본 농촌의 풍년 수확 (상)	오기영	5권
1930-10-19	평양만담: 적극적인 평양	평양 일기자	6권
1930-10-23	수지상(收支上)으로 본 농촌의 풍년 수확 (하)	오기영	5권
1930-10-23	황해수리조합(黃海水利組合)은 당연히 해산하라 1		
1930-10-24	황해수리조합(黃海水利組合)은 당연히 해산하라 2		
1930-10-26	황해수리조합(黃海水利組合)은 당연히 해산하라 3		
1930-10-27	평양만담: 무성의한 위생대(衛生隊)	평양 일기자	6권
1930-11-08	지방논단: 백 여사 찬하회(讚賀會)		
1930-11-25	강서대관(江西大觀) 1	오기영	5권
1930-11-26	강서대관(江西大觀) 2		
1931-01-03	발랄한 평양의 신생 면(新生面)	일기자	

일자	제목	저자	수록
1931-02-06	평양시화: 연합 발매를 보고	평양 일기자	6권
1931-02-17	경찰의 석방 언질로 l 헛강도 자백이 사실?	오기영	5권
1931-02-18	청맹원(靑盟員) 검거 l 격문 다수 압수	오 특파원	
1931-02-21	지방논단: 면옥쟁의에 대하여 (상)	평양 일기자	6권
1931-02-22	지방논단: 면옥쟁의에 대하여 (하)		
1931-03-09	백일하 폭로된 강도 위조 '연극'	오생	5권
1931-04-04	지방논단: 전기 예산의 원안 집행 (상)	평양 일기자	6권
1931-04-05	지방논단: 전기 예산의 원안 집행 (중)		
1931-04-06	지방논단: 전기 예산의 원안 집행 (하)		
1931-06-25	의열단 사건 l 김한(金翰)을 검거	평양 특파원	5권
1931-06-25	평양 모 사건 l 21명 송국(送局)		
1931-06-25	지방논단: 문제의 수리조합	평양 일기자	6권
1931-06-26	평양서 검거된 김한 의열단 관계의 김한이 아니라 동명이인	평양 특파원	5권
1931-08-17	평양시화: 마작의 성행	평양 일기자	6권
1931-11-06	애인의 변심에 격분 l 현대의 악마로 돌변	오생	5권
1931-11-12	지방논단: 빈빈(頻頻)한 부정사건	평양 일기자	6권
1931-12-18	지방논단: 격리병사 문제		
1931-12-28	1931년의 평양 사회상 (상)		
1931-12-29	1931년의 평양 사회상 (중)		
1931-12-30	1931년의 평양 사회상 (중)		
1931-12-31	1931년의 평양 사회상 (완)		
1932-01-02	평양 신년 좌담회 1	오생	5권
1932-01-03	평양 신년 좌담회 2		
1932-01-04	평양 신년 좌담회 3		
1932-01-05	평양 신년 좌담회 4		
1932-01-06	평양 신년 좌담회 5		
1932-01-07	평양 신년 좌담회 6		
1932-01-08	평양 신년 좌담회 7		
1932-01-09	평양 신년 좌담회 8		
1932-01-10	평양 신년 좌담회 9		
1932-01-11	평양 신년 좌담회 10		
1932-01-12	평양 신년 좌담회 완(完)		
1932-02-19	'굿'을 묵인함은 민의를 존중함인가?: 평남도 평의원 제위에 일언	오기영	6권

일자	제목	저자	수록
1932-05-06	강동 대박산에 있는 단군릉 봉심기(奉審記) (상)	오기영	5권
1932-05-11	강동 대박산에 있는 단군릉 봉심기(奉審記) (중)		
1932-05-12	강동 대박산에 있는 단군릉 봉심기(奉審記) (하)		
1932-06-17	재정 독립 문제로 l 평안협동 수(遂) 분규		
1932-06-30	지방논단: 금주무역회사(禁酒貿易會社) 발기	평양 일기자	6권
1932-07-02	지방논단: 내객(來客)의 첫 인상		
1932-12-09	평양시화: 인정도서관과 평양 인사 외		
1932-12-19	평양시화: 무소불위의 황금		
1932-12-20	평양시화: 피의 교훈		
1933-04-18	지방논단: 미신행위 타도		
1933-06-17	황평(黃平) 양도(兩道)에 동섬서홀(東閃西忽)! 단신 경관대와 충돌 4차	오기영	5권
1933-08-31	평양시화: 빈발하는 교통사고	평양 일기자	6권
1933-09-30	평양시화: 학생 풍기 문제 외		
1933-10-03	평양시화: 자생원에 서광		
1933-10-04	평양시화: 평양의전생 형사 사칭		
1933-10-13	지방논단: 대동고무 파업 문제		
1933-11-02	지방논단: 대동고무에 여(與)함		
1934-01-01	문제의 소화수조(昭和水組) 과거, 현재와 장래 전망	오기영	5권
1934-01-03	미간지 개간은 29,600정보 l 부근 연고 주민에게 불하 대부하라		
1934-09-09	신추만필(新秋漫筆) 7: 명일(明日)에의 돌진		6권
1934-11-25	본 지국 주최 평양 차지차가(借地借家) 문제 좌담회 1	평양지국	5권
1934-11-26	본 지국 주최 평양 차지차가(借地借家) 문제 좌담회 2		
1934-11-27	본 지국 주최 평양 차지차가(借地借家) 문제 좌담회 완(完)		
1935-05-01	팔로춘색(八路春色): 옛 생각은 잊어야 할까	오기영	6권
1935-05-31	류경 8년 1		
1935-06-01	류경 8년 2		
1935-06-02	류경 8년 3		
1935-06-04	류경 8년 4		
1935-06-05	류경 8년 5		
1935-06-06	류경 8년 완(完)		
1935-06-20	동인각제(同人各題): 우울한 희열		
1935-07-24	동인각제: 체병(病)의 신(新)증상		
1935-12-10	신사참배 문제와 미션회 태도		5권

일자	제목	저자	수록
1936-01-01	젊은 조선의 열(熱)과 기(氣)의 좌담회	평양지국	
1936-01-01	숙명적 천인(賤人)으로 하대받는 생활	서흥 장인부락(匠人部落)	서흥군 화회면 백동	오기영	5권
1936-02-08	시감(時感): 가정과 교육		6권
1936-08-10	전 조선 철도 예정선 답사		
1936-08-22	전 조선 철도 예정선 답사기: 동해선 1		
1936-08-23	전 조선 철도 예정선 답사기: 동해선 2		
1936-08-25	전 조선 철도 예정선 답사기: 동해선 3		5권
1936-08-26	전 조선 철도 예정선 답사기: 동해선 4		
1936-08-27	전 조선 철도 예정선 답사기: 동해선 5		
1937-10-07	가을 육제(六題) 기삼(其三)		6권
1937-10-22	렌스에 비친 가을의 표정 9		

《신한민보》

일자	제목	저자	수록
1929-10-03	압록강상 2천 리 1		
1929-10-10	압록강상 2천 리 2		
1929-10-17	압록강상 2천 리 3	오긔영	5권
1929-10-24	압록강상 2천 리 4		
1929-10-31	압록강상 2천 리 5		

《조선일보》

일자	제목	저자	수록
1925-03-02	새벽 날		6권
1939-08-20	병참기지 조선의 현지 보고 : 황해도편 17		
1939-08-22	병참기지 조선의 현지 보고 : 황해도편 18	오기영	5권
1939-08-23	병참기지 조선의 현지 보고 : 황해도편 19		
1939-08-24	병참기지 조선의 현지 보고 : 황해도편 20		

[일제강점기 기고문 : 잡지]

잡지명	권호	일자	제목	저자	수록
개벽	신간 2호	1934-12-01	국제외교 비화, 구주대전(歐洲大戰) 전야	오기영	6권
	신간 3호	1935-01-01	극동 노령(露領)에 유태국(猶太國) 신건설		
동광	17호	1931-01-01	사람: 조만식 씨의 이꼴저꼴		5권
	17호	1931-01-01	사람: 철창 속의 백선행	무호정인	
	20호	1931-04-01	수세(水稅) 연납 운동(延納運動)과 미림수조(美林水組) 항쟁기	오기영	
	23호	1931-07-05	을밀대상의 체공녀(滯空女): 여류 투사 강주룡(姜周龍) 회견기	무호정인	
	25호	1931-09-04	평양 폭동 사건 회고	오기영	6권
	27호	1931-11-10	젊은이의 마음: 고민		
	28호	1931-12-01	지급전보 제1호		
	29호	1931-12-27	매음제도론: 기생제도 철폐 제 의견을 검토함		
	31호	1932-03-05	78만 원 범죄 비화: 절도사건의 신기원	무호정인	
별건곤	32호	1930-09-01	4천 년 전 고도 평양 행진곡(지방 소개 1): 평양 사회단체 개관		5권
	33호	1930-10-01	평양 고무공장 쟁의 전적(戰跡)		
신가정	2권 4호	1934-04-01	조선 현대 인물 소개: 조신성론	오기영	6권
	2권 5호	1934-05-01	어린 때 첫 번 본 서울 인상기: 전차 비강(飛降)타가 무릎 깬 이야기		
	2권 12호	1934-12-01	차화실(茶話室): 의지의 모약자(耗弱者)		
	3권 8호	1935-08-01	대동강에 남긴 추억: 모래찜과 어죽노리		
	4권 6호	1936-06-01	대구(對句) 이삼(二三)		
신동아	2권 3호	1932-03-01	동양 초유의 대도난	78만 원 사건	완연한 일장(一場)의 활동사진		5권
	2권 5호	1932-05-01	도시의 행진곡: 평양 제1진	무호정인	6권
	5권 1호	1935-01-01	온천 순례: 배천온천	오기영	6권
	6권 1호	1936-01-01	법창비화(法窓悲話): 어떤 살인죄수		
	6권 6호	1936-06-01	초하(初夏) 수필: 초하에는 폭음(爆音)을 타고		
실생활	11권 9호	1939-10-01	온천 순례: 배천온천		
철필	1권 2호	1930-08-10	국경 1년 수난기		

[해방 이후 기고문 : 신문]

신문명	일자	제목	저자	수록
경향신문	1947-01-01	민족의 지향을 찾자		2권
	1947-01-04	[나의 생각] 우리는 조선땅을 딛고 세계의 하늘을 보자!		4권
	1947-01-26	냉정과 은인으로		2권
	1947-05-15	다욕(多辱): 경전인(京電人)으로서의 변(辯)		
	1948-01-06	새해에는 이렇게 (2): 나부터 책임진 민족의 일원이 되자!		
독립신보	1948-12-29	[1일 1제(題)] 미국의 선물		4권
동아일보	1947-06-22	곡백담(哭白潭) (상)		
	1947-06-25	곡백담(哭白潭) (하)		
만세보	1947-07-04	부러운 승리의 날: 미국 독립기념일에		3권
	1947-07-28	사회단체 정의		
민주일보	1948-09-14	분화구상의 대한민국, 외군 주둔은 민족적 요청인가 (상)		
	1948-09-15	분화구상의 대한민국, 외군 주둔은 민족적 요청인가 (중)	오기영	4권
	1948-09-16	분화구상의 대한민국, 외군 주둔은 민족적 요청인가 (하)		
서울신문	1947-05-17	생산하는 나라		2권
	1948-01-04	독립에의 신(新)출발		
	1948-03-10	[1주1제(一週一題)] 독립 번영의 기초: 도산 정신의 3대 요점 (상)		3권
신민일보	1948-03-10	도산 선생 10주기		
	1948-03-18	[사설] 가연(苛捐)과 민생		
자유신문	1948-01-12	얄타협정 과오를 인식 ㅣ 조선 민족의 진정한 독립 기대		4권
	1948-02-09	[자유제언] 평범의 이념		3권
조선일보	1946-02-13	산업부흥의 긴급 제안 1		
	1946-02-14	산업부흥의 긴급 제안 2		2권
	1946-02-17	산업부흥의 긴급 제안 3		
	1946-02-18	산업부흥의 긴급 제안 4		
	1949-05-11	[신간평] 설국환 저, 『일본기행』		
조선중앙일보	1947-09-02	웨 특사에게 보내는 시민의 소리		4권
	1949-06-11	[신간평] 고민하는 중국		
중앙신문	1947-07-23	[시제(時題)] 누구를 위한 유혈이냐		3권
평화일보	1948-02-15	응분의 애국		
	1948-03-10	여론과 소음		4권

신문명	일자	제목	저자	수록
한성일보	1947-06-22	임정(臨政) 수립과 공위(共委) 자문안 5: 생산과 노동 입국(立國) I 소년노동법의 필요성 (상)	오기영	3권
	1947-06-24	임정(臨政) 수립과 공위(共委) 자문안 6: 근로 입국(立國) I 건국 위해 한 시간 바치자 (하)		
	1948-01-01	통일 · 민주 · 독립에 총력 집결: [독립] 타력 의존 버리고 자주 인격의 새 출발		
	1948-06-29	[신간평] 『전환기의 이론』		4권
현대일보	1946-04-02	[일인일언] 생활의 전화(電化)		

[해방 이후 기고문 : 잡지]

잡지명	권호	일자	제목	저자	수록
대조	1권 2호	1946-06-25	기미년(己未年)		
동광	41호(속간본)	1947-05-15	도산 선생의 최후	오기영	2권
민성	1권 1호	1945-12-25	[직언록(直言錄)] 총참회 하자		4권
	2권 2호	1946-01-20	통일전선의 행군: 일체를 조국의 독립에로		2권
	2권 3호	1946-02-05	신뢰의 한도	동전생	4권
	2권 3호	1946-02-05	오동진 선생 회고기	오기영	2권
	2권 5호	1946-03-23	[직언록(直言錄)] 기미와 삼일		4권
	2권 7호	1946-06-01	중앙인민위원회에	동전생	2권
	2권 8호	1946-07-01	정치의 탄력성	오기영	
	2권 8호	1946-07-01	좌우 양익 합작의 가능성	동전생	
	2권 9호	1946-08-01	시련과 자유: 해방 1주년을 맞이하여	무호정인	
	2권 9호	1946-08-01	참괴(慙愧)의 신역사: 해방 후 1년간의 정치계	동전생	
	2권 10호	1946-09-01	3당 합동의 생리		
	2권 10호	1946-09-01	[설문] 좌우합작 원칙 비판	오기영	4권
	2권 11호	1946-10-01	민요(民擾)와 민의(民意): 언론계에 보내는 충고	동전생	2권
	2권 13호	1946-12-01	입법의원에 여(與)함: 무엇이 가능하겠는가		
	3권 1 · 2합병호	1947-02-01	국제 정세와 공위 속개: 우리의 운명을 냉정히 인식하자	무호정인	
	3권 4호	1947-05-01	미소공동위원회의 재개와 그 전망		3권
	3권 5 · 6호	1947-07-01	연립 임정의 형태		4권
	3권 5 · 6호	1947-07-01	미소공동위원회에 소(訴)함	오기영	3권
	4권 1호	1948-01-20	[설문] 1948년에는?		4권

잡지명	권호	일자	제목	저자	수록
민정	1권 1호	1948-09-01	일본의 재무장	오기영	
새한민보	1권 1호	1947-06-15	[새한시평] '공위'와 '공존'	동전생	3권
	1권 2호	1947-06-30	[새한시평] 테러의 근멸 l 기술교육을		
	1권 3호	1947-07-15	답신을 검토함		
	2권 5호	1948-03-10	3 · 1정신의 재인식	오기영	4권
	2권 18호	1948-11-11	외군(外軍) 주둔하에 자주독립국이 있을 수 있는가?		
	2권 20호	1948-12-13	[동문이답] 제일 먼저 가 보고 싶은 외국은?		
	3권 11호	1949-05-15	[동문이답] 수산물 중에 가장 즐겨하는 것?		
	3권 13호	1949-06-10	미소 양국 인민에 보내는 공개장 제1부: 미 인민에 보내는 글월		
	3권 14호	1949-06-30	[동문이답] 실업자가 없도록 하려면?		
신문평론	1권 1호	1947-04-17	각계 인사가 말하는 신문에 대한 불평과 희망		
신세대	1권 1호	1946-03-15	탁치(託治)와 지도자	오기영 외 4인	
	3권 3호	1948-05-01	독설과 유모어 좌담회		
	4권 1호	1949-01-25	평화혁명과 자유: 자유 없는 곳에 피가 흐른다		
신천지	1권 2호	1946-03-01	사슬이 풀린 뒤 제1회	오기영	1권
	1권 2호	1946-03-01	민중		2권
	1권 3호	1946-04-01	[신문평]《조선일보》	동전생	4권
	1권 3호	1946-04-01	사슬이 풀린 뒤 제2회	오기영	1권
	1권 4호	1946-05-01	설문		4권
	1권 4호	1946-05-01	[신문평]《동아일보》	동전생	
	1권 4호	1946-05-01	사슬이 풀린 뒤 제3회	오기영	1권
	1권 5호	1946-06-01	사슬이 풀린 뒤 제4회		
	1권 6호	1946-07-01	[삼면불] 모세의 율법	동전생	4권
	1권 7호	1946-08-01	[삼면불] 실업자		
	1권 7호	1946-08-01	관료와 정치가	오기영	2권
	1권 8호	1946-09-01	[삼면불] 공창	동전생	4권
	1권 8호	1946-09-01	5원칙과 8원칙	오기영	2권
	1권 9호	1946-10-01	[삼면불] 전재(戰災) 동포	동전생	4권
	1권 9호	1946-10-01	민족의 비원!: 하지 중장과 치스티아코프 중장을 통하여 미소 양 국민에 소(訴)함	오기영	2권
	1권 10호	1946-11-01	[삼면불] 구원의 도	동전생	4권
	1권 10호	1946-11-01	속(續) 민족의 비원: 경애하는 지도자와 인민에게 호소함	오기영	2권
	1권 11호	1946-12-01	[삼면불] 양조(釀造) 금지	동전생	4권

잡지명	권호	일자	제목	저자	수록
신천지	2권 1호	1947-01-01	[삼면불] 망각(忘却)법의 제창	동전생	4권
	2권 1호	1947-01-01	언론과 정치: 언론인의 재무장을 촉(促)하여!	오기영	2권
	2권 2호	1947-02-15	본지가 걸어갈 앞으로의 사명		4권
	2권 2호	1947-02-15	[삼면불] 선량의 질식	동전생	
	2권 2호	1947-02-15	미국의 대(對)조선 여론	오기영	2권
	2권 3호	1947-04-01	[삼면불] 모리배	동전생	4권
	2권 3호	1947-04-01	예수와 조선: 혁명 정신의 반동화를 계(戒)하여	오기영	2권
	2권 4호	1947-05-01	[삼면불] 악수	동전생	4권
	2권 4호	1947-05-01	이성의 몰락: 한 자유주의자의 항변	오기영	2권
	2권 5호	1947-06-01	[삼면불] 교육난	동전생	4권
	2권 6호	1947-07-01	[삼면불] DDT와 일제 잔재		
	2권 6호	1947-07-01	나는 이러한 정부를 원한다: 착취 없는 나라 독재 없는 나라	오기영	3권
	2권 7호	1947-08-01	[삼면불] 정치도(政治道)		
	2권 8호	1947-09-01	[삼면불] 거지 추방	동전생	4권
	2권 9호	1947-10-01	[삼면불] 인도의 비극		
	2권 10호	1947-11-01	[삼면불] 유흥 금지		
	3권 2호	1948-02-01	UN과 조선 독립: 내조(來朝) 위원단에 주노라		
	3권 3호	1948-03-01	새 자유주의의 이념: 독재와 착취 없는 건국을 위하여	오기영	3권
	3권 4호	1948-04-01	민족 위기의 배경: 냉정(冷情) 전쟁에 희생되는 조선 독립		
	3권 9호	1948-10-01	독립과 자주독립: 남한적 현실에 대한 일 고찰		4권
주간서울	1권 2호	1947-09-01	망언 폭설(暴說)의 흉악 일본		3권
흥사단보		1949-04-01	도산을 파는 사람들	동전생	4권

[동전 저서에 대한 서평과 인물평]

신문잡지명	권호	일자	제목	저자	수록
한성일보		1947-12-26	[신간평] 『민족의 비원』	건초산인	4권
자유신문		1947-12-29	[신간평] 조국은 하나, 『민족의 비원』을 읽고	서□생	
조선일보		1948-01-08	[서평] 오기영 저, 『민족의 비원』을 읽고	□미(美)□	
새한민보	2권 5호	1948-03-10	[양서 소개] 오기영 저, 『민족의 비원』	소오생	
신천지	3권 6호	1948-07-01	신문인 100인 촌평	나절로	

[북한에서의 기고문]

신문잡지명	일자	제목	저자
민주조선	1950-05-05	우리는 평화를 사랑한다: 평화 옹호 호소문에 서명하며	오기영
민주조선	1950-06-22	매국노들의 죄악상: 인민의 피에 젖인 인간 백정 신성모	
평양신문	1957-06-28	아이젠하워 씨에게	
조선기자	1958-03-01	조선 인민의 철천지 원수 미제 침략 군대는 물러가라!	

[오기영 관련 연구논저]

정용욱, 「웨드마이어 장군 전상서: 네 지식인이 논한 1947년 8월의 시국과 그 타개책」, 『한국문화』 64
　　집, 2013. 12.

장규식, 「미군정하 흥사단 계열 지식인의 냉전 인식과 국가건설 구상」, 『한국사상사학』 38집, 2011. 8.

장규식, 「20세기 전반 한국 사상계의 궤적과 민족주의 담론」, 『한국사연구』 150호, 2010. 9.

한기형, 「오기영의 해방 직후 사회비평활동」, 『창작과 비평』 118호, 2002. 12.

한기형, 「해방 직후 수기문학의 한 양상: 오기영 『사슬이 풀린 뒤』의 경우」, 『상허학보』 9집, 2002. 9.

장규식, 「일제하 관서지방 기독교민족운동과 오기영」, 『한국기독교역사연구소소식』 38호, 1999. 7.

장규식, 「해방정국기 중간파 지식인 오기영의 현실인식과 국가건설론」, 『김용섭교수정년기념한국사
　　학논총(3): 한국 근현대의 민족문제와 신국가건설』, 지식산업사, 1997.

오기만 조서 번역문(1934년)

문서철명	警察情報綴(昭和 9年)
문서번호	京高特秘 제2306호
문서제목	治安維持法 違反 被疑者 吳基滿*의 取調에 관한 건
발신자	京畿道 警察部長
수신자	警務局長 등
발신일	1934년 8월 22일

〈원본 국사편찬위원회 소장〉

경고특비(京高特秘) 제2306호

소화 9년(1934) 8월 22일

경기도경찰부장

경무국장 전(殿)

경성지방법원검사정 전

각도 경찰부 전

상해 파견원 전

관하 각 경찰서장 전

치안유지법 위반 피의자 오기만의 취조에 관한 건

* 일제가 작성한 각종 문건에서 오기만 이름 표기의 '滿'은 '萬'의 오기로 보인다.

본적 황해도 연백군 배천면 연동리 311번지

주소 상해 프랑스조계 보은제세로(普恩濟世路) 동락방(同樂房) 3호

상민(무직)

일명 윤철(尹哲), 윤길(尹喆), 윤광제(尹廣濟), 박태성(朴泰成), 주인국(朱仁國), 윤창선(尹昌善)인 오기만(吳基滿)

당(當) 30년

위 사람은 올해 5월 6일 상해 총영사관 경찰부로부터 신병 이송을 받아 취조한 바, 소화 4년 1월 중순부터 소화 6년 6월 중순경까지 상해에서 동지 김형선(金炯善), 정태희(鄭泰熙), 김단야(金丹冶), 오대근(吳大根), 김구(金九), 선우혁(鮮于爀), 이동녕(李東寧), 안창호(安昌浩), 구연흠(具然欽), 최창식(崔昌植), 조봉암(曹奉岩), 조용암(曹龍岩), 한위건(韓偉健), 이한림(李翰林), 곽헌(郭憲), 이민달(李敏達), 황훈(黃勳), 여운형(呂運亨), 홍남표(洪南杓), 좌혁상(左赫相), 김명시(金命時) 등의 공산주의자 또는 민족주의자와 연락했다. 중국공산당 강소성 법남구 한인지부 상해청년동맹, 유일독립당 상해촉성회, 유호한국독립운동자동맹, 국제공산당 원동부 등에 관계했다. 조선 내에서는 소화 6년 6월 하순 입국한 후 동년 7월 15일 경성부 남대문에서 당시 김단야의 명에 따라 조선 내의 적색노동조합을 조직하고자 경성에 들어와 있던 동지 김형선과 수차례 회합하여 협의를 거듭한 결과, 소화 7년 1월 상순 진남포로 넘어가 일명 김찬(金燦)인 전극평(全克平) 및 한국형(韓國亨), 심인택(沈仁澤) 등과 연락하여 적색노동조합 진남포부두위원회를 결성하는 활동을 지속하던 중, 동지의 다수가 검거되자 신변의 위험을 느껴 평양에서

잠복하고 정세를 관망하다가 소화 8년 7월 16일 동지 김형선이 체포되었다는 신문기사를 보고 달아나, 신의주를 빠져나와 철도로 봉천 산해관을 경유하여 상해로 와서 동지 오대근을 통하여 조선 내의 활동상황을 중국 공산당 본부에 보고한 사실이 명확한 것으로서, 6월 28일 치안유지법 위반으로 관할 경성지방법원검사(귀관)에 송치한 것이다. 7월 9일 기소 공판에 회부하여 경기도로부터 송국된 김형선과 함께 처리받도록 되었는데, 취조의 상황을 다음과 같이 첨부하여 보고한다.

기(記)

1. 경력

향리에서 사립 창동학교(彰東學校)를 졸업하고 경성으로 와서 사립 배재 고등보통학교에 입학하여 1년 수업 후 대정 11년(1922) 4월경 면학을 목적으로 중국 북경, 남경, 상해 등을 전전하며 북경사범대학 부속 하기(夏期) 학교 및 남경 동명학원 영어과 등에 입학하였으나 중도에 그만두었는데, 그간 좌익문헌을 탐독하는 한편 그 지역의 민족주의자, 공산주의자 등과 교우를 한 결과 조선의 독립 및 공산화를 갈망하기에 이르렀다. 소화 3년 3월 일단 조선에 돌아와 신간회 배천지회에 입회하고 동회의 창립총회를 개최할 때 불온 격문을 작성 배포하다 관할 연백경찰서에 검거되어 동년 4월 30일 해주지방법원에서 출판법 위반으로 벌금 50원에 처해졌다. 이에 마음 속 품은 혁명의식에 박차를 가해 조선 내에서 이민족 지배하에 압박을 받으면서 궁지에서 운동을 하는 것보다 오히려 상해로 건너가 그곳에서 동지를 규합하기를 가슴 깊이 품고 조선의 독립과 공산화를 위해 빛나는 실천 활동을 하겠다고 결의하기에 이르렀다.

2. 상해에서의 활동

이상의 결심을 품고 소화 4년 1월 상해로 와서 전부터 면식이 있던 김형선과 상해 프랑스조계 백이로(白爾路) 박영곤(朴永坤) 집에서 회합하여 자기의 뜻을 알리고 금후 서로 제휴하여 조선의 독립과 공산화를 위해 활동하겠다는 뜻의 결의를 고하여 그들의 동의를 얻었다. 동월 하순 프랑스조계 천문대로(天文台路)의 호수와 이름 불명의 장소에서 김형선의 권유를 받아 중국 본부 한인청년동맹 상해지부(이하 한인청동 상해지부라고 약칭한다)가 전 중국에 재류하는 조선인청년을 망라하여 조선의 독립과 공산화를 위해 활동하는 결사라는 것을 자세히 알게 되고 이에 가맹하여 동년 4월 프랑스조계 민국로(民國路) 침례배당에서 개최하는 해당 동맹 정기대회에 출석하여 김형선 사회 하에 운동 방침 및 기타 협의의 결과,

    (1) 동방피압박민족반제국동맹 조직에 가맹할 것

    (2) 중국반제동맹에 참가할 것

    (3) 인도혁명을 원조할 것

등을 토의로 결정하고 임원 선거를 실시하여 '위원장 오기만, 위원 김대응(金大應), 윤호(尹浩), 성시백(成始伯), 임철(林哲)' 등이 취임하였다. 그 후 여러 번 위원회를 소집 협의하여 동방피압박민족반제동맹 준비회 및 중국반제동맹에 가맹하고 본 지부 대표로 일명 이한림(李幹林)인 박은혁(朴恩赫), 윤호 두 명을 책임자로 참가시키고, 그 후 각 기념일에는 불온 격문의

배포와 시위운동 등을 행하는 활약 투쟁을 지속했다. 동년 11월 광주학생사건이 발발하자 조선 내 일반 대중의 혁명의식을 앙양시켜 사건의 확대 분규를 선동하기 위해 동년 12월 20일경부터 이듬해 소화 5년 2월 말일경까지 본 지부 대표로서 김형선과 함께 상해 프랑스조계 구근로(具勤路) 항경리(恒慶里) 최창식 및 프랑스조계 날비덕로(辣斐德路) 349호 박창세(朴昌世)의 집 등에서 수차례 개최된 상해 각 단체 대표자회의에 출석하고 각 단체 연합회를 조직하여 본 지부 대표로서 김형선을 출석시켰으며, 소화 5년 1월 13일 앞에 기술한 박창세의 집에서 개최되었던 대표자회의에서는 안창호 사회 하에 다음과 같이 대표자 20여 명이 함께

    (a) 곧 개최될 동방피압박민족반제동맹의 회의에 신익희(申翼熙)를 출석시켜 광주사건을 선전할 것

    (b) 조선 내 학생사건을 구미 조선인 혁명 기관에 타전하여 여론을 흥기하기 위한 시위운동을 감행할 것

    (c) 학생사건에 관한 중국어 선전 삐라를 작성해 중국 각지에 배포 발송할 것

등을 결의하고 대표위원에 일임, 이를 실행시켜 소화 5년 1월 위 학생사건에 관한 민중대회 개최의 뜻을 발기하여 그에 공명하고 개최 준비에 분주하여, 동월 10일 프랑스조계 민국로 침례배당에서 이를 개최, 조선 내 민중 소요의 확대를 선동하여 혁명 의식의 앙양에 힘썼다.

한편, 소화 4년 2월 김형선, 홍남표 등의 권유에 따라 한국유일독립당 상해촉성회의 참여 부진을 만회하고 이를 부흥시키기 위해 동회가 조선으로 하여금 일본제국의 패반(覇絆)을 벗어나게 하는 것을 목적으로 하는 결사라는 점을 알고 이에 가맹하였다. 동년 7월경 홍남표, 구연흠이 동회를 해

소하고 전투적 협동단체를 조직할 필요가 있다고 역설하자 즉시 이에 찬동 응낙하여 동회를 해체하고, 다시 김형선, 홍남표 등의 권유에 따라 중국공산당 강소성 강남구 한인지부(이하 중공 강남구 한인지부라고 약칭한다)가 중국공산혁명에 참가하고 '프롤레타리아' 혁명을 국제적으로 연락하여 조선의 독립과 공산혁명의 완성을 기하기 위해 결성되어진 결사라는 점을 자세히 알게 되어 이에 입당하였다. 동 당원 김형선, 홍남표, 조봉암, 이한림 등과 논의하여 상해에 있는 각종의 혁명단체를 지도하고 각종 기념일에는 격문 전단을 배포하며 시위운동에 참가하는 등 목적 달성을 위해 활약하였다. 한결같이 구연흠, 홍남표, 김형선 등과 협력하여 상해에 있는 각 단체의 혁명 역량의 집중을 위해 열심히 활동하였다. 그리고 상기와 같이 한국유일독립당 상해촉성회를 해체하고 새로 전투적 협동단체로서 유호한국독립운동자동맹을 조직하고자 소화 4년 10월 27일 프랑스조계 사교(斜橋)에 있는 혜중학교(惠中學校)에서 창립대회가 개최되었는데, 이 동맹의 취지에 찬동하여 이에 가맹하였고, 당시의 간부 구연흠, 곽헌, 고상준(高相俊), 김형선 등과 기관지『아지프로』를 각지에 흩어져 있는 동지들에게 밀송하였다. 또한 각종 기념일에 격문 전단을 작성 배포하였다. 동년 9월 중공 강남구 한인지부 간부 왕창(王唱) 밑에서 혁명운동자 및 그의 가족을 구제하는 목적을 지니고 종전부터 존재하던 중국혁명호제회(中國革命互濟會) 법남구(法南區) 내에 한인 분회를 조직하여 조봉암 등과 분주히 협력한 결과, 동월 하순 성시백을 책임자로 한용(韓容)을 위원으로 선정했다. 동년 2월부터 5월까지 사이에 동지 좌혁상, 성시백, 윤호, 김동철 등이 중국 관헌에 체포되어 남경 감옥에 이송되었는데, 이들의 사정을 일일이 법남구 책임자에게 보고하여 구제금을 받아 앞서 기술한 옥중의 동지에게 의복과 금품을 차입하였다. 동년 4월 책임자 성시백이 체포된 후에는 후임으로 한용을 추천하였다. 동년 11월 24일 앞서 기술한 유호한국독립운동자동맹의 지도자 구연흠이 청년운동의 통일을 위해 한인청년동맹 상해지부의 간부 및 그와 대립하고 있던 재중국한인청년동맹 제1구 상해지부 간부 등을 프랑스조계 하비로(霞飛路) 곽중규(郭重奎)의 집으로 초대하여 양자의 합동을 권고하였는데, 그 때 오기만은 김형선, 윤호 등과 함께 한인청년동맹 상해지부의 간부를 대표하여 출석했고, 후자(재중국한인청년동맹 제1구 상해지부)의 간부였던 최봉관(崔鳳官), 정유린(鄭有麟) 등과 함께 모여 오기만의 알선에 따라 쌍방 합동하는 것을 협의 결정하였다. 그 밖에 한용 등을 더하여 도합 6명의 준비위원으로 그 후 준비위원회를 개최하고 상해한인청년동맹을 조직하기로 하여 다음해인 소화 5년 2월 15일 프랑스조계 사교 혜중학교에서 김형선 사회 하에 문선재(文善在)를 서기로 하여 창립대회를 개최하였는데, 오기만은 집행위원장이 되었다. 집행위원에 고상준, 윤호, 안과(安科), 김동호, 서우원(徐宇元), 정옥실(鄭玉實)을 선정했다. 다음으로 건의안 심의로 이어져

 (1) 당면의 투쟁을 적극적으로 전개할 것

 (2) 일체의 봉건적 세력 및 지방적 파벌을 배격할 것

 (3) 민족개량주의와 싸울 것

 (4) 제2차 세계대전의 위기와 싸울 것

 (5) '소비에트 러시아'를 옹호하고 중국혁명에 직접 참가할 것

 (6) 동방피압박민족반제동맹 및 중국청년반제동맹에 참가할 것

 (7) 이동(移動) 강좌를 개설하고 혁명의식의 앙양 선전에 힘쓸 것

등을 협의했다. 각종 기념일에는 격문 시위운동 집합 등에 따라 각자 투

쟁을 지속하였을 뿐만 아니라 소화 5년 12월 초순 프랑스조계 우이서애로 (遇爾西愛路) 간민리(幹民里) 임철의 집에서 중공 강남구 한인지부의 정기대회에 당원으로서 출석하여 김형선, 문선재, 곽중규, 황훈, 조봉암, 김무(金武), 좌혁상, 정태희, 이민달, 성주복(成周復) 등과 회합했다. 김형선 사회 하에 동인들로부터 소화 5년 3월 이후에 있을 사업 보고가 있었다. 이어서 강소성 중국인 모씨의

      (1) 중국공산당의 현상(現狀)

      (2) 홍군(紅軍)의 현상(現狀)

      (3) 중국 '소비에트' 대회 준비위원회 설립의 경과 및 공작 방법

등에 관한 보고가 있은 후, 임원 개선(改選)의 결과 구 임원인 '책임 황훈, 조직부장 곽중규, 선전부장 김형선'을 파면하고 신임 임원으로 '책임 황훈, 조직부장 김형선, 선전부장 오기만(본인)'을 결정했다. 그 후에 곧 김형선, 정태희, 좌혁상 3명은 중앙당부의 지령에 따라 조선공산당 재건 운동에 종사하게 되었다. 다음해인 소화 6년 1월 김형선의 후임으로 장태준(張泰俊)을 보선하였다. 동년 6월 초순 프랑스조계 근로(勤路) 백향우(柏鄉郵) 한용의 집에서 동인 사회 하에 정기대회를 개최하고 동지 규합에 힘쓰는 등 활약을 지속하던 중 중국공산당 중앙부로부터 그 활약을 인정받아 국제공산당 원동부원 김단야로부터 "조선공산당 재건을 위해 조선 내에 잠입하여 그 준비 공작으로서 적색노동조합을 조직할 것, 조선에 가서는 김형선과 연락할 것" 등을 지령받고, 입항의 방법 등 상세한 지시를 받아 여비 및 운동자금으로 중국돈 200원을 수령하여 그 임무의 수행을 쾌히 수락하고 상해를 떠났다. 소화 6년 6월 중순 영국 기선 단산(丹山)호로 안동현에 상륙하여 일명 이봉춘(李逢春)인 독고전(獨孤佺)과 연락을 취해 철도로 조선에 들

어왔다.

3. 조선 내에서의 활동

전기와 같이 소화 6년 6월 하순 국제공산당 원동부 김단야로부터, 당시 조선 내에서 활동 중이던 김형선과 연락하여 조선공산당 재건을 위해 그 혁명공작으로서 조선 도시의 공장지대에서 적색노동조합을 조직하여 노동 대중을 교양 훈련하고 공산주의적 의식의 주입 선전을 하여 의식 수준을 향상함으로써 점차 상부로의 조직에 통합시켜 조선공산당 재건을 완성하라는 지령을 받고 여비 및 운동자금으로 중국돈 200원 및 공산주의 선전용 잡지 『프로핀테른』 200부를 수령했다. 이어서 영국 기선 단산호에 승선, 안동현에 상륙한 뒤 이곳의 어옥가(魚屋街)에 거주하는 이봉춘(본명 독고전)을 방문하여 앞서 기술한 대로 인쇄물을 손에 넣고 조선 내 경찰 단속의 상황, 조선에 들어갈 방법 등을 협의하며 3, 4일 체재한 후 철도로 조선에 들어왔다. 도중에 평북 정주 부근에 하차해 이곳의 오호동(五湖洞) 약수장(藥水場)에 약 10일간 체재하였다. 동년 7월 15일 경성에 들어와 같은 날 정오 경성부 남대문에서 김형선을 만났다. 김단야로부터 조선에 들어가 활동하라는 지령을 받은 것과 그 경과를 보고하고, 경성부 내 안국동 십자로에서 동인과 수차례 가두 연락을 하여 운동 방침 등 협의의 결과 평양 방면에서 활동하는 것으로 하여, 동월 18일 경성을 출발하여 평양에 도착한 후 평양부 수구리(水口里) 130번지 동아일보 평양지국 특파원 오기영의 집에 도착하여 머물렀다. 공장 노동자로서 일하고자 취직할 길을 찾았다고는 생각할 수 없다. 동년 8월 중순경에 경성에 돌아와 김형선과 연락을 지속하였으나 이따금 경성부 남대문 부근에서 동향의 지인 오필동(吳弼東)과 해후하여 동인의 알선으로 고양군 한지면 이태원리 정동엽(鄭東燁)의 집에 잠복하고 정세 탐사에 힘쓰며 점점 재능을 발휘하려 기도하였는데, 김형선으로부터 진남포 방면에서 활동하라는 지령을 받고 소화 7년 1월 3일 경성을 출발, 평양을 향하던 도중에 대동역에 하차하여 미리 협의해둔 동지 전극평(일명 김찬)과 회견하여 조선에 들어온 목적과 경위 등을 이야기했다. 동인으로부터 진남포 신정(新井) 정미소 앞에서 한국형(일명 이효진, 안성삼)과 연락하라는 지시를 받고 그곳에 다다라 한국형과 회견했다. 진남포에서 노동자의 정세를 청취하고 스스로 노동자로서 취직해 차차 노동층에 깊이 들어가 활동하여, 하부조직으로부터 점차 상부조직으로 전환하고자 한국형의 소개로 주인국이라는 '펜 네임'으로 부두노동자의 무리에 몸을 던졌다. 그 동안 노동조건의 불평을 호소하여 선전선동('아지프로') 하고 의식의 앙양과 동지의 획득에 힘쓰는 한편, 평양에 있는 전극평을 통해 국제공산당 원동부의 기관지인 『코뮤니스트』 3부를 입수했다. 이 팜플렛이 국체(國體)를 변혁하고 사유재산제도를 부인하는 불온한 공산운동의 선전문서로서 조선의 공산화와 조선의 독립을 촉진하기 위해 발행된 것이라는 뜻을 숙지하고 그것을 한국형에게 교부하여 일반 노동자에게 배부, 윤독을 종용했다. 오직 부두 노동대중의 공산당주의적 의식 수준의 향상을 도모하고 동지 획득에 광분하여 동지 한국형의 소개로 심인택(일명 이신종)을 동지로 획득했다. 다시 한국형으로 하여금 서춘식(徐春植)을 동지로 획득시켜 소화 7년 10월 중순경 진남포부(付) 비석리 공립보통학교 입구의 계단에서 동지 한국형, 심인택, 서춘식 등과 비밀리에 회합 협의하여, 조선의 공산화를 목적으로 하는 적색노동자조합 진남포부두 준비위원회라는 비밀결사를 결성했다. 그 부서를 '책임자 한국형, 조직부 심인택, 선전부 오기만(본인)'으로 결정하고, 서춘식은 당분간 보조자 역할을 맡기로 하며, 다시 운동 역할을 '선내노동자 오기만(본인), 육상노동자 심인택, 운반노동자 서춘식, 연락노동자 한국형'으로 정하고 동지의 획득을 위해 그 확대 강화에 힘쓰며 활발한 운동을 전개하려 기획하던 중, 동년 10월 중순 김형선으로부터 "나는 연락을 위해 한차례 상해에 갔다가 다시 조선에 돌아와 이제 막 경성으로 들어오는 중이니 경성에서 연락할 것"이라는 통신이 있었다. 동년 10월 20일경 경성에 들어와서 경성부 안국동 십자로에서 김형선과 만나서 그에게 상해에 왕래한 정황을 들었는데, 경성에 오는 길에 전극평을 동반하던 중 평북 정주군 동림에서 전극평은 체포되었으므로 우리 동지의 신변도 위험에 임박해 있다는 것 등을 이야기했다. 오기만은 진남포에서의 자신의 활동상황을 보고하고 금후는 서로 제휴하여 목적 달성으로 나아가자고 약속했다. 다시 진남포로 와서 동년 11월 윤상남(尹相南)을 동지로 획득하였던 중에 곧 메이데이 '삐라' 사건이 난 끝에 평북경찰부원의 손에 일당이 체포되고 윤상남 등이 검거되어 한국형, 심인택 등과 협의하여 일시 소재를 감추기 위해 비밀리에 진남포를 탈출하였으나, 소화 7년 11월경 김형선으로부터 "평북 곽산역 부근 조산동(造山洞)에 김도현(金道鉉)이라는 동지가 있으므로 한번 만나보고 국경 연락기관을 설치해 상해와 연락이 가능하도록 해 둘 것"이라는 통신을 받아서 이를 실현시키기 위해 곽산에 가서 김도현을 면접하고 국경 연락기관 설치에 관해 상담하였으나 그가 성의가 없음을 보고 이를 단념하였다.

그런데 앞에 기술한 것과 같이 진남포에서의 수사가 엄중하므로 동년 12월 하순 김형선과 미리 협의해두었던 경성부 황금정 7정목 장충단 입구에서 김형선과 가두 연락하여 진남포에서의 그 후의 상황을 구체적으로 보고했다. 금후는 김형선의 지도에 따라 활동하는 것으로 하여, 별도로 다시 다음날 고양군 한지면 행당리 경원선 철교 부근에서 김형선, 심인택, 한국형 등과 회합하고 금후의 방침에 대해 협의한 결과, 오기만과 심인택은 평양에서 활동하고 한국형은 김형선 직속으로 활동하기로 지령을 받아 즉시 평양부 신양리 번지수 불명의 최화순(崔和順)의 집에서 심인택과 함께 지내며 잠복했다. 시기를 엿보던 중 김형선으로부터 "평양에서의 활동 전부를 심인택에게 인계하고 다른 방면에 출동 준비하라"는 통신을 받고 대기하던 중, 이듬해 소화 8년 5월 중순 김형선으로부터 다시 "나는 상해로 가게 되어 경성에서의 운동을 인계할 예정이므로 형편에 따라 당분간 경성에 있는 것보다 그대로 평양에서 활동하라"는 통신이 있어 활동을 지속하던 중 동년 7월 17일 조선어로 발행되는 각 신문지상에 김형선이 체포되었음이 보도되어 점점 위험이 절박해진다는 것을 감지하고 평양을 탈출, 평남 개천군 북면원리 및 봉천리에 가서 철도공사 인부가 되어 형세를 관망하던 중 당국의 경계가 점점 엄해지는 것을 간취하고 동년 9월 하순경 도주하여 안동현으로 몰래 빠져나가 철도로 봉천, 산해관, 천진을 경유하여 당호(塘沽)에 도착하여 영국 기선 이생(利生)호를 타고 상해에 도착했다.

4. 도주, 상해 도착 후의 활동

소화 8년 10월 하순 상해에 도착하고 보니 동지들은 대부분 체포되었거나 혹은 도주해 거주지를 판명하기 어려우므로 프랑스조계 팔선교 중흥여관(中興旅館)에 투숙했다. 옛 동지 정태희를 찾았으나 발견하기에 이르지 못하고 숙박 5일째에 프랑스조계 김신부로(金神父路) 신신리(新新里) 182호 정자간을 월 6달러 50센트에 빌려 이사했다. 프랑스조계 마랑로(馬浪路) 서문리(西門里) 22호 황훈의 집에 출입하여 옛 동지들의 소재를 찾던 중 황훈으로부터 동지 오대근을 소개받고 동년 12월 중순 그의 처소인 공동조계 태고로(太古路) 중국인 모씨의 집으로 이사하여 소화 9년 4월 8일까지 오대근과 동거했다. 오대근으로부터 생활비의 원조를 받으며 그 동안 그의 소개로 중국공산당 강소성 법남구 위원 매(梅) 모(중국인)를 만나 조선공산당 재건공작으로서 조선에서 활동한 상황을 기재한 보고서를 전후 4회에 걸쳐 동인을 통해 당 중앙부에 제출하였고 그를 통해 목하 심의 중이라는 통지가 있었다. 이후의 지령을 대기하던 중 체포되기에 이르렀다.

(번역: 장원아)

오기만 공훈록

유공자정보

관리번호	960994		
성명	오기만	한자	吳基萬
이명	吳基滿, 尹哲, 尹喆, 尹廣濟, 朴泰成, 朱仁國, 尹昌善	성별	남
생년월일	1905-08-21	사망년월일	1937-08-23
본적	황해도 연백 銀川 蓮東		
주소	中國 上海 法界 普恩 世路		

등록된 사진이 없습니다.

공적정보

운동계열	중국방면	수록정보	독립유공자공훈록 15권(2003년 발간)
포상년도	2003	훈격	애국장
공훈록			

황해도 연백(延白) 사람이다.

서울 배재고등보통학교(培材高等普通學校) 제2학년을 수료한 후 면학을 목적으로 수 차례 중국을 왕래하면서 민족운동가들과 교유하였으며, 1928년 4월 16일 신간회(新幹會) 배천지회(白川支會) 설립대회 당시 준비위원으로 홍세혁(洪世赫) 등과 함께 격문을 배부하려 연백경찰서(延白警察署)에 피체되어 해주지방법원(海州地方法院)에서 소위 출판법위반 및 보안법위반으로 옥고를 치렀다.

출옥후 중국 상해(上海)로 망명하여 1929년 1월 홍남표(洪南杓)의 권유로 유일독립당상해촉성회(唯一獨立黨上海促成會)에 가입하였고, 동년 겨울 홍남표, 김형선(金炯善), 구연흠(具然欽) 등과 함께 유일독립당상해촉성회를 해체하고 유호한인독립운동자동맹(留滬韓人獨立運動者同盟)을 결성하여 민족운동 기념일마다 재류한인들에게 격문을 반포하여 민족의식을 고취시키는 활동을 전개하였다. 또한 구연흠, 조봉암(曺奉岩) 등과 사회주의운동에 참여하여 청년반제상해한인청년동맹(靑年反帝上海韓人靑年同盟)을 결성하고 집행위원장으로 활동하였다. 이 단체들은 중국공산당민족위원회 산하 청년반제대동맹에 소속되어 있었다.

1931년 6월 상해에서 김단야(金丹冶)로부터 국내의 김형선과 협력하여 적색노동조합(赤色勞動組合)과 조선공산당(朝鮮共産黨) 재건명령을 받고 귀국하여 동년 7월 경성(京城)에서 김형선을 만나 협의한 결과 함남 진남포(鎭南浦)에서 활동하라는 지령을 받았다. 1932년 1월 진남포로 간 그는 한국형(韓國亨), 심인택(沈仁澤) 등과 적색노동조합 결성을 기도하여 동년 10월 적색노동조합부두위원회(赤色勞動組合埠頭委員會)를 조직하고 활동하였다. 이외에도 진남포상공학교(鎭南浦商工學校) 적색비밀결사(赤色秘密結社)를 조직하였고, 평양에서는 면옥노동자총파업을 선동하는 등 활동을 전개하다가 1933년 9월 상해로 도항하여 코민테른 원동부(遠東部)에 상황을 보고하였다.

1934년 4월 조선총독부에서 파견한 일경에 의해 피체되어 국내 경기도경찰부로 압송되었다. 동년 12월 경성지방
법원에서 소위 치안유지법 위반으로 징역 5년을 받고 서대문형무소에서 옥고를 치르다가 중병으로 인해 1936년
6월 형집행정지로 출옥하였으나 옥고여독으로 순국하였다.

정부는 고인의 공훈을 기리어 2003년에 건국훈장 애국장을 추서하였다.

〈참고문헌〉

韓民族獨立運動史資料集(國史編纂委員會) 別集 5집 186面
韓國共産主義運動史(김준엽·김창순) 第5卷 100·101面
東亞日報(1934. 5. 8, 1934. 12. 11, 1934. 12. 21, 1936. 6. 13)
每日申報(1934. 5. 8, 1934. 12. 11, 1934. 12. 21)
朝鮮問題資料叢書(朴慶植 編) 第8卷 83~88面
思想彙報(高等法院檢事局, 1935. 3) 제2호 11~21面
朝鮮日報(1928. 4. 20, 1928. 4. 28, 1934. 4. 26, 1934. 5. 8, 1934. 12. 11, 1934. 12. 21, 1936. 6. 13)
身分帳指紋原紙(警察廳)
사슬이 풀린 뒤(오기영, 1948, 성균관대학교 출판부, 2002 복간) 119~142面

學　籍　簿

家庭		保　　證　　人				生　　　徒		
		父兄又ハ一後見人	後見人	保證人				氏名改名 吳基鈺
資産 動産若干		氏名 吳世炯	氏名	氏名 吳基永	氏名	退學 昭和　年　月　日		月日生年 大正八年十一月三日
不動産 萬円		本籍 黃海道延白郡銀川面蓮東里	本籍 黃海道延白	本籍 黃海道延白府銀川面蓮東里	本籍	卒業 昭和十二年三月三日		身分 平民
家族 兄弟三人、姉妹三人、其他同居五人		現住所 京鐵道京城府壽松洞	現住所 京鐵道京城	現住所 京城府壽松洞九ノ二	現住所	轉入學 昭和十年九月十四日		軸屆
父其第三人、總絃三人		一九一番地	一九一番地	一九一番地	番地	學校 曉光高普四年期		入學 昭和　年　月　日
		生徒ノ父	生徒ノ兄	生徒ノ兄		前ノ出身 黃海道延白郡		氏名
備考		職業 平民 農業	職業	職業 平民 新聞記者	職業			本籍 黃海道延白郡銀川面蓮東里一九一番地
						六年程度 第六學年卒了		現住所 京城府壽松洞九ノ二

養正高等普通學校

氏名	學業成績	勤惰情況	個性調查

氏名　吳基鈺

貫鄉　海州

改名

出席停止日數　60 13

學業成績

科目	身	93	95
修身			90
國語		84	92
漢文		81	80
英語文法			
英語作文		93	93
英語讀方		93	92
作文		79	92
讀方		95	76
文法		72	86
歷史		68	
地理		98	95
代數		67	66
幾何			
三角		86	95
		95	91
			92
博物			
生理		55	
物理		79	92
化學		96	95
圖畫		29	90
音樂		45	94
體操		70	80
評點		1442	1553
平均		79	82
順位			
操行			

身體檢查

檢查	年月	十年五月			
身長		天四			
體重		五五			
胸圍		七八七			
脊椎		乙 乙			
視力		乙 乙			
疾病		善 善			

共ノ他	父兄又ハ 保證人ノ 住所氏名	氏 役	學士號	卒 業	專攻學科	學 科	入學資格	入 學	出身學校	生年月日	本籍地
		吳世炯	法學士	昭和拾八年九月卅日	法律學	法學科	本科生	昭和十六年四月　日	京城帝國大學豫科	大正八年十一月三日	黃海道延白郡銀川面蓮東里三五八

在學番號　吳　基　鈺

0352

論文	經濟政策第一部	經濟原論	商法第二部	民法第四部	貨幣金融論第二部	行政法第二部	商法第三部	政治學史	社會政策	民法第三部	商法第一部	經濟史	辭設演習	統計學	經濟學第二部	民法第二部	經濟學史	科目
																		單位 成績
	一良	一優	一良	一可	一優	一優	一良	一良	一優	一優	一可	一良	一良	一良	一優	一優	一良	

0353

	經濟政策第二部	朝鮮農業論	貨幣金融論第一部	政治史	憲法	民法第一部	政治學	科目
								單位 成績
	一良	一優	一優	一良	一良	一優	一良	

在學番號　吳　基　鈺

'국제청년데이'는 무엇?

그 설정 시대를 중심하야(상)

《현대일보》, 1946. 8. 30.

세계청년운동의 역사는 멀리 19세기 중엽의 서구라파에서 그 발단을 찾아볼 수 있으니, 즉 1848년의 혁명시대에 계급적 기초 위에 선 노동청년운동이 오태리(墺太利, 오스트리아)에 비로소 출현하였던 것이다. 이 오태리 청년운동은 당시의 혁명 투쟁의 와중에 휩쓸려 그 청년단체원들은 빈의 바리케이트 전(戰)에 적극 참가하였다. 이들 청년단체원들의 용장(勇壯)한 전투 광경은 오태리 노동계급의 최초의 혁명 투쟁에 있어서 잊을 수 없는 추억으로서 길이 오태리 노동계급이 기념하는 바가 되었다.

1848년 혁명이 실패한 후 1880년대에 이르러 제2인터내셔널의 발전에 따라 청년운동도 다시 부활하게 되었다. 화란(和蘭, 네델란드), 백이의(白耳義, 벨기에), 오태리, 독일 등 각국에 청년단체가 조직되어 운동이 전개되었다. 그러나 당시(1880~1907)의 운동은 대체로 보아 (1) 국제적 단결은 물론 국내적으로도 통일되지 못하였었고 (2) 운동의 무통일적 상태는 각국의 객관적 정세와 어울러 각국 청년운동의 각기 다른 강령과 조직을 갖게 하였고 (3) 청년운동이 일반 성인운동에서 고립하여 있었던 것이다.

1900년 초부터 독일의 '리프크네히트'*, 홍아리(헝가리)의 '아리바리', 백이의의 '데·망'등의 노력으로 각국 사회주의적 청년단체 간에는 미미하나마 서로 연락이 취하여지기 시작하였다. 그리하여 1907년 8월에 독일 슈투트가르트에서 사회주의적 청년의 국제회의가 개최되었다.

이 회의의 주요 문제는 1)청년의 사회주의적 교육 2)청년의 경제 투쟁 3)유명한 리프크네히트 보고에 의한 반군국주의 투쟁 등이었다. 이 회의는 이상과 같은 청년운동의 기본 투쟁 방향을 지시하는 동시에 국제 사무국을 설치하여 청년 인터내셔널 조직의 제일보를 내딛었으니 실로 세계 청년운동의 국제적 연대의 첫 번째 거보(巨步)였던 것이다. 그러나 1907년 이후 당시 구주(歐洲)의 노동운동에 참조되어 있던 개량주의의 세력은 더욱더욱 강고해졌고 또 이것은 청년운동에도 큰 영향을 주었다. 이 개량주의, 기회주의는 청년운동의 독자성(정치적, 조직적)을 약탈하고 청년의 혁명적 성장을 억압하려 하였으니 이것이 청년운동에 준 근본적 영향은 다음의 두 가지일 것이다. 1)독자적인 혁명적 청년운동은 개량주의적 간부들의 간섭에 의하여 저지되었다. 이들 간부는 청년을 훈련하는 간부가 아니라 설교사적 훈시를 주는데 불과하였다. 2)청년운동에서 정치는 물론 경제적 이익에 관한 투쟁까지도 배제되어 순전한 부르주아적 교화 사업, 댄스스포츠, 피크닉, 견학여행 등 순(純)교화적 활동이 이에 대치(代置)되었던 것이다.

이 시기(1907~1912)에 열렸던 제2회 청년 인터 회의(소위 코펜하겐 회의), 제3회 바덴 회의는 모두 이와 같은 개량주의적 청년운동의 반영에 불과하

---

* 독일 공산주의 사상가 카를 리프크네히트(Karl Liebknecht, 1871년 8월 13일-1919년 1월 15일).

였다.

'국제청년데이'는 무엇?

그 설정 시대를 중심하야(하)

《현대일보》, 1946. 8. 31.

1914년 제1차 세계제국주의 전쟁이 발발하자 당시 소(小)부르주아 개량
주의에 썩어빠진 제2인터계의 각국 사회민주당은 '조국 방위'의 슬로건을
들고 침략 약탈 전쟁을 옹호하기에 그 추악한 본질을 여실히 폭로하고 말
았다.

이들 배반적 개량주의 간부의 수중에 있던 당시의 청년인터내셔널도 역
시 제2인터의 운명을 자기 운명으로 하지 않으면 안되게 되었다. 그러나
어디까지나 직리(直理)에 살고 평화와 자유를 사랑하는 세계 혁명 청년들
은 온갖 희생과 처참한 강압에도 굴하지 않고 제국주의 전쟁 반대 투쟁에
감연히 궐기하였던 것이다. 칼 리프크네히트 지휘 하에 있던 독일 '스파르
리카스단'*, '이태리사회주의청년동맹', '서서(瑞西, 스위스) 청년동맹', '불란
서(佛蘭西)청년동맹'을 위시하여 서전(瑞典, 스웨덴), 약위(諾威, 노르웨이), 정
말(丁末, 덴마크), 분란(芬蘭, 핀란드), 아메리카 등에 있는 청년동맹은 거의
전원 일치하여 반제반전 투쟁에 가장 혁명적 역할을 하였던 것이다. 어느
나라에 있어서나 전쟁은 청년대중의 치적 행동을 환기하였고 개량주의적

**   리프크네히트와 로자 룩셈부르크가 주도했던 독일공산당 설립운동인 스파르타쿠스 동맹으로 보임.

간부의 수중에서 상실되었던 청년단체의 적극적 자발적 행동은 또 다시 활발히 개시되었던 것이다,

이와 같이 이 당시의 청년운동은 전체적으로 보아 기회주의, 개량주의에 대한 투쟁의 시기였으나, 그러나 청년운동 전체가 군국주의 및 전군(戰軍)에 대한 투쟁에 옳은 전술을 습득하기에는 그 후 상당한 시일을 필요로 하였다.

이와 같은 정세 하에 1915년 4월에 각국 청년단체의 국제회의가 서서(瑞西) 베른에서 개최되었다. 이 회의는 전군(戰軍) 시에 당하여 충분히 혁명적 맑시즘이 요구하는 결정을 주지 못하였다 하더라도 기회주의, 개량주의로부터 혁명적 맑시즘에로의 과도기에 있는 혁명적 청년의 비상한 결의를 보여준 중요한 회의였다. 따라서 이 회의와 더불어 새로운 혁명적 청년 인터의 시대 즉 청년 독립할 정치적 투군(鬪軍)의 시대가 시작되었다.

우리가 이번에 맞이하는 국제청년데이도 이 회의에서 결정한 것이니 즉 베른 회의는 각국의 청년단체를 적극적인 정치 투쟁에 동원되고 군국주의 반대 사회 □ □ 자, 개량주의 반대 코뮤니즘 지지 등을 투쟁 제목으로 하는 국제청년데이를 설정하였던 것이다.

이후 각국의 청년들은 이 국제청년데이(9월 첫 일요일)을 기하여, 혹은 반군국주의 투쟁에, 혹은 정치 투쟁에, 혹은 청년의 경제적 이익 옹호 투쟁에 그 찬란한 혁명의 전통을 써내려왔던 것이다. 이 베른 회의 시대의 개량주의와 군국주의 및 전쟁에 대한 청년운동의 투쟁은 그 혁명적 결실을 드디어 보게 되었으니 1929년 11월 백림(伯林, 베를린) 회의는 가장 혁명적 국제청년조직인 공산청년인터내셔널을 조직하였던 것이다. 이 공산청년인터는 그 위대한 사업과 운동을 전개한 후 당시의 모든 세계 청년운동의 정세

에 대응하여 해산하였다. 시대는 또 진전하여 국제 파쇼에 대한 국제 민주의 제2차 세계대전은 전 세계 민주청년운동에 위대한 발전을 가져왔다. 이 전쟁 중의 청년운동은 전후 드디어 1945년 10월에 윤돈(倫敦, 런던)에서 '국제민주청년연맹'을 조직하여 파쇼 잔재 소탕과 세계 평화를 위하여 싸우고 있으니 새로운 세계 청년의 국제 조직하에 처음 맞이하는 올해의 국제청년데이의 의의는 자못 큰 바가 있다 할 것이다.

전우익* 회고글

No. 1

50년 만에 다시 읽은
"사슴이 풀린 뒤"

54년이 지난 2천 2년 3월달에 다시 나온 "사슴이 풀린 뒤"를 읽은 심사는 착잡합니다.

50년 만에 다시 만나면 기뻐야 할런데 왜 가슴이 아픕니까

일제가 묶은 사슴을 풀어 준 미소가 우리 국토를 두동강 내고 병권의 사슬로 꽁꽁 묶였읍니다.

이 사실을 두고 오기영 선생님은 고래싸움에 새우등 터진다 했읍니다.

48년 "사슴이 풀린 뒤"가 출판 됏을 때 저는 "아우의 수발"에 나오는 오기옥 선생님의 지도를 받으며 민청(조선민주 청년동맹)에서 일하고 있었읍니다.

45년 8.15 연합국의 승리로 일본제국주의 사슬에서 풀려난 우리민족은 민족

---

* 전우익 선생이 2002년 성균관대출판부에서 복간한 『사슬이 풀린 뒤』를 읽고 성균관대학교를 방문하여 오기영 유족을 만나고 싶어하여 인연을 맺은 뒤, 오기옥 위원장과 겪었던 회고담을 육필 원고로 남겼다. 당시 『민족의 비원·자유조국을 위하여』 복간본을 위해 성대출판부에서 청탁했던 원고 전문이다.
　—전우익(全遇翊, 1925-2004); 작가 겸 재야 사상가. 경북 봉화 출생. 베스트셀러 『혼자만 잘 살믄 무슨 재미겨』 등 저자. 1947년 민청에서 반(反)제국주의 청년운동을 하다, 사회안전법 위반으로 옥고를 치렀다.

자주세력이 주도하여 자립국가 건설을 위한 인민위원회들 전국 방방곡곡에 결성했읍니다. 각종 민족민주단체도 만든 것입니다. 당시엔 민족이란 말 자체가 감격스럽고 목숨바칠수 있는 말이었읍니다.

요원의 불길처럼 번지는 민족자주세력에 태동에 질겁한 친일반민족집단은 쥐구멍에 숲에 쥑소리도 못했읍니다. 이같은 자생적 민족자주세력에 질겁한건 미군정도 마창가지 였읍니다.

민족자주세력의 돌풍(마치 월드컵때 붉은악마가 전국에 번지듯)에 기겁한 민군정은 쥐구멍에 숲은 반민족 친일매국노들 부추겨 비호하면서 민족자주세력에 분기를 말살하는 길로 나섰읍니다.

딸라와 권조물자와 미군정 포고령을 휘두르며 민족자주세력에 압살에 나섰에을 민족 민주정당 사회단체는 불법화되고 큰거리에 있던 사무실은 백주에 테로대상이되여 문을 닫고 지하로 들에 갔읍니다.

그 결과 민청도 공공연한 사무실을
쓰지 못하고 취현들 집을 드나들며 아
지트로 쓰기며 일하는 수밖에 없엇읍니다.

그리하여 민청 중앙위원장 오기영 선생
남께의 저의 집에 드나들때 남조선 청
년운동을 총지휘하고 계셧읍니다.

때는 1948년이 엿슴니다.

당시 삽선교에 있던 집에는 고향에서
쫓겨난 (해방후 아버지께서 인민위원회
일을 하셧고 끝끝내 미군정 편을 들지
않자 가족은 추방되고 살림사리는 몰수
당했슴) 가족들이 살고 있엇읍니다. 그래서
집을 아지트로 쓰는걸 못마땅하게 여겻
읍니다. 등통이 나면 이런 동생들라 온
식솔을 거느리고 오갈데 있기 때문이엿
읍니다.

그런나 몇번 오선생님 만나시더니 떠
나라 노버는 고사하고 그 인품에 반해
버렷어요. 선생님께서 좀 늦게 오시면 걱
정하시다 오시면 반색하며 반가워 하셧

문화 틈바가며 선생님과 이야기 나누길
즐겼지요. 그때 전 아버지한테 혼자노릇
한 셈이었습니다.

선생님이 저의 집을 아지트로 쓰며 언
제부터 언제까지진진 기억나지 않습니다.
49년 후 선생님께서 타 부서로 옮겨가
시고 이학기씨가 새 리원장이 되자 저의
집은 아슴 아슴한 아지트 신세를 면했
웠습니다.

저의 집에 드나드신 그때 선생님 모습
을 때올래 봅니다.

선생님께서 방에 들어오셔서 자리 잡
으시면 잎이 선때끼리 그 자리에 그 모
습으로 하루종일 앉아께셔이요. 졸개나
하게하는 기색도 고사하고 항상 미소
때우고 께셨고 찾아온 일꾼들과 담소
나누시며 보고 받고 일맡기시는 모습
때때로 받지오, 나무라거나 하시는 모습
본적없어요. 돌아가는 일꾼들의 뒷모습을
자신감과 긍지로 한결 믿음직 스러웠음

ㄴ다,

깨끗한 정세엔으나 명절날에 술자리를
만듦에 끝겁에 노랐읍니다. 수많은 후배
들이 선생님한해 전하는 술은 사양하지
않으시고 바였어늘 두백불사라 酒不辭한
다 받아마시고도 흐트러짐이나 거북한
기색 없으읍니다. 선생님은 정말 대단한
분 같은데도 멀리 느깨지지 않고 친근하
께만 얘개젔어늘.

특씨번 우시를 꼼잡하시는데 후배들이
선생님 쏘쳐하께 한앉시고 대학께서 독
일속 전공한께 히트러. 몸소리나가 날뜨
나까 혹해서 독일어 하신기지을 라고
다그치자 선생나께써 아니야 아니야 자
보론 읽으려고 독일어 했노라 하셌어늘.

그무렵 선생님 떠남을 두셌늘데
기여다닐 때꿈인가 봐요. 몇일 기려니
쑈웁 짐하고 앉아 풍등인 웆지기며 발으
로 간다고 기이하고 명랑하다시며 기뻐
하시늘 모습 지곤도 생생합니다.

No. 6

49년 3월 민청 중앙위는 조직원의 배신
으로 또 조리 개떼됐습니다.

50년 6-25 인민군의 서울 입성으로
서대문 형무소에서 풀려난 민청원은 조
직을 다시 꾸렸으나 오기목 선생님은 서
울에 나타나지 않았습니다.

48년? 고비로 6-25때까지 남조선 천
지는 죽고 죽이는 피투성이 싸운 판이
떹니다. 기목은 호만원을 이뤘고을.

그후 세월이 가고 가서 "사슴이 풀린
뒤"는 다시 읽고 싶었는데 그 생각을 오
기목 선생님에 대한 그리움과 겹쳐 ~~~~ 집니다

"사슴이 풀린 뒤"는 다시 출판되 읽는 이
나 사람을 울다는데 오기목 선생님의 소
식은 몰면하기만 했니다. 그런수로 그리
움은 짙어 갔니다. 반세기를 내에 그 더위
잊지 못할 선생님을 만난건 큰 행운입니
다.

선생님 떠나 떠나서 어머님은 지금도
어느곳 별아래서 아직도 사슴에 풀려
못부래치는 그족을 안타까운 시정으로 보고 계신건니까?
스스로의 힘으로 사슴을 풀때까지 민족의 비원으로 이어지는게 진리
겠지요.

2년 7월 3일   전수익

찾아보기

[용어]

오기영 전집 편찬위원회

편찬위원장 정용욱 서울대학교 국사학과 교수
편찬위원   김민형 한국외국어대학교 지식콘텐츠학부 교수(오기영의 외손녀)
          김태우 한국외국어대학교 한국학과 교수
          장원아 서울대학교 국사학과 강사
편찬지원   박훈창 서울대학교 국사학과 대학원 재학중

동전 오기영 전집 6권
류경(柳京) 8년 — 일제강점기 칼럼 —

등록 1994.7.1 제1-1071
1쇄 발행 2019년 5월 18일

지은이 오기영
엮은이 오기영 전집 편찬위원회
펴낸이 박길수
편집장 소경희
편 집 조영준
관 리 위현정
디자인 이주향
펴낸곳 도서출판 모시는사람들
       03147 서울시 종로구 삼일대로 457(경운동 수운회관) 1207호
전 화 02-735-7173, 02-737-7173 / 팩스 02-730-7173
홈페이지 http://www.mosinsaram.com/

인 쇄 천일문화사(031-955-8100)
배 본 문화유통북스(031-937-6100)

이 도서의 국립중앙도서관 출판예정도서목록(CIP)은 서지정보유통지원시스
템 홈페이지(http://seoji.nl.go.kr)와 국가자료공동목록시스템(http://www.
nl.go.kr/kolisnet)에서 이용하실 수 있습니다.(CIP제어번호:CIP2019015455)